中国人民大学中国特色社会主义理论体系研究中心资助出版

刘雨亭 著

马克思
劳动解放论研究

RESEARCH
ON
MARX'S
THEORY
OF
LABOR LIBERATION

社会科学文献出版社
SOCIAL SCIENCES ACADEMIC PRESS (CHINA)

目　录

导　论

劳动解放论是马克思在破解资本主义社会劳动问题的过程中提出的关于建设人类理想社会的科学论述。马克思为劳动正名，将劳动从数千年来的"卑贱活动"提升为人的本质活动，实现"劳动"范畴的术语革命。在马克思看来，劳动是自由自觉的活动，是人满足自身需要和实现自我创造的力量。劳动创造世界并塑造着人类的生产生活方式，其本然意蕴就是实现人的解放，而"任何解放都是使人的世界即各种关系回归于人自身"①。因此，劳动解放实质上是指消灭对劳动的各种束缚，使在劳动中形成的产品及各种关系真正成为劳动者实现自我创造和自我提升的手段。从直接意义上看，劳动解放要求推翻资本对劳动的统治，建立以劳动为核心的新社会；从深层意义上看，劳动解放蕴含着对现存状态的超越和对更高级生存状态的追求，是贯穿整个人类历史的基本原则。劳动解放论具有强烈的实践导向，"我们的共同事业即劳动解放的事业"②。马克思不仅阐述了劳动解放的基本特征和实现条件等一般原理，而且结合各国国情探索具体的劳动解放策略。劳动解放论是推动世界人民解放事业和构建美好生活的科学依据。从历史、理论和实践相结合的维度呈现马克思劳动解放论的整体面貌，不仅有助于把握劳动解放的内涵特征，厘清对劳动解放的种种误解；而且对于剖析当代社会劳动问题、抓住劳动解放历史机遇和推进美好生活建设具有重要意义。

---

① 《马克思恩格斯文集》第1卷，人民出版社，2009，第46页。
② 《马克思恩格斯文集》第3卷，人民出版社，2009，第128页。

一 研究缘起

劳动问题是资本主义社会矛盾的集中体现，"资本和劳动的关系，是我们全部现代社会体系所围绕旋转的轴心"①，作为劳动产物的"资本"反而成为支配劳动的权力。资本是"资产阶级社会的支配一切的经济权力"②，资产阶级"按照自己的面貌为自己创造出一个世界"③，简言之，在经济领域表现为资本剥削工人剩余价值并引发经济危机；在政治领域表现为资本与国家政权结合，使国家成为资本奴役劳动的工具；在社会领域表现为贫富分化、阶层固化和人与人关系的异化，无产阶级和资产阶级的斗争日益激烈；在文化领域表现为虚假的拜物教意识对个体思想和生命的控制等。而且，资本的扩张本性推动资本逻辑向全球范围扩展，将劳动和资本的矛盾输送至全球空间，使劳动问题具有世界意义。总之，资本逻辑全面宰制着人类社会，成为现代社会危机的根源。

劳动问题是马克思的毕生关切，关于劳动问题的论述广泛存在于马克思的文本之中。马克思为劳动正名，将劳动从"卑贱活动"提升为人的本质活动。劳动是人的对象化活动，是"人以自身的活动来中介、调整和控制人和自然之间的物质变换的过程"④。在马克思看来，劳动的本然意蕴就是实现人的解放，现实的劳动过程实质上是展开、确认和提升人的本质力量的持续性过程。马克思认为，劳动是"一种古老而适用于一切社会形式的关系的最简单的抽象"⑤，"贫困从现代劳动本身的本质中产生出来"⑥，"只要社会还没有围绕着劳动这个太阳旋转，它就绝不可能达到均衡"⑦，并且他"在劳动

---

① 《马克思恩格斯文集》第 3 卷，人民出版社，2009，第 79 页。
② 《马克思恩格斯文集》第 8 卷，人民出版社，2009，第 31~32 页。
③ 《马克思恩格斯文集》第 2 卷，人民出版社，2009，第 36 页。
④ 《马克思恩格斯文集》第 5 卷，人民出版社，2009，第 207~208 页。
⑤ 《马克思恩格斯文集》第 8 卷，人民出版社，2009，第 29 页。
⑥ 《马克思恩格斯文集》第 1 卷，人民出版社，2009，第 124 页。
⑦ 《马克思恩格斯全集》第 18 卷，人民出版社，1964，第 627 页。

发展史中找到了理解全部社会史的锁钥"①，实现对"资本""工资""劳动权"等范畴的术语革命，创立唯物史观和剩余价值学说，形成有史以来第一个致力于实现劳动者解放的科学理论体系。

马克思在探索劳动问题的过程中提炼出劳动解放这个核心议题，劳动解放是马克思关于劳动问题论述的核心。在以私有制为基础的剥削社会，虽然统治者和统治形式不断变换，但是被统治的内容只有一个——劳动。统治者宣扬的始终是"劳心者治人，劳力者治于人"的意识形态。在资本主义社会，虽然劳动在财富创造中的作用受到重视，但无论是古典政治经济学还是古典哲学均不是为劳动者立论，它们所讲的"理"是资本应该统治劳动，探讨的是如何占有剩余价值。马克思认识到，资本主义生产方式以牺牲劳动者的自由时间和占有劳动者的劳动产品为运行前提，"资本是死劳动，它像吸血鬼一样，只有吮吸活劳动才有生命，吮吸的活劳动越多，它的生命就越旺盛"②，资本的本性与劳动者解放的目标完全相悖，推翻资本主义制度是实现劳动解放的前提。

劳动解放是对资本逻辑的全面超越。在马克思看来，对生产资料和劳动产品的占有是统治阶级的权力来源，因此，要"剥夺利用这种占有去奴役他人劳动的权力"③，创立超越"财产的政治经济学"的"劳动的政治经济学"④，为劳动者开展"重新掌握自己的社会生活"⑤的革命行动提供理论依据。"同那个经济贫困和政治昏聩的旧社会相对立，正在诞生一个新社会，而这个新社会的国际原则将是和平，因为每一个民族都将有同一个统治者——劳动"⑥。马克思阐述了劳动解放的两个基本条件："把自然界的破坏力变成了人类的生产力"是劳动解放的第一个条件，"把这些生产财富的力

---

① 《马克思恩格斯文集》第 4 卷，人民出版社，2009，第 313 页。
② 《马克思恩格斯文集》第 5 卷，人民出版社，2009，第 269 页。
③ 《马克思恩格斯文集》第 2 卷，人民出版社，2009，第 47 页。
④ 《马克思恩格斯文集》第 3 卷，人民出版社，2009，第 12 页。
⑤ 《马克思恩格斯文集》第 3 卷，人民出版社，2009，第 193 页。
⑥ 《马克思恩格斯文集》第 3 卷，人民出版社，2009，第 117 页。

量从垄断组织的无耻的枷锁下解放出来，使它们受生产者共同监督"是劳动解放的第二个条件。① 以共同占有、共同生产和共同监督为特征的劳动过程能够真正调动劳动者的积极性，克服资本主义社会的经济危机并走出混乱局面，推动社会生产健康有序运行。

马克思对劳动解放问题的研究发端于对资本主义生产方式的批判，但是劳动解放问题并非仅存在于资本主义社会，而是贯穿于整个人类历史进程之中。劳动解放是劳动者不断实现自我创造和自我提升的过程，始终指向更高级的生活状态。生产力的发展不断更新人与自然的关系以及人与人的关系，因此劳动解放是持续进行的。即使是没有阶级的共产主义社会也存在劳动解放的任务。劳动解放论不仅是革命的理论，而且是建设的理论；不仅要求打碎资产阶级国家机器，更重要的是通过无产阶级专政"改造社会"，建立起充分体现并保障劳动者利益和充分发挥劳动者创造性的制度体系。无产阶级革命是劳动解放的必经途径，但劳动解放包含更丰富的内涵、需要更长久的过程。

"马克思是 19 世纪唯一的使用哲学用语真挚地叙说了 19 世纪的重要事件——劳动的解放的思想家。"② 然而与马克思集中分析过劳动价值论、异化劳动理论等不同，马克思并未对"劳动解放"的内涵和逻辑作出专门界定，关于劳动解放的论述广泛却分散。既有研究多基于人类解放、异化劳动、阶级斗争等论题附带阐述劳动解放内涵，存在研究视角窄化、低估劳动解放地位等弊端。另外，有学者对劳动解放和劳动范畴存在误解，忽视劳动的解放意蕴，否定劳动之于解放的根本性意义，认为劳动解放就是免除劳动。随着所谓消费社会、后工业社会、知识经济等到来，一些学者对劳动解放提出质疑，转向抽象的精神文化等领域寻找解放。还有一些学者将劳动解放简单理解为消灭资本，并以社会稳定和经济发展为借口回避劳动解放问题，未能充分认识到劳动解放与美好生活建设的内在关联。因此，需要回到马克思的经典文本，对劳动解放论作出专题研究，呈现其丰富的理论内涵。

① 《马克思恩格斯全集》第 13 卷，人民出版社，1998，第 134 页。
② 〔美〕汉娜·阿伦特：《马克思与西方政治思想传统》，孙传钊译，江苏人民出版社，2008，第 12 页。

　　研究马克思劳动解放论不仅具有重要的学术价值，而且具有重要的实践意义。

　　其一，有助于理解资本主义生产方式的基本矛盾，深化对资本主义制度的批判。资本的剥削本性和劳动者的自由发展目标完全相悖，在劳动中创造的产品和各种关系非但没有满足劳动者的需要，反而成为统治劳动者的物质力量。劳动产品和劳动者分离决定了资本主义社会的混乱乃至危机是不可避免的。因此，只有消灭雇佣劳动制度，才能真正实现劳动者的解放。

　　其二，有助于论证社会主义制度优越性，培育尊重劳动、热爱劳动的社会新风尚。社会主义制度以实现劳动解放为目标，社会主义制度的优越性不仅在于能够充分调动劳动者的积极性，创造出更高水平的生产力；更重要的是，社会主义制度能够实现劳动解放，提升劳动者的主体性，避免"唯生产力论"，使劳动过程真正成为劳动者自我创造和自我提升的过程。系统阐释和传播马克思的劳动解放思想，可以批判"拜物教"思想和轻视劳动的错误观念，引导人们深刻理解"劳动最光荣、劳动最崇高、劳动最伟大、劳动最美丽的道理"，做到"辛勤劳动、诚实劳动、创造性劳动"①。

　　其三，有助于推动劳动解放实践发展，为制定符合本国国情的劳动解放策略提供启示。马克思劳动解放论是指导世界人民解放事业和构建美好生活的科学指南。马克思不仅论述了劳动解放的一般原则与策略，如无产阶级革命和无产阶级专政、坚持无产阶级政党领导、建立统一战线、构建以强固劳动者主体性为核心的制度体系等；而且细致地考察了资本主义社会和"东方社会"两个场域之间、两个场域内部的各个国家之间劳动解放策略的差异和内在关联。这些论述既为各个国家开展劳动解放实践提供了宝贵的思想资源，又为各个国家根据本国国情制定具体劳动解放策略提供了方法论启示。

　　其四，有助于考察当今社会劳动问题，把握劳动解放的新机遇。一方面，在全球化条件下，资本流通的国际性与劳动者的区域性矛盾使不同发展程度的国家劳动问题相互缠绕，意味着劳动解放已然上升为超越单一民族国

---

　　①　习近平：《培养德智体美劳全面发展的社会主义建设者和接班人》，《求是》2024 年第 17 期。

家的世界性问题，劳动解放进入关键时期。另一方面，科技进步尤其是人工智能提高了劳动效率，能够增加劳动者的自由时间，使个人在艺术、科学等方面得到发展。但是，人工智能的资本主义应用也带来新的剥削与压迫。在新形势下，如何寻找解放共识，抓住机遇迎接挑战，需从马克思劳动解放论中寻找答案。

基于上述分析，本书尝试立足经典文本，回归马克思的问题语境，对劳动解放论做出专题研究，从历史、理论和实践相统一的维度阐述劳动解放的科学内涵、基本特征及其在解放谱系中的基础地位，厘清对劳动解放问题的误解和肢解，说明劳动解放是贯穿整个人类历史的事业，是以实现人的全面发展和创建美好生活为目标的总体性变革。

二　研究现状

（一）国内研究状况

马克思主义传入中国以后，"劳动解放"成为中国人民开展社会主义革命和建设事业的思想源泉与理论依据。国内学界对劳动解放思想的研究主要表现为附着于人的解放、现代性、回应国外学者对马克思劳动理论的质疑等问题，从多维视角阐述劳动解放的内容；以经典文本为依据，考察劳动解放思想在不同文本中的呈现；探析劳动解放的内涵、逻辑和路径等。但总体而言缺乏对马克思劳动解放论的系统梳理和专题研究。

1. 从多维视角阐述劳动解放理论

人的解放视角。国内关于劳动解放的研究，多是为人类解放作铺垫。一些学者认为，劳动解放与人的解放可以等同。如黄明理认为，"劳动解放是人类凭借自己的能力，自己对自己的解放，劳动的解放就是人类的解放"。① 一些学者认为劳动解放是人类解放的根基，而人类解放是劳动解放的最终目的。如徐长福指出，"通过劳动来理解人类解放本身就具有一种本体论的意蕴"②。还

---

① 黄明理：《劳动解放的系统观》，《系统辩证学学报》1995年第2期。
② 徐长福：《劳动的实践化和实践的生产化——从亚里士多德传统解读马克思的实践概念》，《学术研究》2003年第11期。

有学者认为，劳动解放是人的解放的主体向度。如刘同舫认为，实现人类解放的共产主义从根本上看是两种解放："在人作为主体的向度上表现为劳动解放""在人作为客体的向度上表现为社会解放"①。

现代性视角。学界普遍认为资本主义现代性造成劳动者的生存困境。如刘自美指出，个人主体性的丧失是现代性条件下人的生存困境，要消除这种资本主义物化的生存境遇，就必须超越资本主义内在矛盾，实现个体的解放。② 周丹指出，政治解放只是实现了对资本的解放，而共产主义所要实现的人的解放的真实内涵就是劳动解放，在现代性视阈中理解马克思的劳动解放是马克思主义直面的时代性课题。③

比较研究视角。汉娜·阿伦特、高兹、哈贝马斯、奈格里等是重点比较对象。贾丽民认为，阿伦特批评马克思以劳动解放遮蔽了公共领域的复兴，这源于她对劳动的窄化理解：仅仅把劳动理解为工具性活动，没有看到其价值性意蕴④；吴宁等人认为，高兹、奈格里等提出的"非物质劳动"虽然彰显出解放力量，但是并未改变资本与劳动的关系，榨取了生产时间之外的个人生活时间，实现劳动解放必须变革资本主义生产关系⑤；针对哈贝马斯的交往乌托邦和霍耐特的合理伦理生活形式等解放方案，汪行福指出，马克思的劳动解放与无产阶级概念相联系，在消灭资产阶级的同时包含着消灭一切剥削的普遍意义，法兰克福学派的重建思想没有体现马克思劳动解放论中特殊性和普遍性的辩证法，削弱了劳动反抗的意义⑥。

当代价值视角。其一，和谐社会理论。如关锋、雷骥等认为，劳动解放

---

① 刘同舫：《政治解放、社会解放和劳动解放——马克思人类解放思想再探析》，《哲学研究》2007 年第 3 期。
② 刘自美：《马克思解放理论对现代性的批判》，《南京林业大学学报》（人文社会科学版）2010 年第 1 期。
③ 周丹：《马克思的"劳动解放"思想的现代性理解》，《中共中央党校学报》2013 年第 1 期。
④ 贾丽民：《马克思"劳动解放"的真实意蕴——回应阿伦特的重大误解》，《教学与研究》2013 年第 7 期。
⑤ 吴宁、王璐、冯琼：《非物质劳动及其解放潜能》，《中共宁波市委党校学报》2016 年第 2 期。
⑥ 汪行福：《批判理论与劳动解放——对哈贝马斯与霍耐特的一个反思》，《马克思主义与现实》2009 年第 4 期。

是和谐社会的理论依据。① 其二，全球化时代的劳动解放。如刘雨亭认为，全球化使劳动解放问题的跨国互联性特征显著增强。② 其三，科学技术与劳动解放。何云峰等认为，人工智能可以缩短劳动者的工作时间，使劳动选择性越来越高，人类更加接近解放状态。但同时，由于人工智能对整个社会变迁的影响极其复杂，因此需要以更为巧妙的方式来推动这一变迁。③ 刘伟兵认为人工智能是劳动解放的技术准备，但在以私有制为基础的现代社会中仅是有限度的劳动解放。④

多重意蕴视角。学者们阐述了劳动解放的伦理意蕴、自然意蕴、正义意蕴等。如贺汉魂等认为，"劳动解放人是劳动的根本伦理意义；解放人的劳动是对劳动的根本伦理要求"；王代月认为，自然是劳动解放的起点与终点；毛勒堂等认为，马克思的劳动正义思想揭示了劳动与资本关系之中存在的非正义性，驳斥了"资本永恒正义"的意识形态谎言，为无产阶级的劳动解放提供了鲜明的思想旗帜。⑤

2. 经典文本中的劳动解放思想探析

马克思在《1844 年经济学哲学手稿》《共产党宣言》《资本论》《哥达纲领批判》等篇目中较为集中地论述了劳动和劳动解放思想。学者们以此为依据，探究具体文本中的劳动解放思想。

马克思在《1844 年经济学哲学手稿》中为劳动正名，提出了"异化劳动"概念以及扬弃异化劳动的途径。仰海峰认为，在手稿中，马克思确证

---

① 参见关锋《劳动解放：马克思和谐社会思想的基本理据》，《社会科学》2002 年第 2 期；雷骥《劳动解放：马克思和谐社会思想诠释》，《当代世界与社会主义》2008 年第 6 期。

② 刘雨亭：《问题、批判与出路：21 世纪国外劳动解放理论研究述评》，《当代世界与社会主义》2019 年第 5 期。

③ 何云峰：《挑战与机遇：人工智能对劳动的影响》，《探索与争鸣》2017 年第 10 期；高奇琦：《人工智能、人的解放与理想社会的实现》，《上海师范大学学报》（哲学社会科学版）2018 年第 1 期。

④ 刘伟兵：《人工智能会实现劳动解放吗?》，《马克思主义与现实》2022 年第 2 期。

⑤ 参见贺汉魂、王泽应《马克思"劳动解放"思想的伦理解读》，《社会主义研究》2012 年第 2 期；王代月《劳动解放与自然的复魅》，《教学与研究》2017 年第 4 期；毛勒堂《劳动正义：马克思正义的思想内核和价值旨趣》，《毛泽东邓小平理论研究》2017 年第 3 期；邬巧飞《马克思的劳动正义思想及当代价值》，《科学社会主义》2018 年第 5 期。

"劳动"是现代市民社会结构的本质规定。①《共产党宣言》围绕人类解放思想进行了总体性论述。孙亮认为，《共产党宣言》实质上存在思考劳动生产的新的角度，劳动应该是面向不同于资本的另一个世界的创造活动。②《资本论》中的劳动与解放思想受到学界关注。如刘永佶认为，《资本论》是劳动解放的宣言，它的理论贡献在于证明资本统治的局限和劳动解放的必然。③在《法兰西内战》中，马克思提出了解放的多重形态，并认为巴黎公社是实现劳动解放的经济形式。如周丹分析了《法兰西内战》中的社会解放与劳动解放之间的内在关系。④

马克思在《哥达纲领批判》中探讨过劳动的解放、按劳分配等问题。因此，《哥达纲领批判》中的劳动解放思想受到较多学者关注。如陈学明、姜国敏认为，马克思从来没有否弃过"劳动解放"，而是批判哥达纲领中措辞不清。劳动解放并不是免除劳动，而是将劳动从资本主义的统治中解放出来。⑤宋朝龙分析了《哥达纲领批判》中把按劳分配规定为"资产阶级权利"这一争议性问题。他认为破迷的关键在于认识到生产劳动二重性，即生产劳动既是劳动者作为主体的自觉创造过程，又是其作为客体的体力耗费过程。⑥陈培永指出，在《哥达纲领批判》中，马克思以劳动问题为主线，关涉平等、公平问题，关涉资本主义社会、共产主义社会问题，关涉自由、民主问题，关涉国家职能转变及国家未来走向等问题，因此这是一部以劳动为核心的政治哲学著作。⑦

3. 马克思劳动解放论的具体内容探析

从总体上来看，国内学者普遍认同劳动解放并不是免除劳动，而是消除

①　仰海峰：《超越市民社会与国家：从政治解放到社会解放——马克思的国家与市民社会理论探析》，《东岳论丛》2005 年第 2 期。

②　孙亮：《"劳动逻辑"的重构与重读〈共产党宣言〉》，《马克思主义与现实》2018 年第 5 期。

③　参见刘永佶《〈资本论〉逻辑论纲》，河北大学出版社，1999。

④　周丹：《马克思的"劳动解放"思想的现代性理解》，《中共中央党校学报》2013 年第 1 期。

⑤　陈学明、姜国敏：《马克思主义的"劳动解放"理论及其对当代中国的启示》，《上海师范大学学报》（哲学社会科学版）2016 年第 4 期。

⑥　宋朝龙：《〈哥达纲领批判〉中的一处概念辨析》，《社会主义研究》2005 年第 3 期。

⑦　参见陈培永《劳动的解放：〈哥达纲领批判〉新读》，红旗出版社，2020。

那些束缚劳动者的力量，其核心内容是使处于异化形态的劳动复归自由的劳动。而在劳动解放的具体内涵和实现路径方面，学界存在不同界定方式。

劳动解放的内涵分析。"一条主线论"，即认为劳动解放是符合人的本质的社会关系的回归或者异化劳动的复归。"两个层面论"，关锋等认为，劳动解放包括自然层面的解放和社会层面的解放两重属性，其核心内容是劳动成为自主活动。① "三个层面论"，刘荣军等认为，劳动解放就是要实现劳动力解放、劳动者解放和劳动过程解放。② "四个有机部分"，彭鸿雁认为劳动解放原理包括四个方面：劳动解放与掌握自然规律；劳动解放中的审美活动；资本私有制自由竞争的劳动解放的局限；劳动解放的公有制基础。③

劳动解放的路径分析。多数学者认为，马克思的劳动解放是与无产阶级概念相联系的，无产阶级解放必须诉诸无产阶级革命以颠覆现存一切奴役性制度、消灭私有制和雇佣劳动。如李江静认为，劳动解放与资本的超越是同一个过程的两个方面④。有学者提出，生产力发展有助于劳动解放，但生产力的发展不会自动转化为劳动解放的助推养料，更关键的是需要克服社会关系的异己力量，建立一种非异己的社会关系，使得劳动者通过劳动活动获得自我实现，为人们创造更多的自由时间。⑤

（二）国外研究状况

国外学者将马克思劳动解放论作为独立研究对象的成果相对较少，多是在探讨自由、人类解放、资本主义社会劳动状况等问题时谈及劳动和劳动解放。从研究发展脉络来看，20 世纪国外学者多针对技术理性和物化现象，从哲学或意识形态视角探讨劳动解放问题；21 世纪以来，随着资本主义社会劳

---

① 参见关锋《劳动解放：马克思和谐社会思想的基本理据》，《社会科学》2002 年第 2 期；王代月《劳动解放与自然的复魅》，《教学与研究》2017 年第 4 期。

② 刘荣军、李书娜：《马克思劳动解放思想的逻辑意蕴与历史展现》，《东南学术》2019 年第 5 期。

③ 彭鸿雁：《论历史唯物主义的劳动解放原理》，《社会科学辑刊》2013 年第 4 期。

④ 李江静：《"资本—雇佣劳动"的内在张力及其对当代中国的启示——基于〈1844 年经济学哲学手稿〉的探讨》，《江西社会科学》2015 年第 10 期。

⑤ 李建蕊：《马克思劳动批判理论及其当代价值研究》，南开大学出版社，2023，第 136 页。

动问题的加剧，国外学者将研究视角逐渐转至物质生产领域，探究了资本主义社会面临的劳动问题，批判新自由主义理论，并积极从马克思主义中寻找劳动解放的出路。

20 世纪初期，卢卡奇等早期西方马克思主义者在批判伯恩斯坦、考茨基等将马克思主义庸俗化的过程中，指出应从主体性角度探讨解放问题，通过激发阶级意识实现劳动解放。如卢卡奇认为"物化意识"使人丧失了主体性，应恢复劳动在社会中的本体性地位，把历史视为劳动者主体性的抽象展开。① 葛兰西提出应重申阶级意识，建立无产阶级的文化领导权。柯尔施则将劳动主体性思想运用于经济建设模式的理论设想中。在批判改良主义和国有化道路的基础上，柯尔施提出以"工业自治"为核心的社会主义经济治理理论，主张劳动者自治和劳动社会化，强固无产阶级的主体性，规避无产阶级再度被剥削的问题，试图为实现无产阶级的劳动解放提供一种科学的经济治理模式。②

20 世纪 40 年代以来，国外学者的研究重点转变为从人的本质角度探讨劳动解放问题，注重个体精神解放。弗洛姆、马尔库塞等学者认为资本主义的统治权力已经超越生产领域而进入人的日常生活中，尤其是进入人的精神领域，导致人的彻底的异化。因此，劳动解放不仅要在生产领域内将人解放出来，而且要使人从拜物教等思想文化的束缚中解脱出来，力图使人在无处不及的资本统治中保持自身精神世界的独立。在弗洛姆看来，必须通过改变人的性格和人的内心来实现劳动的解放。③ 马尔库塞认为现代社会到处充斥着压抑，人的本能不能自由彰显，需将爱欲和情欲等感性和肉体层面的解放同马克思的劳动解放理论糅合起来。④

---

① 〔匈〕G. 卢卡奇：《关于社会存在的本体论 上卷 社会存在本体论引论》，白锡堃等译，重庆出版社，1993，第 642 页。
② 刘雨亭：《柯尔施"工业自治"思想：一种社会主义经济治理模式的探索》，《科学社会主义》2017 年第 5 期。
③ 〔美〕弗洛姆：《人的呼唤——弗洛姆人道主义文集》，王泽应等译，上海三联书店，1991，第 11~12 页。
④ 〔美〕赫伯特·马尔库塞：《爱欲与文明》，黄勇等译，上海译文出版社，2012。

随着技术理性对社会的影响加深，有学者认为工人阶级已被资本主义同化，从劳动中获得解放是一种乌托邦主义。持这种观点的主要学者有汉娜·阿伦特、哈贝马斯、鲍德里亚等。汉娜·阿伦特指出，劳动始终是工具性活动，它无法成为人的目的，因为它始终要受到自然规律的制约，马克思以为劳动能从自然界和社会关系必然性中解放出来，这是典型的乌托邦主义。在阿伦特看来，劳动解放实质上是将人从劳动中解放出来。① 鲍德里亚否定了劳动的本体意义，认为马克思将劳动视为自身的绝对命令实质上强化了资本主义强加给人类的社会秩序。② 哈贝马斯提出，要用重构交往方式和交往理性来代替劳动解放。他认为，在现代技术条件下，劳动变成了纯粹的工具性活动，以解放劳动为目标的"乌托邦"已经衰败，人们所面临的是对情境合法性的认同。③

在劳动自主发展中通过劳动自治实现解放，还是应该在劳动之外获得解放，是国外学界持续争论的话题。美国学者古尔德认为，马克思在《政治经济学批判大纲》中开创了一种奠基在劳动之上的内在因果观。④ 就此而言，劳动到自由的转变是劳动自主发展的内在果实。与此相似，在《〈大纲〉：超越马克思的马克思》中，奈格里也认为，劳动到自由的转变既不是资本主义内在矛盾运动的结果，也不是无产阶级革命的历史结晶，而是劳动自治的必然产物。正是基于这一逻辑，奈格里将《大纲》视为马克思思想的顶点，而将《资本论》视为历史的倒退。⑤ 高兹则认为，资本主义的雇佣劳动已经被资本吸纳，资本迫使人们相信"效率就是标准，并且通过这一标准来衡量一个人的水平和效能：更多要比更少好，挣钱更多的人要比挣钱更少的人好"⑥。在这一标准指引下，人们不再关注劳动者主体力量的发展。为扭转这

---

① 〔美〕汉娜·阿伦特：《马克思与西方政治思想传统》，孙传钊译，江苏人民出版社，2008。

② 〔法〕鲍德里亚：《生产之镜》，仰海峰译，中央编译出版社，2005，第16页。

③ Habermas, "The Theory of Communicative Action", *Polity in Basil Blackwell*, Vol. 2, 1987.

④ 〔美〕古尔德：《马克思的社会本体论：马克思社会实在理论中的个性和共同体》，王虎学译，北京师范大学出版社，2009，第74页。

⑤ 〔意〕奈格里：《〈大纲〉：超越马克思的马克思》，张梧等译，北京师范大学出版社，2011。

⑥ Andre Gorz, *Critique of Economic Reason*, London and New York：Verso, 1988, p.113.

种局面，人们应抛弃以劳动时间为计算的标准，实现劳动和闲暇的统一，"当前的重点在于反对劳动的性质、内容、必然性和各种模式，以便使自己从劳动中解放出来"①。

21世纪以来，面对全球范围内经济形态的调整和信息网络、人工智能等新技术因素，劳动状况、劳动解放主体、劳动解放诉求等呈现出全新样态。西方学者以批判新自由主义为主线，探讨了经济全球化、数字技术与劳动解放的前景、阶层固化与劳动正义、劳动解放主体的组织等问题。

批判新自由主义全球化引发的全球劳动问题。霍布斯鲍姆认为，新自由主义全球化带来的主要问题就是财富分配不均，因此需要国家与公共权力机构进行财富的重新分配。②雅克·比岱认为，只有通过所有受剥削的大众的联合才能消除新自由主义全球化的弊端，当今解放斗争转向了促进世界民主制度的发展和全球公众的对话，各种受资本剥削的社会力量应联合起来开展以维护劳动者利益为目标的社会主义全球化运动。③

技术革命与劳动解放的前景问题。新西兰学者皮特·弗雷泽分析了技术进步带来的劳动力过剩问题，指出"生产自动化带来的巨大危险就是在统治阶级看来大量的穷人变得多余"，由于权力关系和政治因素，纯粹依靠技术来完成解放的时代并不会直接到来，因为建立我们想要的社会终究是个政治问题，而不仅仅是科技问题。④福克斯运用马克思劳动价值理论分析资本主义制度下的数字劳动异化问题，指出只有超越资本主义生产关系，实现生产资料公有制，才能够实现数字劳工的解放。⑤

阶层固化和劳动正义问题。德国学者阿尔布莱希特·冯·卢克指出当代

①　Andre Gorz, *Farewall to Working Class*, Boston: South End Press, 1982, p. 72.

②　参见〔英〕艾瑞克·霍布斯鲍姆《霍布斯鲍姆看21世纪》，吴莉君译，中信出版社，2015。

③　〔法〕雅克·比岱：《新自由主义所面对着的主体，一种元结构方法的路径》，崔晨译，复旦大学当代国外马克思主义研究中心编《当代国外马克思主义评论》，人民出版社，2016。

④　Peter Frase, *Four Futures: Life After Capitalism*, London and New York: Verso, 2016, p. 88.

⑤　Fuchs C. , "*What is Digital Labour? What is Digital Work? What is Their Difference? And Why do This Questions Matter for Understanding Social Media?*", *Triple C.*, Vol. 11, No. 2, 2013, pp. 237–293.

资本主义的特征是重新封建化，不同社会阶层在择业、教育、缔结婚姻等方面越来越早地彼此隔绝，"社会资本"越来越超前地决定了人生的现实境遇。① 工人阶级的上升渠道日益变窄，通过工资收入过上富裕生活的梦想越来越难以实现。法国学者托马斯·皮凯蒂根据大量研究数据指出当代社会资本多通过继承方式获得。② 因此，管控市场经济、增强国家干预和分配公平成为保障劳动正义的重要方向。俄罗斯学者达维特·艾施杰因坚持劳动者利益优先原则，当劳动者的权益与企业的利益发生冲突时，应当优先确保劳动者的社会福利。③

劳动解放主体的组织问题。出于对新自由主义精英政治的不信任，西方社会出现了反对政党政治和精英民主的右翼言论，表现出强烈的民粹主义、大众民主倾向，"我们，只有我们是人民"④。但反对资本的人民并未形成统一的整体。美国学者迪萨尔福指出由于松散的组织方式和自治互助的理念，组织效率低下、难以决策，更谈不上形成统一的纲领，所谓的"社会上99%的人"只不过是一种象征。⑤ 针对劳动主体的分散化，国外学者提出实现工人阶级与其他阶级的联合，形成新的解放主体。如阿根廷学者拉克劳指出当代资本主义存在生态危机、帝国主义剥削等多重矛盾对抗点，应以"多元主体身份"取代"阶级主体"⑥。法国学者阿兰·巴迪欧用"新人民"的概念来指称劳动解放的多元主体，试图实现多元主体的组织化，强调"新人民"是具有反抗资本统治共识的人们构成的，这种"合体"能产生出具有战斗性

---

① 〔德〕阿尔布莱希特·冯·卢克：《没有阶级的阶级斗争》，李莉娜译，《国外理论动态》2014年第4期。

② 参见〔法〕托马斯·皮凯蒂《21世纪资本论》，巴曙松等译，中信出版社，2014，第434、438页。

③ 参见户晓坤《当今俄罗斯马克思主义学界主要观点评析》，《毛泽东邓小平理论研究》2017年第6期。

④ Jan-Werner Müller, *What is Populism*? Philadelphia：University of Pennsylvania Press，2016，p. 70.

⑤ Jackie DiSalvo，"Occupy Wall Street：Creating a Strategy for a Spontaneous Movement"，*Science and Society*，Vol. 79，No. 2，2015，pp. 264-287.

⑥ 〔阿根廷〕厄尼斯特·拉克劳：《为什么构建一个人民概念是激进政治的主要任务？》，闫培宇译，《山东社会科学》2017年第2期。

的凝聚"新人民"的先遣队（如政党）。①

在资本主义制度框架内改善还是寻求替代方案的争论仍在延续。国外理论界比较有代表性的"可替代方案"设想主要表现为，剔除新自由主义成分、用全球社会民主代替现行全球化的"社会主义全球化"方案；发挥计划和市场优势、遏制新自由主义的"市场社会主义"方案；以及建立在信息技术之上、充分发挥劳动者主体性的"自治主义"方案。对社会主义劳动解放实践的反思也成为学者们的研究热点。如大卫·科兹认为，苏联社会主义的崩溃在于其内在矛盾，如政治经济结构的不平衡以及政策的不稳定，并不意味着社会主义经济制度不可行。实际上，苏联解体后的经济状况恰恰证明了新自由主义过渡战略的失败和民主社会主义的不可行。②

中国特色社会主义也成为国外学者研究的热点问题。俄罗斯学者达维特·拉布伊曼认为，应对政府和市场之间的矛盾，即解决落后的社会生产力问题、克服混合经济模式所可能导致的社会主义制度的不稳定，将是社会主义国家的重要任务。③ 美国学者厄尔·布朗指出，中国有着较深厚的国家主义传统，国家在社会生活中发挥着更为重要的作用，这也使中国的政府可以在保护劳工利益上有更大的作为。④

梳理国内外学界的研究状况，可以发现学者们在劳动解放的内涵特征、实践路径等方面取得了较为丰富的研究成果，并立足当代社会劳动问题，积极探讨劳动解放的出路和路径问题，展现出马克思劳动解放论的当代价值。但既有研究存在如下问题。

其一，缺乏对马克思劳动解放论的专题研究。既有研究或将劳动解放附

---

① Alain Badiou, *Qu'est-ce qu'un peuple?* Paris：La Fabrique, 2015；Alain Badiou, *Logiques des Mondes*, Paris：Seuil, 2006.

② 〔美〕大卫·科兹、〔美〕弗雷德·威尔：《来自上层的革命——苏联体制的终结》，曹荣湘等译，中国人民大学出版社，2008，第4页。

③ 参见户晓坤《当今俄罗斯马克思主义学界主要观点评析》，《毛泽东邓小平理论研究》2017年第6期。

④ 参见李百玲、李姿姿、黄文前《资本主义危机与世界历史的转折点——2009年全球左翼论坛综述》，《国外理论动态》2009年第12期。

着于人的解放、资本逻辑批判等问题上进行碎片化解读；或就某一文本中的劳动解放思想进行解读，而不是将其纳入整个文本链条中做出整体考察。其二，未能全面理解劳动概念，将劳动的工具性维度和价值性维度分割开来，忽视了劳动者的主体性，否弃劳动与解放之间的联系。其三，对劳动解放问题的简单化理解。劳动解放是涉及诸多领域的问题，既有研究或将劳动解放窄化为经济领域的解放、"异化"叙事下人的本质的复归，或将劳动解放简单地理解为推翻资本主义制度和生产资料所有制的"颠倒"，而忽视了劳动组织的重建和社会改造等问题。其四，依据当下现实问题回溯文本甚至裁剪文本，而非将理论置于文本自身的语境和逻辑结构中进行整体解读。解决这些问题，需要对马克思劳动解放论做出专题研究，厘清劳动解放论的形成过程、基本内容和逻辑结构。

三 研究内容

（一）概念辨析

探究马克思劳动解放论，既需要厘清劳动、解放和劳动解放这三个核心概念的丰富内涵，又需要考察马克思对物质、生产力、科学技术及机器、物化劳动和活劳动、资本、劳动权、社会革命、自由王国和必然王国等相关概念的科学论述。

（1）**劳动**。马克思为"劳动"正名，把具体的劳动行为视为人的本质活动。劳动是人的对象化活动，是"人以自身的活动来中介、调整和控制人和自然之间的物质变换的过程"①，"劳动的产品是固定在某个对象中的、物化的劳动，这就是劳动的对象化。劳动的现实化就是劳动的对象化"②。劳动是自由自觉的活动，是人满足自身需要和实现自我创造的力量。现实的劳动过程实质上是展开、确认和提升人的本质力量的持续性过程。"我在劳动中肯定了自己的个人生命，从而也就肯定了我的个性的特点。劳动是我真正

---

① 《马克思恩格斯文集》第 5 卷，人民出版社，2009，第 207~208 页。
② 《马克思恩格斯文集》第 1 卷，人民出版社，2009，第 156~157 页。

的、活动的财产"。① 在马克思的文本中，劳动概念大致分为三个层次：作为人的本质的"自由自觉的活动"；现实的物质生产劳动；处于具体社会关系中的物质生产劳动，如雇佣劳动、共产主义社会的劳动等。这三个层面的"劳动"体现了"劳动"概念从抽象到具体的逻辑展开。需要注意的是，马克思在行文中经常直接以"劳动"二字呈现，并未加上限定词，这也导致一些人误解劳动概念。因此，需要结合语境作出区分。

（2）**解放**。"任何解放都是使人的世界即各种关系回归于人自身"②。解放不仅表现为解除束缚人的力量，而且要使人创造的各种关系回归人本身，成为人自由发展的条件。解放的目标应是实现人的自由全面发展，而解放归根结底要在现实的物质世界中实现。正是基于这样的判断，马克思批判了脱离物质生产而寻求所谓的"精神解放"或意志自由的抽象理论。

（3）**劳动解放**。根据对劳动和解放概念的阐述，可以把马克思"劳动解放"概念理解为：消灭对劳动的各种束缚，使在劳动中形成的产品及各种关系真正成为劳动实现自我创造和自我提升的手段。从主体视角来看，劳动解放表现为实现劳动者的解放，使劳动成为区别于动物的"自由的生命表现"③。从现实的物质生产层面来看，劳动解放表现为调适劳动产品的生产与分配之间的关系，即提高改造自然的能力以充分满足人的需要、共同占有生产资料和共同计划生产过程以保证实现劳动者的利益。从劳动的历史形式来看，劳动解放贯穿人类社会发展始终，在不同社会形态中有不同的任务和目标。在资本主义社会，劳动解放主要表现为通过阶级斗争和无产阶级革命，消灭资本对劳动的剥削，建立以维护劳动者利益和强固劳动者主体性为核心的制度体系。

（4）**物质**。马克思主义物质观的创新之处在于，不是从自然属性去理解物质，而是以实践的观点去理解物质，透过物质看到劳动者的劳动。"周围

---

① 《马克思恩格斯全集》第 42 卷，人民出版社，1979，第 38 页。
② 《马克思恩格斯文集》第 1 卷，人民出版社，2009，第 46 页。
③ 《马克思恩格斯全集》第 42 卷，人民出版社，1979，第 38 页。

的感性世界决不是某种开天辟地以来就直接存在的、始终如一的东西，而是工业和社会状况的产物，是历史的产物，是世世代代活动的结果，其中每一代都立足于前一代所奠定的基础上……甚至连最简单的'感性确定性'的对象也只是由于社会发展、由于工业和商业交往才提供给他的。"① 因此，"凡是资产阶级经济学家看到物与物之间的关系（商品交换商品）的地方，马克思都揭示了人与人之间的关系"②。

（5）**生产力**。"生产力是人们应用能力的结果"③，是人的本质力量的展开和确认。结合前文对于"劳动产品"和"物质"的阐述，可以看出，马克思并非仅从物质财富角度去理解生产力，而是从人的发展角度去理解生产力。物质产品的数量和质量固然是衡量生产力发展水平的重要标准，但更为关键的是，物质产品要成为满足劳动者需要和提升劳动者素质的力量。正是在这个意义上，"资产阶级用来推翻封建制度的武器，现在却对准资产阶级自己了"④。

（6）**科学技术及机器**。科学技术及机器是人的劳动尤其是脑力劳动的凝结。在马克思的视野中，科学技术及机器具有工具属性，关键在于要把其置于具体的社会关系中考察。科学技术必然要受到约束和引导，以保证其始终为人的自由全面发展服务。

（7）**物化劳动和活劳动**。依据在生产中的形态，马克思将劳动区分为"活劳动"与"物化劳动"。活劳动是指物质生产中劳动者的脑力和体力的消耗。劳动是对象化活动，"它使对象的形式改变，并使自己物化"⑤。物化劳动是指凝结在劳动对象中、体现为劳动产品的一般人类劳动，蕴含着过去的劳动者所付出的劳动。物化劳动和活劳动本应是统一的，物化劳动成为活劳动进一步展开的手段，但在剥削社会，尤其是资本主义社会，二者被迫分

---

① 《马克思恩格斯文集》第 1 卷，人民出版社，2009，第 528 页。
② 《列宁专题文集：论马克思主义》，人民出版社，2009，第 69 页。
③ 《马克思恩格斯文集》第 10 卷，人民出版社，2009，第 43 页。
④ 《马克思恩格斯文集》第 2 卷，人民出版社，2009，第 37 页。
⑤ 《马克思恩格斯全集》第 47 卷，人民出版社，1979，第 60 页。

离甚至发生颠倒,"在资产阶级社会里是过去支配现在,在共产主义社会里是现在支配过去"①。

(8)　**资本**。资本的存在形态表现为货币、厂房、机器、原料、商品等一定的物,但是"资本不是一种物,而是一种以物为中介的人和人之间的社会关系"②,是支配他人劳动的权力。资本是物化的劳动,"物化劳动与活劳动之间的特殊关系使物化劳动成为资本,使活劳动成为生产劳动"③,"资本,别的不说,也是生产工具,也是过去的、客体化了的劳动"④,资本和雇佣劳动的矛盾实质上是物化劳动和活劳动之间的矛盾。

(9)　**劳动权**。资本是"对劳动及其产品的支配权力","劳动权"则是对资本权力的否定和超越。马克思对"劳动权"进行了术语革命,"劳动权"不是资产阶级所说的享受社会救济权,也不仅仅是指获得劳动岗位维持生存的权利。"劳动权就是支配资本的权力,支配资本的权力就是占有生产资料,使生产资料受联合起来的工人阶级支配,也就是消灭雇佣劳动、资本及其相互间的关系"⑤。恩格斯曾对此给予高度评价,"这里第一次表述了一个使现代工人社会主义既与封建的、资产阶级的、小资产阶级的等形形色色的社会主义截然不同,又与空想的以及自发的工人共产主义所提出的模糊的财产公有截然不同的原理。"⑥ "劳动权"概述了"无产阶级各种革命要求"⑦,是对资本主义社会劳动解放目标的总体性表达,也是现代工人开展社会主义革命和建设的基本原理。

(10)　**社会革命**。社会革命是人们改造社会的根本性变革。"社会的物质生产力发展到一定阶段,便同它们一直在其中运动的现存生产关系或财产关系(这只是生产关系的法律用语)发生矛盾。于是这些关系便由生产力的发

① 《马克思恩格斯文集》第2卷,人民出版社,2009,第46页。
② 《马克思恩格斯文集》第5卷,人民出版社,2009,第877~878页。
③ 《马克思恩格斯全集》第49卷,人民出版社,1982,第105页。
④ 《马克思恩格斯文集》第8卷,人民出版社,2009,第7页。
⑤ 《马克思恩格斯文集》第2卷,人民出版社,2009,第113页。
⑥ 《马克思恩格斯文集》第4卷,人民出版社,2009,第537页。
⑦ 《马克思恩格斯文集》第2卷,人民出版社,2009,第113页。

展形式变成生产力的桎梏。那时社会革命的时代就到来了。随着经济基础的变更，全部庞大的上层建筑也或慢或快地发生变革。"① 社会革命是广泛而深刻的革命，"马克思主义认为，社会革命以生产力和生产关系的矛盾运动为基础，不仅仅是一种破除旧的政治上层建筑的社会运动，更是一种新的社会建设运动。"②

（11）**自由王国和必然王国**。马克思在研究资本主义再生产过程后，对整个人类社会历史作出整体勾勒，作出了"必然王国"与"自由王国"的论断。"必然王国"是指人们尚未真正认识客观规律，处于被盲目的必然性支配的领域。在这一领域，劳动还没有成为人的第一需要，只是谋生的手段。"这个领域内的自由只能是：社会化的人，联合起来的生产者，将合理地调节他们和自然之间的物质变换，把它置于他们的共同控制之下，而不让它作为一种盲目的力量来统治自己；靠消耗最小的力量，在最无愧于和最适合于他们的人类本性的条件下来进行这种物质变换。"③ "自由王国"是指人在认识和把握客观规律后，摆脱自然界和社会领域盲目力量的支配，能够自觉创造历史的领域。在此领域中，劳动成为人的自由自觉的活动。高度发达的生产力是到达自由王国的前提。"在这个必然王国的彼岸，作为目的本身的人类能力的发挥，真正的自由王国，就开始了。但是，这个自由王国只有建立在必然王国的基础上，才能繁荣起来。工作日的缩短是根本条件。"④ 人类社会的发展过程，就是不断解决自由与必然矛盾的过程，是不断实现劳动解放的过程。"人类的历史，就是一个不断地从必然王国向自由王国发展的历史。这个历史永远不会完结。在有阶级存在的社会内，阶级斗争不会完结。在无阶级存在的社会内，新与旧、正确与错误之间的斗争永远不会完结。"⑤ 可见，劳动解放的课题不仅存在于资本主义社会，而且贯穿整个人类

---

① 《马克思恩格斯文集》第 2 卷，人民出版社，2009，第 591~592 页。
② 习近平：《坚持和发展中国特色社会主义要一以贯之》，《求是》2022 年第 18 期。
③ 《马克思恩格斯文集》第 7 卷，人民出版社，2009，第 928~929 页。
④ 《马克思恩格斯文集》第 7 卷，人民出版社，2009，第 927~929 页。
⑤ 《毛泽东文集》第 8 卷，人民出版社，1999，第 325 页。

发展过程。

（二）章节结构和主要观点

本书尝试对马克思劳动解放论作出专题研究，从历史、理论和实践相结合的维度呈现马克思劳动解放论的整体面貌。除导论和结语外，本书共五章。第一章梳理劳动解放论的形成过程。第二章分析劳动解放的内涵特征、基本原理和理论地位。第三章和第四章分别考察欧美资本主义社会和"东方社会"这两个场域的劳动解放问题，展现劳动解放论基本原理在具体环境中的运用和发展。第五章考察马克思劳动解放论在后世的赓续与发展。

第一章为马克思劳动解放论的探索过程。劳动解放问题是理解马克思主义创建历程的关键线索。本章考察马克思分析劳动问题的具体语境，阐述劳动解放论科学化的过程。马克思以研究德国劳动者贫困问题为起点，思考资产阶级理论与现实之间的矛盾，系统批判黑格尔法哲学理论，阐述政治解放的虚假性，提出应从现实的物质生产出发探寻实现人类解放的方案。马克思把具体的劳动行为视为人的本质活动，实现了"劳动"范畴的科学化，在阐述劳动生产与人类社会发展规律时创立了唯物史观，在探究私有制与价值创造活动的扭曲状态时提出剩余价值理论，在历史、经济和政治等领域破解劳动解放问题。在全面考察资本主义社会运行规律和总结工人运动经验的基础上，马克思将"劳动解放"提炼为无产阶级革命的核心议题，系统阐述了劳动解放的实现条件、主要特征和策略原则等，并在理论和实践的互动中为劳动解放论的科学化进程注入持续的生命力。

第二章为马克思劳动解放论的基本内涵。本章共三节，分别考察"劳动解放"概念的内涵特征、劳动解放论的基本原理、劳动解放的理论地位。第一节通过分析劳动范畴的科学内涵和马克思关于劳动解放两个实现条件的论述，阐释"劳动解放"概念的内涵与特征，并厘清对劳动解放概念的种种误解。第二节从人的解放维度、社会生产维度、社会形态维度概括劳动解放的基本原理，展现阶级斗争、技术、教育、自由时间等要素在劳动解放事业中的作用，表明劳动解放是贯穿整个人类历史的事业，是公共逻辑对私有逻辑弊端的超越，是实现人的自由全面发展的全方位变革等。第三节阐述劳动解放的基础地位，包括劳动范畴与马克思主义整体性品质的内在关联、劳动解放在解放谱系中的基础地位、社会变革应该以劳动解放为实践导向等。

第三章为马克思对欧美资本主义社会劳动解放问题的研究。马克思的劳动解放论具有强烈的实践导向。本章和第四章分别呈现马克思对以英国、法国、德国、美国等国家为代表的欧美资本主义社会和以俄国、中国、印度等为代表的"东方社会"两个场域劳动解放问题的探索，展现劳动解放论基本原理在具体环境中的运用。本章共三节，分别概括资本主义社会劳动解放的困境、目标形态和路径策略等。第一节中考察各国劳动解放任务的共性和个性，说明各国劳动解放事业不仅休戚相关而且"殊途同归"，指出资本主义国家劳动解放困境根源于"资本是对劳动及其产品的支配权力"①。第二节中分析马克思对"劳动权"概念的术语革命，"劳动权就是支配资本的权力，支配资本的权力就是占有生产资料，使生产资料受联合起来的工人阶级支配，也就是消灭雇佣劳动、资本及其相互间的关系"②。"劳动权"概念概括了"无产阶级各种革命要求"，表述了社会主义革命和建设的"原理"，③包含生产关系重构、按劳分配与公平正义的实现、无产阶级专政与政权建设等内容。第三节主要梳理劳动解放的实践主体和革命策略，如无产阶级的组织化与国际性、工人阶级政党的科学化与先进性、建立劳动解放的统一战线、暴力革命与合法斗争的辩证统一等。

第四章为马克思对"东方社会"劳动解放问题的研究。本章共两节。第一节中阐述资本逻辑的全球扩张导致"东方社会"面临复杂的劳动解放任务，反对资本主义殖民统治是首要任务。第二节中分析"东方社会"劳动解放的特殊性，包括所有制和社会结构等内部条件的独特性、与资本主义社会同时存在等外部条件的特殊性等。一方面，中国作为典型的"东方社会"国家，存在大面积公有制土地，具有跨越发展的可能；另一方面，中国作为半殖民地半封建国家，遭受着多个资本主义国家的压迫，革命态势更为严峻。

---

① 《马克思恩格斯文集》第 1 卷，人民出版社，2009，第 130 页。
② 《马克思恩格斯文集》第 2 卷，人民出版社，2009，第 113 页。
③ 《马克思恩格斯文集》第 4 卷，人民出版社，2009，第 537 页。

马克思十分关注中国的劳动解放问题，分析了中国劳动解放事业与欧美国家劳动解放问题的内在关联，并提出"中国社会主义""中华共和国"等概念。

第五章为马克思劳动解放论的赓续与发展。本章共三节，探讨劳动解放论在 19 世纪末期、20 世纪和 21 世纪的赓续与发展。第一节考察列宁和西方马克思主义学者对马克思劳动解放论的继承与发展、质疑与争论，梳理中国共产党劳动解放的理论与实践。第二节考察 21 世纪劳动形式的变化，分析全球化时代劳动解放问题的困境与机遇。第三节论述了中国特色社会主义理论与实践提供了社会主义劳动解放的方案，丰富、发展和完善了马克思关于社会主义劳动解放的理论，为世界劳动解放事业贡献出中国智慧。

第一章　马克思劳动解放论的探索过程

本章考察马克思探索劳动解放问题的语境，阐述劳动解放论的科学化过程。马克思从破解资本主义社会的劳动压迫和贫困问题着手，批判地吸收了黑格尔、费尔巴哈、亚当·斯密、圣西门等学者的思想资源，把具体的劳动行为升华为人的本质属性，实现了"劳动"范畴的科学化，以此为基础创立唯物史观和剩余价值学说，在历史学、经济学、政治学等领域破解劳动解放问题。在全面考察资本主义社会运行规律和总结工人运动经验的基础上，马克思将"劳动解放"提炼为无产阶级革命的核心议题，系统阐述了劳动解放的实现条件、主要特征和策略原则等。马克思将科学理论运用于指导工人实践，理论和实践互动这一鲜明特色为劳动解放论的科学化进程注入持续的生命力。

第一节　劳动问题与马克思理论探索的起航

在马克思的青少年时代，欧洲资本主义经济迅速发展、无产阶级队伍不断壮大。资产阶级的反封建斗争成为主题，而无产阶级和资产阶级之间的斗争亦愈演愈烈。在后发的资本主义国家德国，劳动群众遭遇着封建主义和资本主义的双重压迫，反封建主义和反资本主义同时进行，资产阶级自由民主思想和共产主义思潮交织。《莱茵报》对劳动者贫困问题的报道使马克思认识到资产阶级理论与现实之间存在矛盾，如何解释国家在现实中展现出的那些不合"理性"的特征、资产阶级革命是否可以成为解决现实劳动问题和实现人类解放的良方、人类社会应该"向何处去"等问题成为马克思"苦恼的疑问"。马克思吸收费尔巴哈唯物主义和英法共产主义等思想资源,对既有理论尤其是黑格尔法哲学思想展开批判。虽然此时马克思对劳动理论的研究还处于抽象层面的论证,但他着重对现代社会劳动形式、国家和市民社会的关系、政治解放和人类解放的关系等问题进行了审思,提出"异化劳动"理论,确立了分析劳动问题的唯物论基础和人民主权的价值立场。

一　德国劳动问题与马克思"苦恼的疑问"

从亚里士多德生活的时代至近代社会,劳动始终被视为人类受困于自然界必然性而不得不从事的活动,它以产品为目的,人自身只是手段,因而被视为最低贱的活动,由奴隶或者农奴来承担。直到工业革命时期,劳动的地位才得以提升,劳动被理解为创造社会财富的活动。然而,劳动者的地位并未随之提升,资本主义社会并非如启蒙思想家们所宣扬的那般实现了人类的自由与解放,反而以压榨劳动者的剩余时间和牺牲劳动者利益为前提。17世纪中叶到19世纪初期,资产阶级革命在欧洲各国相继爆发,资产阶级和土地贵族争夺统治地位是社会政治斗争的中心。而"资本家和雇佣工人之间的斗争是同资本关系本身一起开始的"①,缺少法律保障的新兴工人阶级过着极其悲惨的生活,成为"为争夺统治而斗争的第三个战士"②。

随着资本主义经济的发展,启蒙思想和现代社会的各种矛盾甚至悖论不断暴露出来。资本主义所宣扬的自由、平等、民主与解放最终走向自身的反面,劳动者创造的社会财富越多反而使自身越贫穷,贫富分化等社会问题愈演愈烈。资本主义生产方式创造的巨大生产力及其引发的劳动问题同时引起思想界的关注。如卢梭、伏尔泰等启蒙学者宣传自由、民主和平等思想以解除封建专制的束缚;亚当·斯密、威廉·配第等古典政治经济学家确立了

①　《马克思恩格斯文集》第5卷,人民出版社,2009,第492页。
②　《马克思恩格斯文集》第4卷,人民出版社,2009,第304页。

"劳动是财富的源泉"的基本原则，探究提升劳动生产率的途径；黑格尔从哲学层面说明了劳动在现代社会中的基础地位。而圣西门等社会主义者则关注资本主义生产方式带来的贫富分化等社会问题。资本主义学说和共产主义思潮在社会中广泛传播。

作为后发资本主义国家，反封建主义和反资本主义这两个任务在德国几乎同时进行。19 世纪 20 年代，"农业立法"改革通过土地赎买政策开启了德国现代化道路。赎买政策使土地落入资产雄厚的容克贵族手里，封建土地所有制转变为资本主义地产制，容克贵族转变为容克资产阶级，获得自由的农民转变为工人，对强制劳役的剥削转化为对自由雇佣劳动的剥削。"国内的手工业、商业、工业和农业极端凋敝。农民、手工业者和企业主遭到双重的苦难——政府的搜刮，商业的不景气"①。德国因竞争力不足受制于英国、法国等发达资本主义国家，引发生产过剩的工业危机和农产品价格跌落的农业危机，而资本家为获得利润将生产成本转嫁给工人和农民。由于正处在从封建社会向资本主义社会过渡时期，国家和社会无力对资本进行有效制约，加剧了资本家对劳动者的剥削。遭受着封建专制和资本主义生产方式双重压迫的劳动群众生活十分悲惨。

此时，德国的民主运动和共产主义运动蓬勃发展起来。资产阶级自由主义和民主社会主义是推动德国反封建斗争的主要思潮。资产阶级自由主义只限于在君主制度范围内保卫资产阶级的基本阶级利益，反对封建专制制度。而与之几乎同时产生的民主运动则力求按照人民的利益来更彻底地改变政治制度和社会制度。在此社会背景下，很多开明人士同时参加德国当时两个反对派——资产阶级自由主义反对派和民主社会主义反对派。1830 年法国爆发的七月革命推翻了代表封建贵族和大资产阶级利益的波旁王朝，推动德国民主运动进入高潮。同时，德国无产阶级受到民主社会主义和共产主义思潮以及英法工人运动鼓舞，表现出较强的革命性。

马克思的出生地莱茵省特里尔市从 1794 年到 1814 年一直处于法国占领

---

① 《马克思恩格斯全集》第 2 卷，人民出版社，1957，第 633~634 页。

下，因此较早推行了资产阶级改革，资本主义工商业蓬勃发展，成为德国最早启动资本主义工业化的地区。工商业的发展使得莱茵资产阶级的力量日益增强，启蒙思想、政治自由主义、民主社会主义和空想社会主义等革命思想广泛传播。1815年莱茵省重新并入普鲁士版图。普鲁士国王弗里德里希·威廉三世为了恢复封建贵族昔日的权势，企图把法国占领时期早已废止了的封建等级制度重新确立起来，使已经获得一定程度自由的农民重新处于被奴役的地位，并且要求莱茵省缴纳十倍于易比河以东各省的税款，严重损害着莱茵地区工商业者、农民以及无产阶级的经济利益。普鲁士政府的反动统治遭到莱茵省资产阶级、无产阶级和进步知识分子的激烈反抗。

从思想资源来看，马克思的少年时期是在反封建的进步思想——启蒙主义、政治自由主义以及圣西门空想社会主义的"哺育"中度过的。马克思的父亲亨利希·马克思和岳父冯·威斯特华伦男爵均对启蒙思想熟稔于心，关注社会问题，同情穷苦大众，提倡将知识奉献给人类的自由解放事业。中学时期进步老师们对自由主义的信仰与践行也深深触动了马克思。受家庭和学校影响，马克思确立了坚定的政治方向，即把争取自由解放视为最为正义的事业。从社会现实来看，马克思经常看到破产或失业的劳动者挤在中心广场上等待救援，这种悲惨遭遇激起马克思对劳动群众的同情和对封建专制制度的激烈批判。马克思的中学论文《奥古斯都的元首政治应不应当算是罗马国家较幸福的时代?》《青年在选择职业时的考虑》等均体现了这种自由民主思想。

1835年进入波恩大学后，马克思借助浪漫主义诗歌创作表达反封建和反对私有财产的诉求，并开始对哲学产生兴趣。波恩大学是莱茵省精神生活中心，而马克思入学时，反对莱茵省议会的学生运动刚遭到政府镇压，进步组织被解散。崇尚个人精神自由、嘲讽社会现实的浪漫主义文学成为反封建的"重要阵地"。与止于个人抒情的一般浪漫主义文学不同，马克思对社会基本矛盾及"爱"的本质、人与上帝的关系等话题提出疑问并进行了思考。他一方面运用浪漫主义中"应然与实然对立"的思维方式去抨击社会现实，另一方面认识到浪漫主义虽有助于唤起人反对压迫的意识，但沉浸于想象世界而忽视现实反抗，因此无法找到解放的出路。马克思认为只有通过阅读具有总体性的哲学才能获得对社会问题和理论问题的深刻理解，并于第二学期阅读了康德、费希特和古希腊罗马哲学家们的大量著作，对呼吁人们起来革命的费希特哲学较为感兴趣。

1836 年，马克思转入柏林大学。与较早启动资本主义现代化的莱茵省不同，首都柏林处于封建统治的中心，封建思想和资产阶级思想斗争更为激烈。在大学期间，马克思同时选修了维护现实统治的历史法学派萨维尼和崇尚理性的黑格尔学生爱德华·甘斯的课程。萨维尼反对启蒙学派的自然法理论，强调应以德国习惯法为基础，把法的发展与人民的经验生活联系起来，这种从现实经验出发的方法论对马克思产生了一定影响。但萨维尼以法的有机发展为名义，反对启蒙思想和自由主义。甘斯指责萨维尼用经验的盲目必然性代替理性的必然性，结果使现在从属于过去。甘斯并不否定人民的作用，相反，他关注社会的非"理性"状态，并结合圣西门等社会主义者的自由合作思想，提出国家的义务是为劳动人民的利益进行社会改革。通过变革国家制度为劳动者谋解放的思想无疑激起马克思的兴趣。在 1836 年出版的《人物和事件的回顾》一书中，甘斯考察了人类历史上不断更迭的阶级斗争形式，"先前是主人和奴隶、稍后是贵族和平民、后来又是领主和家仆相互对立……目前则是游手好闲的人和劳动者的对立"；今后的历史将会不止一次地谈到无产者反抗中等阶级的斗争；工场制度是现代的奴隶制度，国家必须关心人数最多的最贫苦阶级；等等。① 这些论述使马克思对社会的阶级状况有了初步认识，这在《共产党宣言》等论著中也有一定程度的反映。

萨维尼和甘斯的争论反映了本质和现象何者为先的问题，马克思于 1837 年提出"法的形而上学"对这一争论作出解答。② 马克思在文中探讨了法律与现实的一致性和法律的人民性等问题。但马克思构建法哲学体系的尝试因其浪漫主义的"应然与现实对立"分析方式以失败告终，"向现实本身去寻

---

① 转引自马泽民《马克思主义哲学前史》，重庆出版社，1994，第 154 页。
② 《马克思恩格斯全集》第 47 卷，人民出版社，2004，第 7~8 页。

找思想"成为他走出思想困境的途径。此时，以"理性"为核心调和社会矛盾的黑格尔哲学体系尤其是辩证法启发了马克思。黑格尔把德国古典哲学尤其是康德、费希特哲学的"内在性、矛盾和发展"等主题总体上阐述为包罗万象的体系，把整个世界描述为不断运动的过程。他认为事物的现存状态与理想状态之间存在张力，从而解决了应然和实然的对立、现象和本质的分离问题。在黑格尔哲学的影响下，马克思抛弃了主观唯心主义哲学，认识到"事物本身的理性在这里应当作为一种自身矛盾的东西展开，并且在自身中求得自己的统一"①。

马克思不仅通读了黑格尔著作，还参加了"青年黑格尔派"讨论活动，对现代世界哲学的认知愈发深刻。②马克思赞同"青年黑格尔派"发挥哲学批判功能和实现精神自由的观点，但否定其忽视社会现实和人民群众的做法。在《德谟克利特的自然哲学和伊壁鸠鲁的自然哲学的差别》中，马克思通过对亚里士多德之后希腊哲学发展道路的研究，提出黑格尔哲学的出路在于变自己为改造世界的实践哲学。马克思坚持黑格尔的辩证法，强调思维和存在、哲学与现实的相互作用，提出"世界哲学化"和"哲学世界化"的双重任务。马克思强调，哲学要使自己的内在之光转化为向外面燃烧的火焰，使"世界哲学化"；与此同时，世界也在改造哲学，使哲学世界化。③随着现实斗争的深入，马克思意识到应该关注的根本问题不是宗教、政治问题而是社会问题，从而同相信自我意识万能的"青年黑格尔派"决裂。

1842年4月，马克思开始为《莱茵报》写稿，并于10月被聘为报纸主编。《莱茵报》对劳动者贫困问题的评论使马克思对既有理论产生怀疑和困惑。初到《莱茵报》时，马克思坚持黑格尔的法哲学观点，即国家是理性的代表，认为国家的任务就是合理地组织生产、协调私人利益之间的矛盾、不断解决贫富分化等社会问题。事实上，黑格尔法哲学的论述背景是威廉三世颁布工商业自由等政策，因此他对国家和君主充满希望。随着资本主义发展

---

① 《马克思恩格斯全集》第47卷，人民出版社，2004，第8页。
② 《马克思恩格斯全集》第47卷，人民出版社，2004，第15页。
③ 《马克思恩格斯全集》第1卷，人民出版社，1995，第75～76页。

加之 1840 年威廉四世上台后倒行逆施，大地产所有制蚕食鲸吞，越来越多的人被抛入社会底层，成为无产阶级。《莱茵报》对劳动者贫困状况的持续报道使马克思察觉到，国家并不具有黑格尔所言的代表"绝对精神"的合理性，反而正沿着私人利益所设定的轨迹运行。在私人利益支配下，不同等级的人总是想着支配别人的劳动，最终导致法和国家的毁灭。

马克思积极为贫苦劳动大众辩护，指出贫穷不是"不治之症"，而是由官僚制度造成的。在关于林木盗窃法的辩论中，马克思指出林木盗窃法是对立法权的滥用，捡拾枯枝体现了人类劳动的活力，这些习惯是合法的也是合乎自然的①，而独占财产的封建制度则把人类社会变成动物的世界。② 马克思谴责统治者将诚实劳动贬低为替个别人卖力的劳役的行为，提出要"为穷人要求习惯法"③。马克思否认"贫困状况是不治之症"④，指出贫困问题实际上体现了社会现实和管理原则的冲突，管理机构未能体现黑格尔所设想的"全体民众的高度智慧和法律意识"⑤，其"毫无裨益的、凭空杜撰"⑥ 的建议在现实中行不通。马克思将希望寄托于自由报刊，自由报刊可以不通过官僚中介把人民的贫困状态反映到御座前，"使大家都感觉到这种贫困，从而减轻这种贫困"⑦。然而，自由报刊没有发挥实际效果，《莱茵报》因关注社会问题于 1843 年 4 月被勒令停刊。

理论和现实的脱节使马克思感到迷茫。以批判哲学改造国家的愿望破产，黑格尔法哲学与现实之间的矛盾凸显，资产阶级自由主义思想无力提供令人满意的解答社会问题的答案。作为"理性"代表的国家为何会表现出事实上的反人民性、物质利益为何能够影响甚至决定国家的法律政策等问题困扰着马克思，而具体的物质利益难题在黑格尔体系中并未被详细提及。马克

---

① 《马克思恩格斯全集》第 1 卷，人民出版社，1995，第 253 页。
② 《马克思恩格斯全集》第 1 卷，人民出版社，1995，第 249 页。
③ 《马克思恩格斯全集》第 1 卷，人民出版社，1995，第 248 页。
④ 《马克思恩格斯全集》第 1 卷，人民出版社，1995，第 374 页。
⑤ 《马克思恩格斯全集》第 1 卷，人民出版社，1956，第 298 页。
⑥ 《马克思恩格斯全集》第 1 卷，人民出版社，1995，第 376 页。
⑦ 《马克思恩格斯全集》第 1 卷，人民出版社，1995，第 378 页。

思"第一次遇到要对所谓物质利益发表意见的难事"①。马克思曾向卢格感慨道,"虽然对于'从何处来'这个问题没有什么疑问,但是对于'往何处去'这个问题却很模糊。不仅在各种改革家中普遍出现混乱,而且他们每一个人都不得不承认自己对未来应该怎样没有确切的看法"②。

马克思在研析劳动问题的过程中找到了以人本学理论和唯物主义论证方法为基础的费尔巴哈理论这个崭新的武器。费尔巴哈在《关于哲学改造的临时纲要》中指出,只有彻底改造黑格尔学说才能真正解决社会问题。他认为黑格尔颠倒了思维和存在的关系,不是思维本身,而是既能思维又能感觉的具体的"人"才是自由、人格、国家和法律的现实存在。③ 这种颠倒主宾结构的思维方式和人本学思想启发了马克思。马克思以此为基础置换了黑格尔"头足倒置"的逻辑结构,将辩证法置于现实存在之上。黑格尔学说的使命原本是去协调理论与现实之间的矛盾,但问题在于黑格尔的学说建立在与客观现实不一致的主观概念之上,而在世俗世界中,理想和现实是对立的。因此,必须对黑格尔法哲学进行批判和唯物主义的改造。

此时,关注社会不平等现象、批判私有制的共产主义思潮也进入马克思的研究视野。如 19 世纪 30 年代初,在马克思的家乡特利尔市就有圣西门、傅立叶等的空想社会主义思想的传播。"在《莱茵报》上可以听到法国社会主义和共产主义的带着微弱哲学色彩的回声"④。1842 年,洛·冯·施泰因受普鲁士政府委托撰写了调查报告《当代法国的社会主义和共产主义》,这篇报告虽然是为了使统治阶级了解共产主义运动状况以作镇压,但实际上推动了共产主义思想在劳动群众中的传播。马克思研究了空想社会主义者傅立叶、孔西得朗等人的著作。但此时,马克思反对空想社会主义,认为共产主义不是靠写几篇文章就能解决的理论问题,而应为贫穷劳动者的真正利益斗争。

---

① 《马克思恩格斯文集》第 2 卷,人民出版社,2009,第 588 页。
② 《马克思恩格斯文集》第 10 卷,人民出版社,2009,第 7 页。
③ 《费尔巴哈哲学著作选集》上卷,荣震华译,商务印书馆,1984,第 101~119 页。
④ 《马克思恩格斯文集》第 2 卷,人民出版社,2009,第 588~589 页。

二 揭露"政治解放"的虚假性

为探究作为"理性"代表的政治国家为何会异化为私人利益的奴仆并成为奴役劳动人民的力量，马克思于 1843 年在克罗茨纳赫休假期间阅读了历史学、政治学等著作，并开启对黑格尔法哲学的"批判性分析"。各个国家在不同历史时期的所有制同政治设施的关系是马克思关注的核心问题。马克思意识到财产关系具有"双刃性"，即财产关系既是资产阶级反对封建地主阶级的武器，也是资产阶级用以压迫贫苦劳动大众的武器。对作为市民社会存在基础的"私有财产"进行批判成为马克思研究的重心。这既是他解决《莱茵报》时期"物质利益难题"的理论延伸，也是他提出"异化劳动"理论的中介。

在对社会现实的深入批判中，马克思认识到"政治解放"只是实现了资产阶级自身的解放，而没有实现全人类的解放尤其是劳动者的解放，作为"理性"代表的国家异化为私人利益的奴仆并成为奴役劳动人民的力量。因此，资产阶级国家并非人类历史的最高形态。马克思此时与共产主义者的联系日益密切，他呼吁劳动群众不应该将希望寄托于"政治解放"的谎言中，不应该幻想在资本主义国家中获得解放，而应在市民社会中开展共产主义革命。马克思的观点主要表现在《黑格尔法哲学批判》以及在《德法年鉴》上发表的两篇文章之中。事实上，揭露资产阶级国家对劳动者的迷惑和诱骗是马克思一生的重要任务。

在《黑格尔法哲学批判》中，马克思批判了黑格尔的国家观。黑格尔认识到"劳动"作为满足需要的中介手段，在催生以普遍联系为特征的公共生活中发挥了必不可少的中介作用，并将市民社会的需要体系看作现代国家的经济基础和雏形。然而，黑格尔虽然意识到现代社会加剧劳动者贫困，但他认为贫富分化是市民社会不可能解决的矛盾，寄希望于高一级的伦理实体即政治国家。而越来越多的平民被抛进社会底层的事实证明了黑格尔以国家为"调节器"协调各集团利益的设想失败。马克思透过黑格尔神秘的思辨唯心主义哲学，洞察出私有财产导致国家与市民社会的分裂，并引发人的本质

"二重化"。一方面，在市民社会中，由于私有制的存在，人们的私人生活是具体的、利己的并且与其他人隔绝的；另一方面，在政治国家中，人们作为公民在法律面前是平等的，却丧失自己"固有的、真正的、经验的现实性"①。公民在法律和国家领域的所谓平等，实际上是脱离现实物质利益的差异、撇开每个人原来的等级差别的完全幻想的平等，人的本质的二重化现象是市民社会与政治国家分离所导致的必然结果。

在国家的本质方面，马克思与黑格尔的立场观点和论证方法截然相反。黑格尔从伦理精神出发，指出伦理精神的发展经历了家庭、市民社会和国家三个阶段，而国家是家庭和市民社会的综合，现代国家作为普遍物实现了私人福利和公共利益的统一。马克思从客观现实尤其是劳动群众的利益出发，指出理性的本质应该是人民的意志，"国家制度在这里表现出它的本来面目，即人的自由产物"②。马克思在批判黑格尔唯心主义国家观时指出：在黑格尔那里，"观念变成了主体，而家庭和市民社会对国家的现实的关系被理解为观念的内在想像活动。家庭和市民社会都是国家的前提，它们才是真正活动着的；而在思辨的思维中这一切却是颠倒的"③。马克思指出，市民社会是政治国家的基础，"政治国家没有家庭的自然基础和市民社会的人为基础就不可能存在。它们对国家来说是必要条件"④。马克思指出，黑格尔颠倒了主语和宾语，"制约者被设定为受制约者""规定者被设定为被规定者""生产者被设定为其产品的产品"⑤。

马克思将剥削阶级国家与"真正的国家"区别开来，"黑格尔应该受到责难的地方，不在于他按现代国家本质现存的样子描述了它，而在于他用现存的东西冒充国家本质"⑥。黑格尔不懂得在资产阶级国家，普遍事务受私有

---

① 《马克思恩格斯全集》第3卷，人民出版社，2002，第97页。
② 《马克思恩格斯全集》第3卷，人民出版社，2002，第40页。
③ 《马克思恩格斯全集》第3卷，人民出版社，2002，第10页。
④ 《马克思恩格斯全集》第3卷，人民出版社，2002，第12页。
⑤ 《马克思恩格斯全集》第3卷，人民出版社，2002，第12页。
⑥ 《马克思恩格斯全集》第3卷，人民出版社，2002，第80页。

财产的支配，"国家利益成为一种同其他私人目的相对立的特殊私人目的"①。在马克思看来，只有在民主制而非黑格尔鼓吹的君主立宪制中才能消除市民社会与国家的对立，"只有民主制才是普遍和特殊的真正统一"②。在民主制中，国家制度、法律、国家本身，"都只是人民的自我规定和人民的特定内容"③，不存在一部分人对另一部分人的压迫和奴役。因此，只有当人民成为国家的"原则"时，普遍利益和特殊利益、个人事务和公共事务才能实现真正统一，人才能真正实现自己的本质。

《莱茵报》时期的经历和对黑格尔法哲学的批判，使马克思认识到资产阶级标榜的自由和人权归根结底是保护私有财产，资产阶级革命只是解放了资产阶级，而没有解放与之并肩战斗的无产阶级，也即没有实现全人类的解放。正是基于这种判断，马克思将研究对象从政治国家转向市民社会，将批判重心从封建制度转向资本主义制度，对政治解放与人类解放的关系、无产阶级的历史使命等作出系统论述。共产主义思想开始成为马克思考察劳动问题的理论资源。

在《论犹太人问题》中，马克思通过对犹太人追求解放的问题的研究，探讨了"解放"的真正意蕴以及政治解放和人类解放的关系，提出无产阶级革命的任务。犹太人在德国的地位是矛盾的。一方面，他们十分富有，在经济领域发挥重要作用；另一方面，他们在政治上缺乏权利，普鲁士政府规定犹太人不能担任公职。犹太人一直在争取与基督教徒享有同等权利，但遭到普鲁士政府的镇压。在反封建专制的浪潮下，犹太人追求政治解放的问题引起热议。《莱茵报》上发表了多篇关于犹太人的文章。布鲁诺·鲍威尔将政治问题归结为宗教问题，他认为犹太教受到歧视是因为其自身的狭隘性，德国的犹太人只有放弃犹太教才能获得政治解放。与鲍威尔相反，马克思将宗教问题归结为政治问题，并最终归结为市民社会领域的问题。

---

① 《马克思恩格斯全集》第3卷，人民出版社，2002，第61页。
② 《马克思恩格斯全集》第3卷，人民出版社，2002，第40页。
③ 《马克思恩格斯全集》第3卷，人民出版社，2002，第41页。

马克思认为，犹太人即使获得与基督教徒相平等的政治权利也不能实现自身的解放。其一，现代政治国家不是普遍利益的共同体，它所承认的只是市民的个人私利。其二，市民社会充分体现了犹太人的狭隘性，金钱和利己主义统治人类并带来普遍奴役是当代社会的普遍问题，资产阶级恰是借助世俗化的犹太精神压迫劳动人民，造成新的奴役制。"犹太人的社会解放就是社会从犹太精神中解放出来。"[①]　其三，犹太人应该追求人的解放，只有把市民社会从犹太人的狭隘性中解放出来，犹太人和其他社会成员才能把尊崇市民私利的政治国家转变为真正的人类利益共同体，把政治解放变成人的解放。因此，"政治解放对宗教的关系问题已经成了政治解放对人的解放的关系问题"[②]。

马克思阐述了"解放"的含义，分析了"政治解放"的不彻底性，并论述了实现人的解放的条件。马克思明确指出，"任何解放都是使人的世界即各种关系回归于人自身"。政治解放之所以是虚假的，是因为"政治解放一方面把人归结为市民社会的成员，归结为利己的、独立的个体，另一方面把人归结为公民，归结为法人"。[③]　因此，资产阶级宣扬的所谓"政治解放"非但不能实现人的解放，反而导致人与自身固有力量的分离、抽象和现实的对立、个人与社会的分隔。"自由这一人权不是建立在人与人相结合的基础上，而是相反，建立在人与人相分隔的基础上。这一权利就是这种分隔的权利，是狭隘的、局限于自身的个人的权利。自由这一人权的实际应用就是私有财产这一人权。"[④]　因此，"只有当现实的个人把抽象的公民复归于自身，并且作为个人，在自己的经验生活、自己的个体劳动、自己的个体关系中间，成为类存在物的时候，只有当人认识到自身'固有的力量是社会力量'，并把这种力量组织起来因而不再把社会力量以政治力量的形式同自身分离的时候，只有到了那个时候，人的解放才能完成"[⑤]。

---

① 《马克思恩格斯文集》第 1 卷，人民出版社，2009，第 55 页。
② 《马克思恩格斯文集》第 1 卷，人民出版社，2009，第 27 页。
③ 《马克思恩格斯文集》第 1 卷，人民出版社，2009，第 46 页。
④ 《马克思恩格斯文集》第 1 卷，人民出版社，2009，第 41 页。
⑤ 《马克思恩格斯文集》第 1 卷，人民出版社，2009，第 46 页。

在《〈黑格尔法哲学批判〉导言》中，马克思从人的本质出发，明确阐述了无产阶级担负着实现人类解放的历史使命。马克思指出，德国革命的希望在于实现人类解放，而人类解放的主体是无产阶级。"人不是抽象的蛰居于世界之外的存在物。人就是人的世界，就是国家，社会。这个国家、这个社会产生了宗教，一种颠倒的世界意识，因为它们就是颠倒的世界"。① "对德国来说，彻底的革命、普遍的人的解放，不是乌托邦式的梦想，相反，局部的纯政治的革命，毫不触犯大厦支柱的革命，才是乌托邦式的梦想。"② 政治解放的局限性主要在于其解放的主体——资产阶级的利己主义性质，要实现人类解放就必须突破资产阶级政治解放的历史局限性，消灭私有制，消除造成人异化的各种社会力量。人类解放要求"形成这样一个领域，它表明人的完全丧失，并因而只有通过人的完全回复才能回复自己本身""社会解体的这个结果，就是无产阶级"。因此，无产阶级的解放表现为人的"普遍的自我解放"。③ 无产阶级的使命就是要"推翻使人成为被侮辱、被奴役、被遗弃和被蔑视的东西的一切关系"④。从这种意义上来看，马克思当时已经将共产主义革命同资产阶级革命区分开来了。

资本主义的发展使德国无产阶级的数量不断增加、革命性不断增强。无产阶级主要由中间等级解体而产生的群众组成，同时贫民和农奴等级也在充实无产阶级的队伍，这些人无法分享政治解放带来的成果，只有通过共产主义革命消灭一切奴役制度才能实现自身彻底解放。为了开展现实的斗争，马克思开始与"正义者同盟"⑤的领导人以及"法国大多数工人秘密团体的领导人"保持私人交往⑥，并研究法国大革命历史和法国阶级斗争史，探索无

① 《马克思恩格斯文集》第1卷，人民出版社，2009，第3页。
② 《马克思恩格斯文集》第1卷，人民出版社，2009，第14页。
③ 《马克思恩格斯文集》第1卷，人民出版社，2009，第17、15页。
④ 《马克思恩格斯文集》第1卷，人民出版社，2009，第11页。
⑤ "正义者同盟"是侨居法国的德国政治流亡者、工人和手工业者于1836年在巴黎建立的国际性的秘密革命组织，是"共产主义者同盟"的前身。"正义者同盟"的宗旨是"使德意志从耻辱的压迫桎梏中获得解放，并促进全人类的解放，实现人权和公民权"。参见《国际共产主义运动历史文献（第一卷）》，中央编译出版社，2011，第45页。
⑥ 《马克思恩格斯全集》第19卷，人民出版社，2006，第136页。

产阶级解放的方案。

在马克思看来，工人阶级必须明确地提出反对私有制社会的口号，而不应该寄希望于资产阶级政治国家。1844年7月，针对卢格寄希望于普鲁士王国"政治理智"的主张，马克思指出，即使在资本主义发展最充分的英、法等国最强盛的时候，其同样不能解决赤贫问题，"如果一个国家越强盛，因而政治性越强，那么这个国家就越不愿意认为社会缺陷的根源就在于国家的原则，在于现存的社会结构"①，而"无产阶级就越会把自己的力量浪费在那种不理智的、无益的、被扼杀在血泊中的骚动上"②。在1831年和1834年里昂工人起义中，工人们"以为自己追求的只是政治的目的，以为自己只是共和国的战士，而事实上他们是社会主义的战士""他们的政治理智蒙蔽了他们的社会本能"，与之形成鲜明对比的是，1844年德国西里西亚纺织工人运动"一下子就决不含糊地、尖锐地、毫不留情地、威风凛凛地大声宣布，它反对私有制社会"③。这表明马克思已经在理论和实践中将反对私有制社会尤其是资本主义社会作为自己的任务。

三　"异化劳动"理论与私有制批判

马克思在《德法年鉴》时期对资本主义的批判并未深入触及市民社会的核心即劳动和需要问题。随着批判的深入，马克思认识到只有在政治经济学批判中才能真正实现对法和意识形态的批判。1843年10月，马克思移居巴黎后着手研究政治经济学。此时，恩格斯的《政治经济学批判大纲》也启发了马克思。在《1844年经济学哲学手稿》中，马克思对资本主义经济事实进行了现象描述和人本学意义上的分析，系统地考察了工资、资本的利润和地租这三种分配方式在现代社会中的地位，同时批判吸收了黑格尔的精神劳动和主奴辩证法，区分了异化和对象化两种形式，提出"异化劳动"理论，开启了对以实现劳动者的解放为目标、以资本和劳动在现代社会的本质关系

① 《马克思恩格斯全集》第3卷，人民出版社，2002，第387页。
② 《马克思恩格斯全集》第3卷，人民出版社，2002，第393页。
③ 《马克思恩格斯全集》第3卷，人民出版社，2002，第390页。

为研究对象的无产阶级劳动解放学说的探索过程。

批判以私有制为基础的国民经济学和黑格尔哲学，明确劳动者在历史和社会结构中的主体地位。马克思指出，"以劳动为原则的国民经济学，在承认人的假象下，无宁说不过是彻底实现对人的否定"①。在国民经济学家看来，"人是微不足道的，而产品则是一切"②。"劳动在国民经济学中仅仅以谋生活动的形式出现。"③ 国民经济学将劳动者视为商品，"把工人变成没有感觉和没有需要的存在物"④。另外，马克思批判黑格尔仅承认抽象的精神劳动，而未对导致贫富分化的现实劳动作出详细分析。马克思认为劳动不仅是创造物质财富的活动，而且是人的本质和社会的核心，劳动者是历史的主体，是能动性与受动性的统一、自然属性与社会属性的统一、个体性与群体性的统一。⑤ 马克思第一次确立了劳动在人类史中的基础地位，"整个所谓世界历史不外是人通过人的劳动而诞生"⑥；第一次阐述了社会的结构，"宗教、家庭、国家、法、道德、科学、艺术等等，都不过是生产的一些特殊的方式，并且受生产的普遍规律的支配"⑦。在此基础上，马克思第一次对共产主义作出深度阐述，指出共产主义是对人的本质力量的真正占有。

结合黑格尔的主奴辩证法，马克思提出了劳动对象化和异化理论。黑格尔论述了劳动在主人和奴隶关系转换中的作用，认识到劳动是实现自我意识自由的手段和动力，但是他仅停留于精神领域的抽象论证，未将其与现实的劳动联系起来。在马克思看来，劳动是人区别于动物的本质，是人自我创造和自我实现的自由自觉的活动。但在资本主义社会中，劳动发生了异化，因而人的本质也发生了异化。马克思阐述了"异化劳动"的四重规定性。

第一，劳动产品与劳动者相异化，即劳动产品作为异化的存在物与劳动

---

① 《马克思恩格斯全集》第42卷，人民出版社，1979，第113页。
② 《马克思恩格斯文集》第1卷，人民出版社，2009，第139页。
③ 《马克思恩格斯文集》第1卷，人民出版社，2009，第124页。
④ 《马克思恩格斯文集》第1卷，人民出版社，2009，第226页。
⑤ 参见《马克思恩格斯文集》第1卷，人民出版社，2009，第187、188、209~210页。
⑥ 《马克思恩格斯文集》第1卷，人民出版社，2009，第196页。
⑦ 《马克思恩格斯文集》第1卷，人民出版社，2009，第186页。

者相对立。马克思在此区分了"异化"和"对象化"两个概念。人通过劳动创造劳动产品，"劳动的产品是固定在某个对象中的、物化的劳动，这就是劳动的对象化。劳动的现实化就是劳动的对象化"①。劳动产品既是劳动者自主创造的产物，同时也是劳动者确认和提升自身力量和强固主体性的载体。这一过程就是劳动对象化。一切改造自然的物质生产活动都是对象化活动，人的本质力量物化在劳动产品之中。而在资本主义社会，"在国民经济的实际状况中，劳动的这种现实化表现为工人的非现实化，对象化表现为对象的丧失和被对象奴役，占有表现为异化、外化"②。马克思认为，在私有制条件下，物质生产过程既是对象化过程，又是劳动异化过程。黑格尔没有区分异化和对象化概念，因而也无法解决现代社会劳动者的贫困问题。

第二，劳动本身与劳动者相异化。从应然层面看，劳动是人的自我创造和自我实现的统一。而在资本主义生产方式下，工人的劳动不是自愿的劳动，而是被迫的劳动，不是提升人的手段而是摧残人的手段，"劳动对工人来说是外在的东西，也就是说，不属于他的本质；因此，他在自己的劳动中不是肯定自己，而是否定自己，不是感到幸福，而是感到不幸，不是自由地发挥自己的体力和智力，而是使自己的肉体受折磨、精神遭摧残。因此，工人只有在劳动之外才感到自在，而在劳动中则感到不自在，他在不劳动时觉得舒畅，而在劳动时就觉得不舒畅"③。

第三，人的类本质与人相异化。自由自觉的劳动是人的类本质，是人的优越性所在。这种类本质通过对象化活动得到确认，但在资本主义社会，劳动产品的异化使得人不能确认自己的类本质，劳动本身的异化使劳动沦为和动物一样的谋生手段。"劳动这种生命活动、这种生产生活本身对人来说不过是满足一种需要即维持肉体生存的需要的一种手段"④，人的类本质变成了异己的本质。

① 《马克思恩格斯文集》第 1 卷，人民出版社，2009，第 156~157 页。
② 《马克思恩格斯文集》第 1 卷，人民出版社，2009，第 157 页。
③ 《马克思恩格斯文集》第 1 卷，人民出版社，2009，第 159 页。
④ 《马克思恩格斯文集》第 1 卷，人民出版社，2009，第 162 页。

第四，人与人相异化。人同自己的劳动产品、自己的生命活动、自己的类本质相异化的直接结果就是人与人相异化，这在资本主义社会表现为工人和资本家的对立。"总之，通过异化的、外化的劳动，工人生产出一个同劳动疏远的、站在劳动之外的人对这个劳动的关系。工人对劳动的关系，生产出资本家——或者不管人们给劳动的主宰起个什么别的名字——对这个劳动的关系。"① 马克思透过人与物的关系，看到了人与人的关系，看到了阶级和阶级的对立。

以上就是异化劳动的四重规定性。至于资本主义社会的其他内容，如货币、商品、资本等均是从异化关系中产生的，"整个的人类奴役制就包含在工人对生产的关系中，而一切奴役关系只不过是这种关系的变形和后果罢了"②。在马克思看来，黑格尔虽然认识到劳动在自我意识确认中的作用，但是对于资本主义社会的劳动异化现象认识不足，没有区分劳动对象化和劳动异化，因而无法解释理论与现实之间的悖论，无法解决现代社会的贫困问题。马克思通过异化劳动概念，准确地指出资本主义社会的贫穷来自异化劳动。"工人的毁灭和贫困化是他的劳动的产物和他生产的财富的产物。就是说，贫困从现代劳动本身的本质中产生出来。"③

马克思透过"异化劳动"所展现的人与物的关系，看到了人与人的关系，看到了阶级对立，并把资本家和劳动者的关系"归结为剥削者和被剥削者的国民经济关系"④。马克思阐述资本和劳动的本质及二者的矛盾运动，初步揭示现代社会的本质问题，并指出资本主义社会的历史性。"资本是对劳动及其产品的支配权力"⑤，资本的唯一目的就是追逐利润。而资本积累的手段则是竞争，竞争使资本家既采取最有效的劳动组织方式发展生产力，同时又尽一切可能压低工人生活水平和降低工资，最终导致生产过剩。这表明，

---

① 《马克思恩格斯文集》第1卷，人民出版社，2009，第166页。
② 《马克思恩格斯文集》第1卷，人民出版社，2009，第167页。
③ 《马克思恩格斯文集》第1卷，人民出版社，2009，第124页。
④ 《马克思恩格斯文集》第1卷，人民出版社，2009，第151页。
⑤ 《马克思恩格斯文集》第1卷，人民出版社，2009，第130页。

马克思此时已抓住资本主义社会的本质问题。

马克思论述了私有制是异化劳动的前提和结果，指出消灭私有制这种带来诸多奴役的制度的共产主义革命是解决现代社会矛盾的必然途径，也是使异化劳动转变为自由劳动的途径，并且"工人的解放还包含普遍的人的解放"①。在此基础上，马克思揭露了粗陋的共产主义、政治的共产主义的缺陷，对共产主义作出经济学和哲学意义上的综合性阐述。共产主义是对私有财产即人的自我异化的积极的扬弃，是通过人并为了人而对人的本质的真正占有，是向合乎本性的人的自身复归。这种发展是保存了以往全部成果的，涵盖私有制和异化劳动所造成的一系列矛盾的解决，以及存在和本质、个体和类、自由和必然之间矛盾的真正解决。

在《1844年经济学哲学手稿》中，马克思论述了自由自觉的劳动是人的类本质以及劳动在社会结构中的基础地位，分析了私有财产和异化劳动的关系，并从异化劳动的复归逻辑阐述了实现劳动者解放的"否定之否定"的辩证法。但此时马克思还未完全摆脱费尔巴哈人本主义思想的影响。"异化劳动"理论在解决劳动问题和人类解放问题中存在的不足主要表现为：虽然明确劳动是人的类本质，但未能充分展示出劳动如何塑造人和人类社会；虽然阐述了"否定之否定"的复归逻辑，但是仅将劳动解放视为抽象的异化劳动的复归，容易遮蔽劳动解放的丰富内容；虽然提出"贫困从现代劳动本身的本质中产生"，但是对现代劳动的本质及其如何造成贫困的问题，并未作出详细论证；虽然从类本质层面分析了私有制导致劳动者的奴役状态，但是未能充分展示私有制如何作为社会力量统治无产阶级。总之，马克思此时还没有从具体生产的角度揭示资本主义的发展过程和资本主义经济运行过程，没有提出劳动价值论和完整的剩余价值学说，因此还未找到实现劳动解放的现实途径。从现实的物质生产出发考察人类社会发展规律和资本主义经济运行规律，成为马克思进一步研究的主题。在《德意志意识形态》《共产党宣言》等著作中，马克思扬弃了之前的人本学思辨语言，从更为具体的经济

---

①　《马克思恩格斯文集》第1卷，人民出版社，2009，第167页。

学、历史学和政治学等领域整体地剖析资本奴役劳动的异化现象。

第二节　劳动解放论的初步形成

19世纪40年代中叶起，资本主义经济在欧洲迅速发展，资本主义社会的弊端和悖论逐渐显露，分析资本主义的历史命运和探索无产阶级解放的途径成为马克思的主要任务。此时，马克思离开德国到法国巴黎、比利时布鲁塞尔等发达资本主义地区考察资本主义经济、政治、阶级状况，并积极参加无产阶级革命运动。在此期间，马克思将现实的物质生产过程作为研究对象，形成《神圣家族》《德意志意识形态》《哲学的贫困》《雇佣劳动与资本》《共产党宣言》等文本，明确了劳动在现实社会中表现为物质生产，应深入物质生产领域理解和解决社会问题，论证了人类的解放事业必须在劳动领域展开，并阐明解放的途径和方案。这在历史领域表现为创立唯物史观，阐述了劳动的辩证法，论证实现劳动解放的长期性和阶段性；在经济领域表现为分析资本的剥削本质，初步提出劳动价值论和剩余价值学说，展现资本统治带给劳动者的奴役；在政治领域表现为揭露资本主义国家是资本奴役劳动的工具，创立科学社会主义理论。唯物史观和剩余价值理论的创立使得对无产阶级必然战胜资产阶级的分析不再基于一种主奴辩证法式的抽象论证，而是建立在人类社会发展规律之上。必须明确，马克思虽然在不同文本中论述的侧重点不同，但始终坚持整体性原则，将哲学、经济学和科学社会主义作为不可分割的整体进行考察。

一　在历史领域破解劳动解放问题

在《神圣家族》中，马克思和恩格斯开启了对"抽象的人"和资产阶级意识形态的批判，指出历史发源于现实的物质生产，并且阐述了无产阶级的历史使命。"青年黑格尔派"的"批判哲学"将精神批判和劳动群众分割开来，提出精神创造一切，要将一切现实问题转变为观念问题，认为只要消灭头脑中的剥削观念就能实现人类解放。马克思指出这是对工人阶级的蒙骗。历史的发源地在粗糙的物质生产中，历史活动是劳动群众的事业。在资本主义社会，劳动发生异化，"集中表现了现代社会的一切生活条件所达到的非人性的顶点"，但是无产阶级并不是"白白地经受那种严酷的但能使人百炼成钢的劳动训练的"①。无产阶级意识到自己的主体地位和资本主义条件下被剥削的命运，并在现实中为实现自身利益展开反抗，而无产阶级要解放自己就必须消灭它所处的生活环境包括生活条件，"英法两国的无产阶级中有很大一部分人已经意识到自己的历史任务，并且不断地努力使这种意识完全明确起来"②。

1845 年初，马克思遭遇法国政府的驱逐，被迫迁至布鲁塞尔。在这里，马克思撰写了《关于费尔巴哈的提纲》，并且与恩格斯合著了《德意志意识形态》，系统阐述了劳动的唯物辩证属性，实现了整个世界观的飞跃。在《关于费尔巴哈的提纲》中，马克思将"实践"概念引入对劳动的分析之中，实现了对费尔巴哈和黑格尔的双重批判，形成了对人的本质的全新认识。在马克思看来，现实的劳动实践是主体和客体的交互运动过程，是感性活动和主体意识的辩证统一。劳动实践是人和社会的本质，是人能动地改造自然和环境、不断实现自身解放的过程，实现人的个体性和社会性的统一，"人的本质不是单个人所固有的抽象物，在其现实性上，它是一切社会关系的总和"③。这一新世界观完全不同于资产阶级社会和以往剥削社会的世界观。因为旧唯物主义的立足点是市民社会，即以金钱逻辑和资本逻辑为主导的社会，而新唯物主义的立足点是人类社会或社会的人类，即从劳动者利益出发的社会，是实现主体与客体、个体性和社会性相统一的社会。

在《德意志意识形态》中，马克思和恩格斯彻底与德国思想界划清界限，全面阐述了唯物史观基本原理。《德意志意识形态》在劳动解放问题上主要有四个方面的突破。第一，确立解放的唯物论，明确物质生产在解放事业中的基础作用。"只有在现实的世界中并使用现实的手段才能实现真正的

---

① 《马克思恩格斯文集》第 1 卷，人民出版社，2009，第 262 页。
② 《马克思恩格斯文集》第 1 卷，人民出版社，2009，第 262 页。
③ 《马克思恩格斯文集》第 1 卷，人民出版社，2009，第 505 页。

解放"①。物质生产具有全面性，包含物质资料的生产、新的需要的生产、他人生命的生产、社会关系的生产、精神生产等内容，物质生产满足了人的全部需要。第二，阐释劳动的辩证法，揭示劳动解放是长期性和阶段性的统一。马克思把劳动置于不断发展、变化和进步的过程中来分析，从劳动内在的矛盾来寻找历史发展的动力。这意味着，只要有劳动活动就会存在矛盾，就会提出超越现存状态的任务，劳动解放是长期性的。同时，马克思考察了不同时期的劳动形式，指出只有在新型的劳动形式——共产主义劳动中，才能实现劳动的彻底解放。第三，从分工领域探讨现代社会劳动异化问题。"工业只有在分工的基础上和依靠分工才能存在"②，只有从分工出发才能理解以大工业为基础的现代社会。非自愿的分工导致劳动异化，"只要分工还不是出于自愿，而是自然形成的，那么人本身的活动对人来说就成为一种异己的、同他对立的力量，这种力量压迫着人，而不是人驾驭着这种力量"③。马克思继而考察了分工如何带来私人劳动和社会劳动的分离，这种分离如何造成资本对劳动的统治，如何导致脑体差别、城乡差别和工农差别，如何引发社会形态的变更等问题。第四，从世界历史领域考察劳动解放问题。此时，马克思认识到资本主义已经打破民族国家的界限，使历史转变为世界历史，劳动和资本的矛盾也由此扩展至全球空间，故而共产主义不再是地域性事业，而是世界历史性事业。

　　唯物史观的创立时期正是欧洲工人运动蓬勃发展的时期。马克思既要为迎接革命高潮进行艰难的组织工作，又要运用唯物史观对流行的蒲鲁东小资产阶级社会主义等错误思潮进行批判。在《哲学的贫困》中，马克思批判了蒲鲁东以公平、正义、善恶等抽象人性论作为衡量历史发展标准的观点，阐述了生产力在社会发展中的基础地位，展现了生产力和生产关系的矛盾运动。在马克思看来，生产力是生产中最活跃、最革命的因素，它不仅包括生

---

① 《马克思恩格斯文集》第 1 卷，人民出版社，2009，第 527 页。
② 《马克思恩格斯文集》第 1 卷，人民出版社，2009，第 556 页。
③ 《马克思恩格斯文集》第 1 卷，人民出版社，2009，第 537 页。

产工具，而且包括劳动者本身。生产力在社会发展中起着决定性作用，生产力和生产关系始终处于矛盾运动之中。随着新生产力的获得，生产方式即谋生手段发生变化，社会关系也随之改变。马克思形象地表达为："手推磨产生的是封建主的社会，蒸汽磨产生的是工业资本家的社会"。[①]

马克思阐述了社会历史的客观性和主体性相统一的本质，指出生产力发展与社会的发展以及人自身的发展具有一致性。人类不能自由地选择生产力，因为生产力是以往劳动的结晶，是"既得的力量"。但是，"生产力是人们应用能力的结果"，生产力的发展是人类持续提升自身能力的历史，"后来的每一代人都得到前一代人已经取得的生产力并当做原料来为自己新的生产服务，由于这一简单的事实，就形成人们的历史中的联系，就形成人类的历史，这个历史随着人们的生产力以及人们的社会关系的愈益发展而愈益成为人类的历史"。马克思由此得出著名的论断："人们的社会历史始终只是他们的个体发展的历史"。[②] 这一论断把生产力发展、社会发展和人的发展统一起来，既反对了脱离人的发展抽象谈论社会发展的倾向，也与撇开社会发展而孤立地谈论个人发展的观点相区别。

在资本主义社会，生产力的发展与个人发展、社会发展是相悖的。资本主义在生产财富的同时生产出贫困，在发展生产力的同时造成最严重的压迫和奴役。马克思论证了无产阶级实现劳动解放的途径和目标。无产阶级是遭受普遍性压迫的阶级，要实现自身解放就要消灭一切阶级，"劳动阶级解放的条件就是要消灭一切阶级"，而消灭阶级要通过全面的革命来实现。"劳动阶级在发展进程中将创造一个消除阶级和阶级对抗的联合体来代替旧的市民社会……在这以前，无产阶级和资产阶级之间的对抗仍然是阶级反对阶级的斗争，这个斗争的最高表现就是全面革命。"马克思对革命阶级寄予厚望，"在一切生产工具中，最强大的一种生产力是革命阶级本身"。[③]

《共产党宣言》是劳动解放的宣言，从人类历史的整体高度考察资本主

---

① 《马克思恩格斯文集》第1卷，人民出版社，2009，第602页。
② 《马克思恩格斯文集》第10卷，人民出版社，2009，第43页。
③ 《马克思恩格斯文集》第1卷，人民出版社，2009，第655页。

义社会的基本矛盾及历史命运。其一，马克思恩格斯从解放生产力的视角分析了资本主义社会的形成、发展和灭亡的历史进程，说明资产阶级正是通过将生产力从封建社会的束缚中解放出来，才战胜了封建阶级获得统治地位。而随着生产力的发展，资本主义生产关系反而成为生产力发展的桎梏，"资产阶级用来推翻封建制度的武器，现在却对准资产阶级自己了"，并且生产了自己的掘墓人——无产阶级。① 其二，马克思恩格斯分析了资本主义社会劳动问题的实质。"在资产阶级社会里，活的劳动只是增殖已经积累起来的劳动的一种手段。在共产主义社会里，已经积累起来的劳动只是扩大、丰富和提高工人的生活的一种手段。因此，在资产阶级社会里是过去支配现在，在共产主义社会里是现在支配过去。在资产阶级社会里，资本具有独立性和个性，而活动着的个人却没有独立性和个性。"② 其三，阶级斗争是阶级社会劳动解放的途径。《共产党宣言》开宗明义，"（从原始土地公有制解体以来）全部历史都是阶级斗争的历史，即社会发展各个阶段上被剥削阶级和剥削阶级之间、被统治阶级和统治阶级之间斗争的历史"③。而现代资产阶级社会区别以前的阶级社会的特点是："它使阶级对立简单化了。整个社会日益分裂为两大敌对的阵营，分裂为两大相互直接对立的阶级：资产阶级和无产阶级。"④ 因此，无产阶级必须组织起来在无产阶级政党的领导下开展劳动解放运动。

二 在经济领域破解劳动解放问题

马克思以唯物史观为分析工具，考察现实经济运动的规律及其如何造成资本奴役雇佣劳动问题。在《哲学的贫困》以及《雇佣劳动与资本》等论著中，马克思初步阐述了资本的本质、劳动价值论、剩余价值等理论问题。如恩格斯在《资本论》第 2 卷序言中所言，1847 年《哲学的贫困》和 1847

① 《马克思恩格斯文集》第 2 卷，人民出版社，2009，第 37、43 页。
② 《马克思恩格斯文集》第 2 卷，人民出版社，2009，第 46 页。
③ 《马克思恩格斯文集》第 2 卷，人民出版社，2009，第 9 页。
④ 《马克思恩格斯文集》第 2 卷，人民出版社，2009，第 32 页。

年所作、1849 年发表的《雇佣劳动与资本》两书，"使人们不仅已经非常清楚地知道'资本家的剩余价值'是从哪里'产生'的，而且已经非常清楚地知道它是怎样'产生'的"。① 这些论著为马克思深入资本主义经济关系考察劳动解放问题提供了前期准备。

在《哲学的贫困》中，马克思批判蒲鲁东将抽象的"经济范畴"和现实的"经济关系"二者倒置，说明政治经济学必须把生产关系作为经济范畴的现实基础来进行研究。这为从生产关系入手考察现代社会提供了理论基础。蒲鲁东混淆了劳动价值和交换价值、混淆了生产费用和工资等。马克思指出蒲鲁东所谓的"构成价值"理论不过是对李嘉图理论的拙劣模仿和歪曲。马克思区分了物化劳动与劳动价值之间的差别，承认劳动就是商品价值的源泉，确认任何商品的"相对价值"是由包含在产品中的劳动量来决定的。这表明马克思已经从之前否定劳动价值论转向肯定劳动价值论，从而为批判吸收古典政治经济学的有益成果，进而揭穿资产阶级剥削的秘密，创立科学的劳动价值论和剩余价值理论开辟道路。

马克思揭示蒲鲁东迎合资本主义的机会主义思想，明确资本主义生产关系只会带来劳动者的贫困和奴役。蒲鲁东妄图消灭坏的一面而保存其好的一面，将二者机械地拼接起来，从而解决现实的社会问题，重建社会的平等。马克思认为这是"乌托邦式"的想象。这种幻想将经济关系简单化，也潜藏着机会主义的风险。蒲鲁东反对提高工人工资和组织工会，反对工人革命，因为这将会导致"好的方面"和"坏的方面"失衡。他向往的是建立在个体占有制基础上的互助制社会。建立这种小资产阶级社会不是靠暴力，而是依靠"人民银行"采用和平手段取得政权，组织每个劳动者交换商品，并发放无息贷款。马克思批判了这种观点的空想性，指出国际工人协会最初是为了维护工人利益并提高工资，而后逐渐具有了政治性质，而在斗争中非常重要的一件事情就是结成同盟。

在《雇佣劳动与资本》中，马克思更为系统地阐述了资本、劳动力、生

---

① 《马克思恩格斯文集》第 6 卷，人民出版社，2009，第 12 页。

产关系、工资等概念，探究资本主义生产方式的剥削本质，并进一步研究了剩余价值理论，明确了劳动者和资本家之间利益的根本对立。在这个文本中，马克思首次将"劳动"和"劳动力"这两个概念区分开来，明确了工人出卖的不是劳动，而是自身的劳动力。资本家通过延长劳动时间，可以使劳动者创造的价值超过自身的价值。由此，马克思揭示了资本增殖的秘密，并揭示出资本实质上是资本主义社会的生产关系。另外，马克思探讨了"工资"的本质，指出工资只是对劳动力价值的支付，只能满足工人的最低生活需要，而不是和工人创造的劳动产品进行等价交换。马克思通过对资本、工资等概念的分析证明了"资本的利益和雇佣劳动的利益是截然对立的"，揭穿了资产阶级经济学宣扬的劳资利益一致的谎言。[①]

马克思还初步分析了资本积累所带来的无产阶级贫困化。资本的增加意味着劳动者的增加、劳动强度的增加、资产阶级对工人统治力的增加。资本的逐利本性推动着技术的革新，而技术革命也推动着工人阶级的"新陈代谢"。"资本增长得越迅速，工人阶级的就业手段即生活资料就相对地缩减得越厉害"[②]。资本如果停止运动就会失去生命力，这个规律不让资本获得片刻的停息。故而资本主义社会不可能停下来改善工人的生活条件和关注劳动者的全面发展，而且作为人格化资本的资本家也是不自由、不解放的。

在《共产党宣言》中，马克思不仅研究了资本主义劳动的性质及其运行方式，而且从世界经济一体化的角度阐述了劳动解放事业的世界意义。资本主义社会是劳者不获、获者不劳的社会。资本主义社会的劳动是雇佣劳动，雇佣劳动虽然能够创造物质财富，但是这些财富却由不参与劳动的资本家所有，工人只能获得勉强维持劳动力再生产的工资。但是，这种劳动能够给资本家创造资本，即剥削雇佣劳动的财产，使资本家能够支配别人的劳动。因而资本主义社会"活的劳动只是增殖已经积累起来的劳动的一种手段"[③]。资产阶级私有制是资本奴役劳动的基础，"现代的资产阶级私有制是建立在

---

① 《马克思恩格斯文集》第 1 卷，人民出版社，2009，第 734 页。
② 《马克思恩格斯文集》第 1 卷，人民出版社，2009，第 742~743 页。
③ 《马克思恩格斯文集》第 2 卷，人民出版社，2009，第 46 页。

阶级对立上面、建立在一些人对另一些人的剥削上面的产品生产和占有的最后而又最完备的表现"。因此,"共产主义的特征并不是要废除一般的所有制,而是要废除资产阶级的所有制"。①

资本逻辑在全球空间的扩张导致全世界劳动者利益的一致性,"现代的工业劳动,现代的资本压迫,无论在英国或法国,无论在美国或德国,都是一样的,都使无产者失去了任何民族性"②。资本家对工人的残酷剥削迫使全世界无产者联合起来,推翻资本主义制度。联合的行动是无产阶级获得解放的首要条件之一,因此"共产党人到处都努力争取全世界民主政党之间的团结和协调"③。马克思用具有鲜明阶级性的"全世界无产者联合起来"取代"人人皆兄弟"的口号。在此基础上,马克思提出统一战线思想,即联合反对资产阶级的一切力量,为劳动者解放提供了广泛的动力。

在共产主义社会,由于消灭了资本,也就不存在雇佣劳动。因而,人的劳动不再是异化的劳动,而是表现出人的自由本性的活动,是实现人的解放的劳动。这种劳动不是建立在旧式分工基础上的压迫劳动,而是建立在兴趣基础上的劳动,劳动成为人们普遍的义务。它消灭了童工劳动,消灭了工农劳动的差别,实现了工农的结合、城乡的结合。未来的共产主义社会要实现生产劳动和教育相结合,把对自然的改造和对人的改造结合起来。

三 在政治领域破解劳动解放问题

《共产党宣言》为劳动解放事业提供了斗争策略,明确提出消灭资本主义私有制是无产阶级劳动解放运动的重要任务,并初步提出了无产阶级专政的思想。针对那些攻击共产党意欲消灭"人们亲自获得的、用自己的劳动获得的财产"的言论,马克思明确指出,无产阶级革命"只剥夺利用这种占有去奴役他人劳动的权力"④。资本主义国家本质上是维护资产阶级私有制的工

---

① 《马克思恩格斯文集》第2卷,人民出版社,2009,第45页。
② 《马克思恩格斯文集》第2卷,人民出版社,2009,第42页。
③ 《马克思恩格斯文集》第2卷,人民出版社,2009,第66页。
④ 《马克思恩格斯文集》第2卷,人民出版社,2009,第47页。

具，无产阶级要获得劳动解放就必须建立自己的"政治统治"，即无产阶级专政。马克思初步提出无产阶级专政的任务，阐明共产党在领导无产阶级劳动解放运动中的作用。共产党员是工人阶级中立场最坚定、理论上最先进和科学的那部分。共产党代表着无产阶级的整体利益，能够对无产阶级革命运动的条件、进程和一般结果等作出较为准确的判断，从而制定符合实际的政策策略。马克思指出，共产党的最近目标是"由无产阶级夺取政权"①，而最终目标是要实现共产主义，建立没有剥削与压迫、充分实现劳动者解放的"自由人联合体"。②

《共产党宣言》一经问世就经受住了席卷全欧、规模巨大的1848年欧洲革命的检验。虽然1848年欧洲革命基本上是资产阶级性质的民主革命，不是社会主义革命，但此时无产阶级已经登上政治历史舞台，在每一次战斗中"资产者的背后到处都有无产阶级"③。无产阶级不仅发挥着重要作用，而且总是在革命后的第二天就提出完全不同于资产者和小市民所希望的要求。马克思极为关注这场"以波澜壮阔的政治形式展开的阶级斗争"④，认为这是为社会主义革命扫清道路的一次革命，此时无产阶级同资产阶级的对立程度和力量对比上升到一个新的水平，资产阶级争取自由贸易的革命必将发展为无产阶级的劳动解放运动。马克思由此阐述了资产阶级革命和无产阶级革命的内在关联。

马克思运用唯物史观和科学社会主义理论追踪整个革命的发展进程，用革命的实践检验了《共产党宣言》中向世界宣示的科学社会主义原则。马克思以极大的热情参加这场革命运动。一方面，他为这场革命制定斗争的纲领和策略，另一方面，在革命实践中和革命以后撰写了《1848年至1850年的法兰西阶级斗争》《路易·波拿巴的雾月十八日》《共产主义者同盟中央委员会告同盟书》等一系列重要论著。这些论著已经不像1848年以前那样侧重于理论层面的分析和推论，而是对波澜壮阔的现实的革命斗争进行理论概

---

① 《马克思恩格斯文集》第2卷，人民出版社，2009，第44页。
② 《马克思恩格斯文集》第5卷，人民出版社，2009，第96页。
③ 《马克思恩格斯全集》第4卷，人民出版社，1958，第514~515页。
④ 《马克思恩格斯文集》第1卷，人民出版社，2009，第712页。

括和科学总结，形成完整的无产阶级社会政治革命理论体系，其基本内容包括：无产阶级革命本身的特点及其与资产阶级革命的联系与本质区别、无产阶级革命的阶级组织形式、无产阶级专政等。这些思想以其直接现实性极大地丰富了《共产党宣言》中关于无产阶级历史使命和共产主义革命等劳动解放所涉及的理论。

1850 年 1~2 月，在和恩格斯共同撰写的第一篇《国际述评》中，马克思阐述了社会主义革命来临的征兆和新的革命胜利的保证。他分析了法国各个阶级之间的关系，认为反动势力虽在加强，革命力量却也在日益壮大，工人阶级的觉悟明显提高，特别是过去一向在政治上"死气沉沉"的农民阶级由于税收负担沉重，消除了对路易·波拿巴的幻想，宣布信奉社会主义。小资产阶级在商业和政治方面深受大资本的压迫，也表示赞成社会主义。马克思把革命胜利的前景寄希望于法国无产阶级，期待法国的革命能将社会革命扩展到全球，"只要法国发生任何一次新的无产阶级起义，都必然会引起世界战争"①。另外，马克思发表了关于印度和中国民族解放运动的评论文章，阐释其世界意义。

但是，在 1850 年夏天，马克思在对资本主义经济迅速发展对革命的影响等问题的深入研究中认识到，以往对欧洲新的经济危机即将来临、新的无产阶级革命很快就会爆发的预测是不准确的，革命只有在资本主义充分发展之后才会产生。新的革命"只有在新的危机之后才可能发生"②。马克思认为无产阶级还没有成熟到可以夺取政权的地步，告诫工人不要采取盲目夺取政权的冒进政策，而是要专心总结革命斗争的经验。在这一阶段，马克思重拾因革命而中断的经济学研究。

资本主义国家是资本家统治工人的工具，国内战争的实质是劳动与资本之间的战争，消灭资本对劳动的统治权是消除劳动者贫困化和受奴役状况的基本手段。马克思运用唯物史观分析法国农民、工人、资产阶级民主派、共

---

① 《马克思恩格斯文集》第 2 卷，人民出版社，2009，第 105 页。
② 《马克思恩格斯文集》第 2 卷，人民出版社，2009，第 176 页。

和派之间错综复杂的政治斗争乱象背后的玄机，指出国内战争的实质是劳动与资本之间的战争，并提出"无产阶级的阶级专政"思想。在《1848年至1850年的法兰西阶级斗争》和《路易·波拿巴的雾月十八日》等文本中，马克思指出不管资本主义国家采取什么政治形式，实质上都属于镇压劳动人民的资产阶级专政。指望着在资产阶级所谓的共和国里面哪怕只是一丁半点地改变自己的处境对于劳动者来说都是不可能的，这时候的工人的战斗口号应是"推翻资产阶级！工人阶级专政"。① 马克思提出"社会主义就是宣布不断革命，就是无产阶级的阶级专政"②。

此时，马克思对"劳动权"概念进行术语革命，劳动权不是资本家阶级所说的人获得劳动岗位的权利，而是表现为劳动支配资本的权力。"劳动权就是支配资本的权力，支配资本的权力就是占有生产资料，使生产资料受联合起来的工人阶级支配，也就是消灭雇佣劳动、资本及其相互间的关系"③。恩格斯对"劳动权"给予高度评价，"这里第一次表述了一个使现代工人社会主义既与封建的、资产阶级的、小资产阶级的等形形色色的社会主义截然不同，又与空想的以及自发的工人共产主义所提出的模糊的财产公有截然不同的原理"④。"劳动权"概述了"无产阶级各种革命要求"⑤，是对资本主义社会劳动解放目标的总体性表达，也是工人开展社会主义革命和建设的基本原理。

第三节　劳动解放论的系统阐述

《资本论》及其手稿对现代社会的运行规律进行了总体性考察，巴黎公社提供了劳动解放的实践样本。在系统把握资本主义的历史命运和总结工人

① 《马克思恩格斯文集》第2卷，人民出版社，2009，第104页。
② 《马克思恩格斯文集》第2卷，人民出版社，2009，第166页。
③ 《马克思恩格斯文集》第2卷，人民出版社，2009，第113页。
④ 《马克思恩格斯文集》第4卷，人民出版社，2009，第537页。
⑤ 《马克思恩格斯文集》第2卷，人民出版社，2009，第113页。

运动经验的基础上，马克思明确指出，劳动解放是"涉及存在现代社会的一切国家的社会问题"①，因此，"我们的共同事业即劳动解放的事业"②。围绕"劳动解放"这个核心议题，马克思揭示了资本主义社会劳动解放的困境与出路，探索了劳动解放的实现条件与原则等，从历史、理论和实践相结合的层面上系统阐述了劳动解放论。

一 全面考察现代社会的运行规律

资本和劳动的关系是现代社会的核心，而资本运行依赖对劳动者的剥削。在1848年大革命后，马克思潜心阅读经济学著作并制定无产阶级的劳动经济学，对现代社会的总体描述为解决劳动贫困问题和研判革命形势提供支撑。马克思意识到在1848年革命以前，将资本主义社会危机与社会革命的关系看得过于简单，因为他当时只是直接描述了资本社会的经济现象，而没有对此作出深入的分析。而要论证出普遍化的贫困和经济危机是爆发政治革命的原因，则需要进一步开展政治经济学研究，真正揭示经济发展、经济危机、普遍贫困和资本主义生产关系之间的内在机制。1849年8月底，马克思移居伦敦，在伦敦查阅资料和观察经济现状，与当时政治经济学领域最高成就进行思想对话，重拾因革命运动而中断的政治经济学研究，相继推出涉及劳动与资本、土地关系史和技术发明史、欧洲历史、古代与东方社会发展道路等的《伦敦笔记》《1857—1858年经济学手稿》《1861—1863年经济学手稿》《1863—1865年经济学手稿》《资本论》等著作，对货币、信用和危机的本质及其关系，雇佣劳动与资本的关系，以及工人阶级的状况等问题作出了思考，全面阐述了现代社会的运行状况。

马克思指出："我考察资产阶级经济制度是按照以下的顺序：资本、土地所有制、雇佣劳动；国家、对外贸易、世界市场"③。这些内容蕴含着马克思对现代社会的整体性思考。在《〈政治经济学批判〉导言》中，马克思首

---

① 《马克思恩格斯文集》第3卷，人民出版社，2009，第226页。
② 《马克思恩格斯文集》第3卷，人民出版社，2009，第128页。
③ 《马克思恩格斯文集》第2卷，人民出版社，2009，第588页。

次系统分析了社会经济运行中的生产和分配、交换和消费之间的辩证关系构成社会经济的有机总体，在文章结尾没有写完的一章中，马克思留下了社会结构构想，"生产。生产资料和生产关系。生产关系和交往关系。国家形式和意识形式同生产关系和交往关系的关系。法的关系。家庭关系"①。这表明，对经济关系的研究不是离开国家、意识形态、法的关系、家庭关系、世界市场的孤立过程，相反，只有在与这些关系的联系中，在整个社会有机体中，在与世界市场的联系中，才能真正理解经济关系。可见，马克思的经济学研究始终关涉社会历史整体状况。

马克思将人的发展和社会发展联系起来考察，不仅以生产力和生产关系的矛盾运动为基础划分了"经济的社会形态"，又依据人的发展程度划分出人类历史的三大社会形态。《〈政治经济学批判〉序言》中，马克思以生产力和生产关系的矛盾运动为依据，指出"亚细亚的、古希腊罗马的、封建的和现代资产阶级的生产方式可以看做是经济的社会形态演进的几个时代。资产阶级的生产关系是社会生产过程的最后一个对抗形式"②。在《1857—1858年经济学手稿》中，马克思以人的发展程度为标准，发现了人类历史的三大社会形态，即以人对人的直接依赖性为基础的第一大社会形态、以物的依赖性为基础的第二大社会形态、以自由个性为基础的第三大社会形态。经济的社会形态和人的发展的三形态是互相补充的，这两种划分方式同时存在于《政治经济学批判》中，表明马克思始终以人的发展为目标，以社会经济的矛盾运动为现实基础阐述解放问题，体现出劳动的主体能动性和客观现实性的统一，丰富了唯物史观的内容。

在《资本论》及其手稿中，马克思站在世界经济的高度论述了劳动、分工、协作、机器、科学在历史上的地位和作用，阐发了劳动时间和自由时间的辩证关系、生产劳动和非生产劳动问题、自由时间在人类历史上的地位和意义等，从完整的意义上讨论了资本的本质，讨论了资本家和雇佣工人劳动

① 《马克思恩格斯文集》第8卷，人民出版社，2009，第33页。
② 《马克思恩格斯文集》第2卷，人民出版社，2009，第592页。

的性质，提出了重建个体所有制的设想和社会关系再生产的完整理论，梳理出资本运行的总体逻辑，形成从总体上分析现代社会的理论。

此外，马克思考察了劳动解放任务的全球性，分析了中国、印度等殖民地半殖民地的劳动问题以及大洋彼岸美国的劳动解放事业。19 世纪 60 年代，欧洲无产阶级革命相对而言处于低伏期，而在殖民地半殖民地和美国等其他地区爆发了无产阶级革命。这充分体现出资本逻辑导致劳动问题向全世界扩展，使得一国内的劳动和资本的矛盾转化为全世界范围内的矛盾。"在奴隶制、农奴制等等野蛮暴行之上，再加上过度劳动的文明暴行"[①]，构建出具有极强掠夺性的全球殖民体系。资本主义在全球范围内进行原始积累，为资本主义国家提供了持续不断的生产力基础。但这也引发殖民地劳动人民的强烈反抗。随着劳资矛盾的全球化和世界无产阶级的觉醒，世界范围内会逐渐形成无产阶级革命斗争形势，并且民族矛盾转化为阶级矛盾，二者纠缠起来。此时，马克思在《对华贸易》《不列颠在印度的统治》等文章中，考察鸦片战争和太平天国运动等事件，分析了殖民地半殖民地国家的反帝反封建斗争对于欧美无产阶级革命事业的影响。

二　资本主义社会劳动解放出路的探索

资本主义生产方式在解放生产力和实现人的劳动解放中曾发挥积极的历史作用，但巨大的生产力和颠倒的社会关系也造成在资本主义社会中劳动解放的困境。在马克思的经济学研究中，资本家和工人均是社会关系的人格化。资本家奴役工人，"总的说来，这也并不取决于个别资本家的善意或恶意"[②]。《资本论》及其手稿的目的就是揭示现代社会的经济运动规律，探求资本奴役劳动者的原因和劳动解放的出路。马克思充分总结了工人斗争的实践经验和资本主义工业的发展状况，对工人斗争形成的"工厂法"及由工人斗争倒逼的资本主义自我革命的"股份制"这两种劳动解放的出路进行分

[①] 《马克思恩格斯文集》第 5 卷，人民出版社，2009，第 273 页。
[②] 《马克思恩格斯文集》第 5 卷，人民出版社，2009，第 312 页。

析，明确资本的限制在资本本身，只有推翻资本主义制度、消灭资本主义私有制、重建个人所有制才能真正实现劳动解放。

争取工厂法和十小时工作日是工人反对资本统治的重要成就。马克思用了很大的篇幅来叙述英国工厂立法的历史、内容和结果。因为这不仅是工人力量强大的标志，而且标志着资本被迫走向文明。马克思梳理了工厂法的形成过程，"物质生产方式的改变和生产者的社会关系的相应的改变，先是造成了无限度的压榨，后来反而引起了社会的监督，由法律来限制、规定和划一工作日及休息时间"①。工厂法最直接的表现就是限制工作日，马克思认为资本家和工人阶级的斗争首先是围绕着工作日进行，离开对工作日的限制，工人阶级的一切事业最终都走向失败。对于工厂法的历史作用，马克思总结道："工厂立法是社会对其生产过程自发形态的第一次有意识、有计划的反作用……是大工业的必然产物"②，工厂立法是国家和社会第一次直接干预资本运行，是工人阶级争取自身解放的伟大尝试。

工厂立法直接带来股份制发展。工厂法使传统依靠延长工作日以榨取剩余价值的方式行不通。只有采取机器大生产提高效率才能在市场竞争中生存下来。机器大工业加速资本积累，为吸收更多资本，股份制迅速发展起来。由于股份资本和股份公司的出现，资本取得了联合起来的社会资本的形式，资本的职能和资本的所有权分离开来，"这是资本主义生产方式在资本主义生产方式本身范围内的扬弃，因而是一个自行扬弃的矛盾，这个矛盾明显地表现为通向一种新的生产形式的单纯过渡点"③。不过这一切还局限在资本主义生产关系的范围内。

马克思提出消灭资本主义私有制，重建个人所有制。虽然在资本主义社会生产力已经提高到可以用物来代替人劳动的地步，但资本的形成原理、本质属性和增殖方式等决定了资本只有牺牲劳动者的利益、吸收劳动者的剩余劳动才能生存和发展起来。而且，资本主义社会是无法容纳它创造的生产力

---

① 《马克思恩格斯文集》第5卷，人民出版社，2009，第345页。
② 《马克思恩格斯文集》第5卷，人民出版社，2009，第553页。
③ 《马克思恩格斯文集》第7卷，人民出版社，2009，第497页。

的，"资本主义生产的真正限制是资本自身"。[①] 资本主义经济危机证明，如果对资本不加以控制，资本主义就必然走向毁灭。国家为了维护资本主义再生产的顺利进行，颁布了工厂法等法律以对资本生产进行一定程度的干预。实际生产过程中也通过股份制调整资本的组织形式，为资本主义社会注入了活力。工厂法和股份制等方式在维护劳动者利益方面具有一定的作用，但是这些措施只是资本主义的自我调整，在资本主义生产关系的框架内，劳动者注定是被奴役的。只有通过无产阶级革命，消灭资本主义私有制，实行社会共同生产，建立自由人联合体才能彻底实现劳动解放。

在辩证看待资本历史作用的基础上，马克思提出时间的节约以及劳动时间在不同部门之间有计划的分配，在共同生产的基础上仍然是"首要的经济规律"[②]。未来社会的经济运行规律以更高效地满足人的需要为目标，在生产资料公有制的基础上，通过社会生产的"有计划分配"，以最优方案合理分配劳动时间，从而提高生产效率节约劳动时间，增加自由时间，实现人的自由全面发展。这个规律要求在社会层面按照社会的全部需要合理地分配劳动时间，做到人尽其才、物尽其用，同时要根据资金周转快慢等合理地统筹不同部类和不同类型的产业发展计划，按照最优经济时间制定最优发展方略；在个人层面劳动者要合理安排劳动计划，在节约自己的时间的同时节约他人的时间，从而使整个社会的生产效率得到提升。而且私有制被废除后，在共同生产和按劳分配的基础上，时间节约的规律更是被全社会自觉运用，因此更容易调动人们的生产积极性，社会生产力会得到更快速的发展。

三 阐述劳动解放的实现条件和原则

在马克思通过《资本论》及其手稿阐述现代社会发展规律和资本主义劳动解放困境的同时，欧美各国无产阶级和资产阶级的斗争日益尖锐，并创立"巴黎公社"这个劳动阶级政府。在科学把握资本主义运动规律和无产阶级

---

① 《马克思恩格斯文集》第7卷，人民出版社，2009，第278页。
② 《马克思恩格斯文集》第8卷，人民出版社，2009，第67页。

革命实践经验的基础上，马克思阐述了劳动解放的实现条件和原则。

在 1854 年《给工人议会的信》中，马克思根据以英国为典型的资本主义经济关系和现实的考察，阐述了劳动解放的两个基本条件。"英国工人阶级既然创造了现代工业的无穷无尽的生产力，也就实现了劳动解放的第一个条件。现在它应当实现劳动解放的另一个条件。它应当把这些生产财富的力量从垄断组织的无耻的枷锁下解放出来，使它们受生产者共同监督"[1]。这表明，劳动解放一方面要求创造出巨大生产力，使人从自然界的束缚中解放出来并实现人与自然的共生发展；另一方面要求改变资本主义生产关系，使生产成果归劳动者所有并受劳动者支配。马克思同时指出英国工人阶级在争取劳动解放斗争胜利中的先锋作用，"最先具有足够能力并且最先负有使命来领导最终必然使劳动得到彻底解放的伟大运动"[2]。

实现劳动解放是工人运动的共同目标，以此促进工人联合起来应对资本在全世界范围的统治。1864 年 9 月 28 日，由英国、法国、德国、意大利、波兰等国工人阶级代表参加的大会在英国伦敦举行，宣布成立"国际工人协会"，即"第一国际"，马克思担任德国通讯书记。在阐述协会成立的缘由时，马克思指出，"劳动的解放既不是一个地方的问题，也不是一个国家的问题，而是涉及存在现代社会的一切国家的社会问题，它的解决有赖于最先进的国家在实践上和理论上的合作"[3]。

劳动解放首先要求实现经济领域的解放。"劳动者在经济上受劳动资料即生活源泉的垄断者的支配，是一切形式的奴役的基础，是一切社会贫困、精神沉沦和政治依附的基础；因而工人阶级的经济解放是伟大的目标，一切政治运动都应该作为手段服从于这一目标"[4]。马克思通过对资本主义迅速发展和劳动者日益贫困的事实的分析，揭示出资本主义制度条件下，劳动和资本的对立、无产阶级和资产阶级的对立是不可调和的，工人阶级指望在资本

---

① 《马克思恩格斯全集》第 13 卷，人民出版社，1998，第 134 页。
② 《马克思恩格斯全集》第 13 卷，人民出版社，1998，第 134 页。
③ 《马克思恩格斯文集》第 3 卷，人民出版社，2009，第 226 页。
④ 《马克思恩格斯文集》第 3 卷，人民出版社，2009，第 226 页。

主义社会的点滴改革中改变自己的命运，是不切实际的。并且工人自己建起的"合作工厂"使马克思认识到，在没有资本家和雇主的参加下，工人阶级完全有能力自己组织生产，从而证明雇佣劳动制度必然会被历史淘汰，让位于工人"带着兴奋愉快心情自愿进行的联合劳动"①。"劳动一解放，每个人都变成工人，于是生产劳动就不再是一种阶级属性了"②，因此，劳动解放意味着"劳动的政治经济学"对"财产的政治经济学"的胜利。

实现劳动解放必须要开展政治斗争，争取政治上的权利。1848 年欧洲革命失败后，工人阶级对政治斗争态度消极，甚至产生在不触动资本主义制度的条件下通过社会改良实现自身解放的想法，鼓吹此种"幻想"的蒲鲁东主义等在工人中广泛传播。在此情势下，马克思重提政治斗争的重要意义。资产阶级和地主阶级只有依赖雇佣劳动制度才能生存，工人阶级的劳动解放事业是与他们的利益背道而驰的，他们"总是要利用他们的政治特权来维护和永久保持他们的经济垄断"③。资本主义国家沦为资本奴役劳动的工具。因此，必须通过社会革命推翻资产阶级的政治统治，打碎资产阶级国家机器。马克思号召："夺取政权已成为工人阶级的伟大使命"④。

劳动解放事业需要由无产阶级政党领导，并且坚持国际主义原则。马克思指出："工人的一个成功因素就是他们的人数；但是只有当工人通过组织而联合起来并获得知识的指导时，人数才能起举足轻重的作用。"⑤《在国际工人协会共同章程》中，马克思指出，"本协会的成立，目的是要成为追求共同目标即工人阶级得到保护、发展和彻底解放的各国工人团体进行联络和合作的中心"，并规定"每年召开由协会各支部选派代表组成的全协会工人代表大会""国际协会的会员应竭力使他们本国的分散的工人团体联合成以全国性中央机关为代表的全国性组织"等。⑥ 劳动解放需要全世界工人阶级

① 《马克思恩格斯文集》第 3 卷，人民出版社，2009，第 12~13 页。
② 《马克思恩格斯文集》第 3 卷，人民出版社，2009，第 158 页。
③ 《马克思恩格斯文集》第 3 卷，人民出版社，2009，第 13 页。
④ 《马克思恩格斯文集》第 3 卷，人民出版社，2009，第 13 页。
⑤ 《马克思恩格斯文集》第 3 卷，人民出版社，2009，第 13~14 页。
⑥ 参见《马克思恩格斯文集》第 3 卷，人民出版社，2009，第 227~228 页。

的合作。资本在世界范围的统治意味着单靠一国工人的斗争无法实现劳动解放，"分散的努力遭到共同的失败"①，面对资本这一共同的敌人，分散的各国工人阶级必须加强国际联合和团结，并且要坚持无产阶级的国际主义，坚决反对各国政府的对外侵略和扩张政策。

马克思还对劳动解放的政治形式进行了探讨。1871年3月18日，法国爆发了巴黎公社革命，建立第一个劳动者当家作主的政治组织。虽然这次革命并非在马克思的指导下进行，但马克思对此予以极大的关注。马克思认为，公社是"终于发现的可以使劳动在经济上获得解放的政治形式"，"公社的真正秘密就在于：它实质上是工人阶级的政府，是生产者阶级同占有者阶级斗争的产物"。② 马克思进一步论述了无产阶级进行暴力革命和打碎资产阶级国家机器的观点，因为"帝国制度是国家政权的最低贱的形式，同时也是最后的形式。它是新兴资产阶级社会当做自己争取摆脱封建制度的解放手段而开始缔造的；而成熟了的资产阶级社会最后却把它变成了资本奴役劳动的工具"③。此外，马克思还论述了无产阶级政党同农民、小资产阶级等建立同盟军的重要性等问题。

第四节 马克思对劳动解放论的丰富完善

《资本论》等著作在各国工人阶级之中广泛传播，为国际工人运动提供了科学理论武器。但在工人运动中也存在照抄照搬马克思主义的错误行为，尤其是拉萨尔主义等思潮以马克思主义自居，阻碍工人劳动解放事业的发展。在批判错误思潮中捍卫马克思主义基本原理是马克思晚年的重要任务。与此同时，马克思关注资本主义社会新变化，研究古代史和人类学等最新成果，对人类从哪里来到哪里去、发达国家与落后国家的关系会发生什么变化、资本主义的最终命运究竟如何、共产主义实现的根本条件是什么等问题

---

① 《马克思恩格斯文集》第3卷，人民出版社，2009，第14页。
② 《马克思恩格斯文集》第3卷，人民出版社，2009，第158页。
③ 《马克思恩格斯文集》第3卷，人民出版社，2009，第154页。

进行深入思考，丰富发展了劳动解放思想。

一　在批判错误思潮中发展劳动解放理论

19 世纪七八十年代，资本主义经济不断走向繁荣，并且迫于工人阶级斗争的压力，资本主义国家采取了表面上有利于改善劳动者生存状况的政策措施。在这种情况下，放弃革命方式试图通过改良实现解放的各种机会主义思潮不断涌现。并且，由于"国际工人协会"成立后，马克思主义在工人运动中的主导地位日益加强，这些机会主义思潮往往假借马克思主义基本原理的旗号在工人中传播，扰乱了工人对劳动解放事业发展目标的认识，导致国际工人运动遭受挫折。为捍卫马克思主义基本原理，捍卫国际工人协会的团结，推动劳动解放事业顺利进行，马克思花费很大精力同工人运动中的机会主义作斗争。其中，在工人运动中影响比较大的有蒲鲁东主义、巴枯宁主义和拉萨尔主义。在与这些思潮的斗争中，马克思重申并发展了劳动解放理论。

马克思与蒲鲁东主义者的斗争在 1847 年《哲学的贫困》中开始展开。第一国际成立后，马克思与蒲鲁东主义者的斗争主要围绕第一国际的性质和任务、废除私有制和民族解放运动等问题展开。马克思认为第一国际是无产阶级的战斗组织，其任务是领导无产阶级通过革命斗争夺取政权，"革命的最高目标——消灭阶级"①。蒲鲁东主义者反对上述规定，他们主张第一国际的任务是研究经济问题，公开反对政治斗争、组织工会和举行罢工，企图通过建立"人民银行"和"合作社"来实现他们所谓的社会主义。马克思在《临时中央委员会就若干问题给代表的指示》以及布鲁塞尔代表大会等文本和会议上批判了蒲鲁东主义，明确了工人阶级劳动解放斗争的策略，通过了废除土地私有制、全面实行土地国有化的方案，提出被压迫民族的解放斗争是无产阶级革命事业成功的前提。

巴枯宁主义以个人主义为原则，反对一切权威和一切国家，宣传极端的、狂热的无政府主义。它主张反对一切权威、一切国家。针对巴枯宁主义

---

① 《马克思恩格斯文集》第 3 卷，人民出版社，2009，第 228 页。

者的谬误，马克思阐述了社会革命和国家消亡的经济基础。马克思指出："他根本不懂得什么是社会革命，只知道这方面的政治词句；在他看来，社会革命的经济条件是不存在的"，而"彻底的社会革命是同经济发展的一定历史条件联系着的；这些条件是社会革命的前提。因此，只有在工业无产阶级随着资本主义生产的发展，在人民群众中至少占有重要地位的地方，社会革命才有可能"。[①] 马克思的这些论述，明确了劳动解放事业的整体步骤和方向，避免了劳动解放运动中的盲目性和极端化。

拉萨尔主义在德国工人运动中影响较大。与巴枯宁主义相反，它重视发挥国家的作用，其理论包括铁的工资规律、由国家帮助工人建立生产合作社而进入社会主义等。在《哥达纲领批判》中，马克思对此几乎逐字逐句展开批判。

《哥达纲领批判》以驳论的方式重申了劳动解放的基本原理。关于劳动在社会生产中的地位问题，马克思驳斥了《哥达纲领》提出的"劳动是一切财富和一切文化的源泉"的说法，指出"劳动不是一切财富的源泉。自然界同劳动一样也是使用价值（而物质财富就是由使用价值构成的！）的源泉，劳动本身不过是一种自然力即人的劳动力的表现"，劳动不是"超自然的创造力"，"只有一个人一开始就以所有者的身份来对待自然界这个一切劳动资料和劳动对象的第一源泉，把自然界当做属于他的东西来处置，他的劳动才成为使用价值的源泉，因而也成为财富的源泉。"[②]《哥达纲领》不提自然界尤其是生产资料所有制这一根本问题，其真实目的是掩盖生产资料私有制是劳动人民遭受剥削的根源这一现实。

关于劳动解放的关键——生产资料所有制和产品分配问题，马克思批判了《哥达纲领》提出的"劳动的解放要求把劳动资料提高为社会的公共财产，要求集体调节总劳动并公平分配劳动所得"和"劳动所得应当不折不扣和按照平等的权利属于社会一切成员"等观点[③]。这一理论看似公平，实质

---

① 《马克思恩格斯文集》第 3 卷，人民出版社，2009，第 404 页。
② 《马克思恩格斯文集》第 3 卷，人民出版社，2009，第 428 页。
③ 《马克思恩格斯文集》第 3 卷，人民出版社，2009，第 431~432 页。

上却是极为反动的，因为这里的"一切成员"也包括不劳动者，"社会一切成员"和"平等的权利"只是些空话，这暴露出拉萨尔主义的机会主义实质。马克思具体阐述了"按劳分配"和"按需分配"，并指出"在所谓分配问题上大做文章并把重点放在它上面，那也是根本错误的。消费资料的任何一种分配，都不过是生产条件本身分配的结果；而生产条件的分配，则表现生产方式本身的性质"①。

关于劳动解放的革命对象问题，马克思批判《哥达纲领》将《国际工人协会共同章程》中"劳动者在经济上受劳动资料即生活源泉的垄断者的支配，是一切形式的奴役的基础，是一切社会贫困、精神沉沦和政治依附的基础"，篡改为"在现代社会，劳动资料为资本家阶级所垄断；由此造成的工人阶级的依附性是一切形式的贫困和奴役的原因"。劳动解放要求消灭一切奴役劳动者的阶级，资本家阶级和土地所有者都应该成为革命对象。资本家阶级和土地所有者相互勾结，"在现代社会，劳动资料为土地所有者和资本家所垄断（地产的垄断甚至是资本垄断的基础）"。②

关于劳动解放的革命力量问题，马克思批判了《哥达纲领》提出的"劳动的解放应当是工人阶级的事情，对它说来，其他一切阶级只是反动的一帮"。这一观点否定了工人阶级与手工业者、小工业家和农民的联合。马克思指出，拉萨尔的观点是对《共产党宣言》的歪曲，"他这样粗暴地歪曲《宣言》，不过是为了粉饰他同专制主义者和封建主义者这些敌人结成的反资产阶级联盟"。③ 在国际层面，马克思批判了《哥达纲领》将"全世界无产者联合起来"的国际主义口号篡改为"各民族的国际的兄弟联合"，揭示出"这句从资产阶级的和平和自由同盟那里抄来的话，是要用来代替各国工人阶级在反对各国统治阶级及其政府的共同斗争中的国际兄弟联合的"。④

关于劳动解放的社会形态问题，马克思提出了资本主义社会经"革命转

---

① 《马克思恩格斯文集》第 3 卷，人民出版社，2009，第 436 页。
② 《马克思恩格斯文集》第 3 卷，人民出版社，2009，第 226、431 页。
③ 《马克思恩格斯文集》第 3 卷，人民出版社，2009，第 437~438 页。
④ 《马克思恩格斯文集》第 3 卷，人民出版社，2009，第 439 页。

变时期"到"共产主义社会第一阶段",再到"共产主义社会高级阶段"的社会形态演变理论。马克思指出:"在资本主义社会和共产主义社会之间,有一个从前者变为后者的革命转变时期。同这个时期相适应的也有一个政治上的过渡时期,这个时期的国家只能是无产阶级的革命专政。"① 马克思对共产主义社会作出进一步区分,即共产主义社会第一阶段和共产主义社会高级阶段,第一阶段在经济、道德和精神方面均带有旧社会的痕迹。而共产主义社会高级阶段,"迫使个人奴隶般地服从分工的情形已经消失,从而脑力劳动和体力劳动的对立也随之消失""劳动已经不仅仅是谋生的手段,而且本身成了生活的第一需要"②。

二 "东方社会"劳动解放问题的系统探索

1848 年欧洲革命失败后,英国、美国、法国等"西方国家"的资本主义经济呈现出相对稳定和繁荣的态势,而中国、印度等不发达的"东方社会"国家反抗殖民统治的斗争态势持续高涨。如何看待西方无产阶级革命和东方社会反帝国主义的斗争,成为国际共产主义运动面临的重要课题。1867 年《资本论》第一卷出版后,俄文版等版本相继出版,在各个国家引起强烈反响,尤其是关于资本主义私有制的历史命运和社会阶段的分析,更是成为各国工人运动的理论指南。但是在俄国、中国、印度等国存在大量公有制形式,这些国家是否一定需要走资本主义这条道路成为马克思和当地理论家的疑问,尤其在俄国,理论家们围绕农业公社的非资本主义性质对社会发展道路展开争论。

1872 年,《资本论》第一卷俄文版出版,在俄国社会尤其是思想理论界产生了极大反响。以米海洛夫斯基为代表的俄国"民粹派"理论家引用《资本论》关于西欧尤其是英国的资本主义生产方式的起源问题的论述,认为俄国应该走资本主义发展道路。但是,查苏利奇等理论家在阅读《资本

---

① 《马克思恩格斯文集》第 3 卷,人民出版社,2009,第 445 页。
② 《马克思恩格斯文集》第 3 卷,人民出版社,2009,第 435 页。

论》以及马克思其他的著作中，认识到建立公有制是现代社会劳动解放的目标，应该从俄国自身的特殊情况出发探索未来社会的发展道路。而俄国社会的独特性在于存在"农村公社"这种公有制形式。俄国社会有没有必要破坏掉这种公有制形式，退回到资本主义社会，按照资本主义的运行节奏再转向共产主义？或者，俄国可以直接发展这种公有制形式，推动其向共产主义过渡？针对这两种观点，理论家们因各有依据而争论不休。

1877 年，米海洛夫斯基在《祖国纪事》杂志上发表文章，将俄国必然经历资本主义发展阶段的结论强加给马克思。为澄清认识，马克思撰写了《给〈祖国纪事〉杂志编辑部的信》，明确反对将西欧的发展方式不加分析地套用在俄国的做法。马克思根据对"和这个问题有关的官方发表的和其他方面发表的资料"的研究提出，俄国具有自己特殊的国情，是否要经历资本主义取决于具体历史条件，"如果俄国继续走它在 1861 年所开始走的道路，那它将会失去当时历史所能提供给一个民族的最好的机会，而遭受资本主义制度所带来的一切灾难性的波折。"① 《给〈祖国纪事〉杂志编辑部的信》并未寄出。由于俄国革命者未能及时了解到马克思的态度，因此他们关于俄国社会发展前途的争论仍十分激烈。在此情况下，1881 年，查苏利奇向马克思写信求教。

马克思对此十分重视。他结合人类学知识，对这个问题进行了深刻而慎重的思考。在草稿和正式的复信中，马克思提出，在一定的社会条件下，俄国可以跨越资本主义这个使人遭受屈辱的"卡夫丁峡谷"，"和控制着世界市场的西方生产同时存在，就使俄国可以不通过资本主义制度的卡夫丁峡谷，而把资本主义制度所创造的一切积极的成果用到公社中来"②。马克思审慎地在正式的复信中提出："我根据自己找到的原始材料对此进行的专门研究使我深信：这种农村公社是俄国社会新生的支点；可是要使它能发挥这种作用，首先必须排除从各方面向它袭来的破坏性影响，然后保证它具备自然

---

① 《马克思恩格斯文集》第 3 卷，人民出版社，2009，第 464 页。
② 《马克思恩格斯文集》第 3 卷，人民出版社，2009，第 575 页。

发展的正常条件。"①

在对俄国的"农村公社"寄予希望的同时，马克思也表现出一定的担忧。因为公社具有公有制和私有制并存的特征，并且在资本全球扩张的态势下，公社中的私有制因素日益增加，与之相对的是，公有制因素在减少。基于这种判断，马克思指出"农业公社固有的二重性使得它只能有两种选择：或者是它的私有制因素战胜集体因素，或者是后者战胜前者。一切都取决于具体的历史环境"。② 两种结局在理论上均是可能的，但现实中走向何方取决于具体的历史环境。马克思基于俄国公社所处的社会环境，指出俄国跨越的现实条件，"和控制着世界市场的西方生产同时存在……把资本主义制度所创造的一切积极的成果用到公社中来"③。

在马克思看来，俄国社会这种发展可能是符合时代发展方向的。"对这一点的最好证明，是资本主义生产在它最发达的欧美各国中所遭到的致命危机，而这种危机将随着资本主义的消灭，随着现代社会回复到古代类型的高级形式，回复到集体生产和集体占有而告终"④。马克思再三强调，跨越资本主义"卡夫丁峡谷"不过是理论上的可能，而要将这种可能转变为现实，需要在俄国内部发动革命。"如果革命在适当的时刻发生，如果它能把自己的一切力量集中起来以保证农村公社的自由发展，那么，农村公社就会很快地变为俄国社会新生的因素，变为优于其他还处在资本主义制度奴役下的国家的因素"⑤。跨越"卡夫丁峡谷"这一关于东方社会发展道路的设想，为东方社会不发达国家提供了与西欧不同的劳动解放道路。这表明东方社会并不处于社会发展的末端，可以根据自身优势实现跨越式发展，从而极大地激发当代人民开展劳动解放斗争的革命热情和民族自信心。这为俄国、中国的劳动解放斗争提供了重要指南。同时，马克思对跨越"卡夫丁峡谷"条件的分

---

① 《马克思恩格斯文集》第 3 卷，人民出版社，2009，第 590 页。
② 《马克思恩格斯文集》第 3 卷，人民出版社，2009，第 586 页。
③ 《马克思恩格斯文集》第 3 卷，人民出版社，2009，第 575 页。
④ 《马克思恩格斯文集》第 3 卷，人民出版社，2009，第 579 页。
⑤ 《马克思恩格斯文集》第 3 卷，人民出版社，2009，第 582 页。

析，要求社会主义革命后大力发展生产力，这实质上是对自身劳动解放论基本原则的运用。

劳动问题是阶级社会长期存在的问题，在资本主义社会阶段尤为严重，始终困扰和限制着人类解放问题的解决。马克思的独特之处在于他把这种"习以为常"的社会现象作为科学的研究对象，满怀着对劳动问题的质疑和对劳动者苦难的同情而走上探索劳动解放问题的思想旅程。立足于这一问题，马克思以其开放的理论视野，广泛地吸收自然科学和社会科学的知识成就，通过术语革命和思想批判推动了劳动理论的科学化进程，创立唯物史观和剩余价值学说，并以此为理论工具破解劳动解放问题。马克思在全面考察现代社会发展规律和科学总结工人运动的基础上，将劳动解放提炼为无产阶级革命的核心议题，系统阐述了劳动解放的实现条件、主要特征和策略原则等。劳动解放论是在理论批判与实践探索的互动中产生的，同时又反哺于工人运动实践，构成了马克思理论创新的鲜明特点。这个伟大的探索历程中也充满疑问和苦恼，正如马克思所说，"在科学上没有平坦的大道，只有不畏劳苦沿着陡峭山路攀登的人，才有希望达到光辉的顶点"①。

①　《马克思恩格斯文集》第 5 卷，人民出版社，2009，第 24 页。

第二章　马克思劳动解放论的基本内涵

　　劳动解放论是马克思在破解资本主义社会劳动问题的过程中提出的、旨在探讨劳动与人类理想生存状态的整体性论域，包含一系列重要概念、原理。本章主要考察"劳动解放"概念的内涵特征、劳动解放论的基本原理和劳动解放的理论地位。劳动是人运用主体能力改造客观环境的对象化活动，是展开、肯定和提升人的本质力量的过程。这为马克思统筹现实的劳动行为与自由自觉的类本质特征提供了概念工具。据此，可以将"劳动解放"理解为消除对劳动的各种束缚，使在劳动中形成的产品及各种关系真正成为劳动者实现自我创造和自我提升的手段。马克思从人的发展维度、社会生产维度和社会形态维度综合呈现劳动解放论的基本原理，展现出生产力、阶级斗争、社会革命、科学技术、劳动教育、公有制、自由时间等要素在劳动解放事业中的作用，论证了劳动解放在解放谱系中的基础地位，说明劳动解放是贯穿整个人类历史的事业，应以劳动解放为导向展开全方位的社会变革。

第一节　"劳动解放"概念辨析

　　马克思将劳动从"卑贱"的行为提升为创造人和世界的活动，把具体的劳动活动升华为人的本质属性，实现"劳动"概念的科学化。劳动是人的对象化活动，是展开、肯定和提升人的本质力量的过程，劳动产品是物化的人类劳动。劳动解放的核心任务就是使在劳动过程中创造的劳动产品和各种关系真正成为实现人自由自觉发展的物质力量。"劳动解放"概念内涵丰富，可以从劳动者的解放、劳动过程的解放、劳动形态的演进等维度具体理解。劳动解放不是免除劳动，也不止步于物质生产领域的解放和无产阶级的解放，而是体现出现实性和超越性的辩证统一、革命性和建设性的辩证统一、永恒性和历史性的辩证统一、全球性和地域性的辩证统一、个体性和社会性的辩证统一。

一　"劳动解放"概念的含义

世界不会自动满足人，而人决心以自己的行动改变世界。劳动行为的出现既源于人与自在世界的对立，又为结束这种对立关系、满足人类生存发展需要提供现实途径。劳动是"人以自身的活动来中介、调整和控制人和自然之间的物质变换的过程"，这一过程既改变了他"身外的自然"，又改变了他"自身的自然"，① 塑造并推动着人类社会生产生活方式的发展。对于劳动的一般形式而言，"主体是人，客体是自然，这总是一样的"②。劳动内含着主体与客体的相互转化，"劳动的产品是固定在某个对象中的、物化的劳动，这就是劳动的对象化。劳动的现实化就是劳动的对象化"③。在对象化过程中，人的主体力量得以展开、确认和发展。由于劳动者的目的作为观念出现在结果之前，并能动地指导整个实践过程，最后物化在结果中，使之成为有用物，这样人就超越了纯自然必然性的锁链，成为能动的、创造性的有自我意识的人。"我在劳动中肯定了自己的个人生命，从而也就肯定了我的个性的特点。劳动是我真正的、活动的财产"④。因此，劳动在现实层面表现为物质生活的生产过程，在类本质层面表现为人的解放和自由全面发展的过程。二者并不是两次劳动或两种劳动，而是同一过程的两个方面。

劳动对象化内含的"否定之否定"辩证法推动着人的解放和人类社会发

① 《马克思恩格斯文集》第 5 卷，人民出版社，2009，第 207~208 页。
② 《马克思恩格斯文集》第 8 卷，人民出版社，2009，第 9 页。
③ 《马克思恩格斯文集》第 1 卷，人民出版社，2009，第 156~157 页。
④ 《马克思恩格斯全集》第 42 卷，人民出版社，1979，第 38 页。

展。劳动对象化表现为这样一个辩证运动过程：人为了满足自身需要，按照对于客观规律的认识通过使主体力量对象化而改造自然界，使自然界的存在物成为人的创造物，形成劳动产品，即"固定在某个对象中的、物化的劳动"。这一阶段是对主体力量的"否定"。继而人把改造过的劳动产品加以重新占有（如消费），使主体力量回归自身，并由此得到丰富和发展，从而实现主体力量的"否定之否定"。可见，劳动对象化是主体客体化和客体主体化双向互动的过程，劳动产品既是劳动者本质力量的凝结和表现，又为实现劳动者进一步发展准备了条件。劳动对象化不仅意味着在劳动中人类改造自然的能力不断增强，而且表明人的劳动始终是对既有生存条件的否定和超越，是向更高层次发展、趋于解放的运动过程，在这个过程中持续形成和代谢着人与自然的关系以及人与人的关系。

劳动的本然意蕴是实现解放。何谓"解放"？"解放"意为解除束缚，获得自由。马克思对"解放"概念进行了术语革命，从人的本质层面和现实的物质生产层面相结合的视角考察解放问题，明确提出"任何解放都是使人的世界即各种关系回归于人自身"[①]。因此，解放不仅仅表现为解除各种束缚人的关系和力量；更重要的是使人的各种关系回归人本身，成为人自由发展的条件。"解放"概念具有双重意蕴，即解放的目标是实现人的自由全面发展，而解放归根结底要在现实的劳动过程中实现。之所以说解放是劳动的本然意蕴，一方面是因为开展劳动活动就是为了改造环境以满足人的需要和实现人的发展；另一方面是因为人的世界在劳动中形成，劳动者的本质力量及其创造的劳动产品和各种关系通过劳动对象化过程回归人本身。因此，劳动解放是最根本的解放，其他领域的解放均不能脱离劳动领域的解放来实现。另外，劳动解放涉及和人类利益最为密切的劳动产品的占有问题，离开社会革命是不可能实现的。正是基于这种认识，马克思批判了脱离物质生产而寻求所谓"精神解放"或意志自由、鼓吹超阶级的爱和抽象的人性等错误观点。

---

① 《马克思恩格斯文集》第 1 卷，人民出版社，2009，第 46 页。

然而，在劳动对象化过程中亦存在不能实现解放即劳动异化的潜在风险。从理论逻辑上看，这是由于作为物化劳动的劳动产品不能保证一定为劳动者所重新占有。如果劳动产品并不能由劳动者占有，那么人在劳动中对象化出来的本质力量就无法回归，在劳动中创造出的各种关系也无法为劳动者所支配。一旦劳动者创造的产品被其他人占有，那么"他的活动属于别人，这种活动是他自身的丧失"，他的劳动"对工人来说是外在的东西，也就是说，不属于他的本质"①。因此，在劳动中创造的产品和关系反而成为压迫和奴役劳动者的力量。从人类历史来看，劳动对象化使劳动者的能力及劳动规模不断提升和扩大，劳动分工和剩余产品逐渐形成，统治阶级借助生产资料私有制和暴力攫取劳动者创造出来的产品，这种异化现象在资本主义社会达到顶峰。

马克思虽然未对"劳动解放"概念作出专门的界定，但他在1854年3月9日《给工人议会的信》中阐述了实现劳动解放的两个条件。"大不列颠的千百万工人第一个奠定了新社会的真实基础——把自然界的破坏力变成了人类的生产力的现代工业。英国工人阶级以不懈的毅力、流血流汗、绞尽脑汁，为使劳动本身成为高尚的事业并使劳动产品增加到能够实现普遍丰富的程度创造了物质手段。英国工人阶级既然创造了现代工业的无穷无尽的生产力，也就实现了劳动解放的第一个条件。现在它应当实现劳动解放的另一个条件。它应当把这些生产财富的力量从垄断组织的无耻的枷锁下解放出来，使它们受生产者共同监督，这些生产者直到今天还在听任自己亲手创造的产品本身转过来反对自己，统统变成镇压他们自己的工具。工人阶级征服了自然，而现在它应当去征服人了。"②

马克思对"劳动解放"实现条件的分析，既充分肯定了机器大工业所创造的巨大生产力对劳动解放事业的积极意义，又表明"劳动解放"要超越资本主义生产方式。资本主义劳动过程有两个特点，一是"工人在资本家的监

① 《马克思恩格斯文集》第1卷，人民出版社，2009，第160、159页。
② 《马克思恩格斯全集》第13卷，人民出版社，1998，第134页。

督下劳动，他的劳动属于资本家"；二是"产品是资本家的所有物，而不是直接生产者工人的所有物"①。劳动者既不能按照自己的发展需要而必须按照资本家的盈利需要进行劳动，在劳动中失去了自由和创造性；又不能直接占有自己生产的劳动产品，劳动产品非但不能成为劳动者自我提升的手段，反而异化为压制劳动者的物质力量。事实上，这种异化状态不仅仅存在于资本主义社会，而且贯穿整个以私有制为基础的剥削社会。

劳动解放涉及人类社会最基础、最核心的问题，即劳动产品的生产和占有问题。一方面，劳动解放要求劳动者运用自己的力量改造自然界，将自身的本质力量对象化在劳动产品之上，不断提升生产力水平，"使劳动产品增加到能够实现普遍丰富的程度"，充分满足整个社会的需要。另一方面，劳动解放要求劳动产品由劳动者"共同占有"，使"生产财富的力量"受生产者"共同监督"，避免"听任自己亲手创造的产品本身转过来反对自己"。②这两个方面密切相连、缺一不可，因为"只要生产的规模还没有达到不仅可以满足所有人的需要，而且还有剩余产品去增加社会资本和进一步发展生产力，就总会有支配社会生产力的统治阶级和贫穷的被压迫阶级"③。而若劳动产品由垄断组织占有，那么劳动者生产的物质财富越多，受到的束缚和压迫反而越多，"物的世界的增值与人的世界的贬值成正比"④。

根据以上分析，可以将"劳动解放"的内涵阐释为：通过社会革命消灭对劳动的各种束缚，使在劳动中形成的产品及各种关系真正成为劳动实现自我创造和自我提升的手段。第一，劳动解放并不是要消除劳动，而是激发劳动者的创造性，不断提升人类改造客观世界的能力，创造出更多数量和更高质量的劳动产品。因为劳动产品是物化的人类劳动，只有在创造和消费产品的过程中，人的本质力量才能得到持续提升。第二，劳动解放是社会再生产顺利进行的保障，若劳动产品不能归劳动者所有，那么生产和消费就不能实

---

① 《马克思恩格斯文集》第5卷，人民出版社，2009，第216页。
② 《马克思恩格斯全集》第13卷，人民出版社，1998，第134页。
③ 《马克思恩格斯文集》第1卷，人民出版社，2009，第684页。
④ 《马克思恩格斯文集》第1卷，人民出版社，2009，第156页。

现均衡，劳动对象化过程就无法持久展开。周期性爆发的经济危机和愈演愈烈的工人运动都证明了这一点。第三，共同占有生产资料和共同监督创造财富的力量，符合劳动者的根本利益和生产社会化的历史趋势。马克思指出，"劳动—解放，每个人都变成工人，于是生产劳动就不再是一种阶级属性了"①，而"社会化的人，联合起来的生产者，将合理地调节他们和自然之间的物质变换，把它置于他们的共同控制之下，而不让它作为一种盲目的力量来统治自己"②，按照共同计划调节全国生产，可以"结束无时不在的无政府状态和周期性的动荡这样一些资本主义生产难以逃脱的劫难"③。第四，劳动创造了人和人类社会，因此劳动解放是涉及诸多领域的综合性变革，需要通过广泛而深刻的社会革命来实现。社会革命以生产力和生产关系的矛盾运动为基础，不仅仅是一种破除旧的政治上层建筑的社会运动，更是一种新的社会建设运动。

可见，劳动解放不是免除劳动或随意劳动，而是要不断提升劳动者的素质技能，实现从"必然王国"向"自由王国"的飞跃。考虑到"劳动"概念具有多层意蕴，因此可以从不同层面阐述"劳动解放"的丰富内涵和具体要求。在马克思的文本中，按照从抽象到具体的逻辑演进，"劳动"概念可以大致分为如下几个层次。其一，作为人的本质的"自由自觉的活动"。其二，作为现实物质生产过程的"劳动"，即"包含着一定的有目的的生产活动"④"劳动、活动即生产本身"⑤。马克思将实践范畴引入对劳动问题的分析，将现实的物质生产过程理解为实现、肯定和提升人的本质力量的过程。其三，处于特定历史形式下的劳动，如封建社会的徭役劳动、资本主义社会的雇佣劳动、共产主义社会的劳动等。

从主体层面来看，劳动解放就是要实现劳动者的解放，使劳动"不仅仅

---

① 《马克思恩格斯文集》第3卷，人民出版社，2009，第158页。
② 《马克思恩格斯文集》第7卷，人民出版社，2009，第928页。
③ 《马克思恩格斯文集》第3卷，人民出版社，2009，第159页。
④ 《马克思恩格斯文集》第5卷，人民出版社，2009，第55页。
⑤ 《马克思恩格斯全集》第44卷，人民出版社，1982，第115页。

是谋生的手段，而且本身成了生活的第一需要"①。首先，劳动解放要求消除强制劳动。自愿劳动是一种高级享受，而"强制劳动就是一种最残酷最带侮辱性的折磨"②。其次，劳动解放不仅要求实现体力劳动的解放，也要求实现脑力劳动的解放。脑力和体力均是人的本质力量，但分工导致脑力劳动和体力劳动的分离，"它压抑工人的多种多样的生产志趣和生产才能，人为地培植工人片面的技巧"③。因此，消灭脑力劳动和体力劳动的对立是劳动解放的重要任务。最后，劳动解放要求满足人的生存、发展、享受等多重需要。要实现人的自由全面发展，不仅要培养人的生产能力，同时也必须培养人的享受能力。

从现实的物质生产过程来看，劳动解放表现为自然维度和社会维度的双重解放，既要"征服自然界"又要"征服人"。自然维度的劳动解放，就是不断提升人们改造自然的能力，消除自然必然性对人的束缚，"把自然界的破坏力变成了人类的生产力"④。社会维度上的劳动解放，表现为消除生产资料私有制和私有逻辑，实现劳动的普遍化，共同占有生产资料、共同制订生产计划、共同监督生产过程。"所有制是对他人劳动力的支配"⑤，劳动解放就是要消除"剥夺利用这种占有去奴役他人劳动的权力"⑥，使人在劳动过程中能够满足自身需要和实现自我提升。此外，在物质生产基础上形成了上层建筑，上层建筑也属于在劳动中形成的社会关系，这意味着要充分发挥上层建筑在劳动解放中的反作用，推动国家、法律、意识形态等上层建筑诸领域的同步变革。

从劳动的历史形式来看，不同时代劳动解放的目标和任务不尽相同。劳动解放是贯穿人类历史的事业，劳动解放的两个基本条件构成衡量劳动解放

① 《马克思恩格斯文集》第 3 卷，人民出版社，2009，第 435 页。
② 《马克思恩格斯文集》第 1 卷，人民出版社，2009，第 432 页。
③ 《马克思恩格斯文集》第 5 卷，人民出版社，2009，第 417 页。
④ 《马克思恩格斯全集》第 13 卷，人民出版社，1998，第 134 页。
⑤ 《马克思恩格斯文集》第 1 卷，人民出版社，2009，第 536 页。
⑥ 《马克思恩格斯文集》第 2 卷，人民出版社，2009，第 47 页。

程度的标准。从人类历史来看大致存在四种类型：共同劳动但生产力水平低下的原始社会，生产力水平低且剥削他人劳动的奴隶社会和封建社会，生产力水平极大提升但私有制程度达到顶峰的资本主义社会，生产力高度发达和共同劳动的共产主义社会。"在奴隶劳动、徭役劳动、雇佣劳动这样一些劳动的历史形式下，劳动始终是令人厌恶的事情"①。而只有在共产主义社会，劳动才能真正成为自由自觉的活动。此间人类经历奴隶的解放、农奴和农民的解放、资产阶级的解放和工人阶级的解放。在资本主义社会，劳动解放就是要实现工人阶级的解放，而这要通过推翻雇佣劳动制度的无产阶级革命来实现。而在消灭阶级对立的共产主义社会，劳动解放的任务仍然存在。可见，劳动解放虽然贯穿人类社会发展始终，但并没有固定不变的标准。因为劳动解放始终是对它当时面对的劳动形式的辩证否定，故而需要根据具体时期或地区的劳动形式制定富有弹性的策略。

总之，劳动解放不仅是物质生产力的发展和劳动产品的增加，更是劳动者本质力量的持续提升和主体地位的不断强固。在以私有制为基础的剥削社会，劳动解放就是要实现劳动阶级的解放，劳动解放与阶级解放的目标和路径是一致的。从直接意义上而言，劳动解放是推翻资本对劳动的统治，而从深层意义上而言，劳动解放始终表现为对更高级、更理想的生存状态的探索，是贯穿整个人类历史的一般原则。

二 "劳动解放"的基本特征

劳动解放表现为现实性和超越性的辩证统一。劳动对象化唯物辩证地揭示了劳动的本质，劳动是"人以自身的活动来中介、调整和控制人和自然之间的物质变换的过程"②，表现为主体客体化和客体主体化的双向互动。劳动解放首先是现实的物质生产领域解放，劳动异化与异化劳动的扬弃均是在劳动主客体的矛盾运动中展开和实现。劳动解放具有超越性，劳动活动一经展

---

① 《马克思恩格斯文集》第8卷，人民出版社，2009，第174页。
② 《马克思恩格斯文集》第5卷，人民出版社，2009，第207~208页。

开，就会改变既有状态并向新的更高阶段发展，而当达到一定阶段后，既有生产关系就成为劳动发展的障碍，引起生产关系的变革和社会形态的更替。因此，劳动解放总是表现为对现存状态的辩证否定和对更理想社会的追求。这个特征意味着：一方面，资本主义必然灭亡和共产主义必然胜利是不可避免的，因为资本主义生产方式只是劳动发展史上的一个阶段性表现，劳动的进一步发展必然会突破资本的限制；另一方面，劳动解放意味着既要建立新的更高形态的生产关系，又要创造出新的更高水平的生产力。

劳动解放表现为革命性和建设性的辩证统一。如前所述，劳动的超越性是对现存状况的否定，要求变革旧的生产关系和劳动形式。从本质上说，劳动解放是革命的。而劳动的现实性又要求建立新的劳动形式以开展人与自然之间的物质变换活动。所以，劳动解放是"破"与"立"相统一的过程。这个特征意味着：劳动人民要争取解放首先需要通过无产阶级革命打碎资产阶级国家机器，消灭雇佣劳动制度，建立新的经济秩序和政治秩序。但与以往任何剥削阶级不同，无产阶级革命不是简单地把国家机器从资产阶级手里转到无产阶级手里，也不是要实现生产资料所有制的简单置换，而是要建立无产阶级专政，运用自己的政治统治对社会进行整体性、根本性改造，建立起充分保障劳动者利益与主体地位、充分提升劳动者素质技能的所有制形式及相应的各种制度体系，实现劳动阶级的彻底解放。

劳动解放表现为永恒性和历史性的辩证统一。劳动是"人类生活的永恒的自然条件"[1]，劳动解放是贯穿整个人类历史的事业。但每个阶段的要求和形式并非完全一致，因为劳动解放始终是对既有劳动形式和社会关系的超越。譬如，在从封建社会向资本主义过渡的时期，劳动解放表现为推翻封建专制制度，此时资本主义生产方式是有助于实现劳动解放的劳动形式。而生产力的进一步发展又使资本主义生产方式成为桎梏，"资产阶级用来推翻封建制度的武器，现在却对准资产阶级自己了"[2]。劳动解放的阶段性不仅表现

---

[1] 《马克思恩格斯文集》第 5 卷，人民出版社，2009，第 215 页。
[2] 《马克思恩格斯文集》第 2 卷，人民出版社，2009，第 37 页。

为不同社会形态有不同的劳动解放目标，而且在每种社会形态内部各阶段的目标也不尽相同。譬如，共产主义存在第一阶段和高级阶段的粗略区分，在第一阶段要求实行按劳分配，在高级阶段则要求实现各尽所能、按需分配。从整体上看，每个阶段劳动解放的目标虽然不同，但均要求破除阻碍劳动者创造性发展的因素，使劳动者在劳动中确认和提升自身的本质力量。只要劳动存在，劳动解放的任务就会存在，人类社会就会持续地从"必然王国"飞跃到"自由王国"。

劳动解放表现为全球性和地域性的辩证统一。从空间维度看，劳动是整个人类共同的活动，劳动解放是全世界劳动者共同的事业，"劳动的解放既不是一个地方的问题，也不是一个国家的问题，而是涉及存在现代社会的一切国家的社会问题"①。在现代社会，资本借助世界市场向全球范围扩张，"现代的工业劳动，现代的资本压迫，无论在英国或法国，无论在美国或德国，都是一样的"②。因此，马克思号召全世界的无产者联合起来推翻资本统治。而在推翻资本统治后，"同那个经济贫困和政治昏聩的旧社会相对立，正在诞生一个新社会，而这个新社会的国际原则将是和平，因为每一个民族都将有同一个统治者——劳动"③。劳动解放是全球性事业，但由于不同国家的生产力水平、劳动形式和传统风俗等不同，不同国家的劳动解放任务亦存在差异。比如英国、法国等发达国家面临的任务与亚非拉等地区落后国家的任务存在明显不同，西方资本主义社会和"东方社会"的劳动解放任务和策略也存在显著差异。但从历史的辩证法来看，劳动解放事业存在区域性差异，可以使不同国家相互借鉴先进经验，存在"跨越式"发展的可能。

劳动解放表现为个体性与社会性的辩证统一。马克思批判资本主义社会的一个重要原因在于它导致个体发展和社会发展的对立。劳动者创造的产品越多反而受到的压迫越深，这就是资本主义社会发展的悖论。在马克思看来，劳动始终是在一定社会关系中展开的，人的本质在其现实性上是一切社

---

① 《马克思恩格斯文集》第3卷，人民出版社，2009，第226页。
② 《马克思恩格斯文集》第2卷，人民出版社，2009，第42页。
③ 《马克思恩格斯文集》第3卷，人民出版社，2009，第117页。

会关系的总和。"个人怎样表现自己的生命，他们自己就是怎样"，"这取决于他们进行生产的物质条件"。[①] 人的本质由社会关系决定，每个自然人都是个体性与社会性的统一。因此，劳动解放首先要求每个劳动者实现自身的解放，不能以虚假的集体主义等压制劳动者的个体自由。同时，劳动解放并不意味着个体劳动者仅考虑自己的利益和自由，而是同时考虑社会的整体利益，使每个人的自由发展成为一切人的自由发展的条件，从而克服资本主义现代性的悖论，实现个体与社会同步发展。随着生产社会化和世界历史的形成，"每一个单个人的解放的程度是与历史完全转变为世界历史的程度一致的"[②]，个人解放与社会解放日益紧密地联系起来。

三 厘清对"劳动解放"概念的误读

马克思关于劳动解放的论述广泛却分散。他虽然将劳动解放作为核心议题并阐述其实现条件等，但并未对"劳动解放"概念的内涵作出专门界定，加之劳动概念的多层意蕴，人们对"劳动解放"概念容易存在误读。其中，代表性观点有：仅从物质生产和消费意义上理解劳动，忽视劳动本身所具有的解放意蕴，从而认为劳动解放就是免除劳动；将劳动的个体性和社会性对立，认为劳动解放是要实现完全的"劳动自治"或"民粹主义"；将劳动解放仅理解为打破旧制度的革命，忽视其建设维度；将劳动解放仅理解为资本主义社会无产阶级的解放问题，未认识到劳动解放是贯穿整个人类历史的事业，即使在无阶级的共产主义社会也存在劳动解放问题；忽视劳动解放概念的丰富意涵，指责马克思仅重视生产关系的变革而忽视对个人生活领域、精神领域等的变革。厘清这些误读有助于深化对劳动解放概念的理解。

（一）劳动解放不是免除劳动

马克思的唯物史观是在驳斥黑格尔、"青年黑格尔派"等宣扬的唯心史观的过程中发展起来的，强调物质生产对精神的决定作用。由于缺乏对马克

---

① 《马克思恩格斯文集》第1卷，人民出版社，2009，第520页。
② 《马克思恩格斯文集》第1卷，人民出版社，2009，第541页。

思文本的整体性阅读，在马克思生前就有人断章取义地将劳动理解为超越自然必然性的活动，阉割劳动中所蕴含的人的解放内涵。尤其是在马克思恩格斯去世后，受"第二国际"经济主义的影响，劳动仅仅被视为工具性的物质生产活动。加之两次世界大战后，资本借助技术理性和消费逻辑对劳动者实行全方位的控制，劳动者的阶级意识和革命性被消磨。在这种情况下，汉娜·阿伦特、鲍德里亚等西方学者认为，劳动完全是一种工具性活动，在任何时候都无法摆脱必然性的强制而追求目的本身。马克思认为这是典型的乌托邦主义。

　　劳动解放不是免除劳动，劳动的本然意蕴就是实现解放，离开劳动领域谈解放问题才是乌托邦主义。无论是在早期还是晚期的文本中，马克思从来没有讲过要免除劳动，他始终强调劳动是人类生存与发展的基础，始终强调扬弃异化形式的劳动，将劳动从束缚它的社会关系和组织形式中解放出来。虽然在后期著作中，马克思较少使用"劳动对象化"和"异化劳动"等概念，但是如前文所述，马克思将实践引入对劳动问题的分析之中，将现实的物质生产过程理解为实现、肯定和提升人的本质力量的过程。马克思在《资本论》中对"劳动"概念的经典表述充分体现了劳动的对象化特征，"劳动首先是人和自然之间的过程，是人以自身的活动来中介、调整和控制人和自然之间的物质变换的过程。人自身作为一种自然力与自然物质相对立。为了在对自身生活有用的形式上占有自然物质，人就使他身上的自然力——臂和腿、头和手运动起来。当他通过这种运动作用于他身外的自然并改变自然时，也就同时改变他自身的自然。他使自身的自然中蕴藏着的潜力发挥出来，并且使这种力的活动受他自己控制"[①]。随着唯物史观的创立和经济学研究的深入，马克思较少使用"异化劳动"这个较为抽象的概念，而是更多地使用"雇佣劳动"概念，凸显了资本主义社会劳动的雇佣性质，更深刻地说明了劳动发生异化的原因。

　　从文本来看，一些人对劳动解放作"免除劳动"的误读，可能由于混淆

---

① 《马克思恩格斯文集》第5卷，人民出版社，2009，第207~208页。

了不同层面的"劳动"。如前所述，按照从抽象到具体的逻辑序列，劳动概念大致分为三个层次：作为类本质的劳动、作为现实物质生产过程的劳动和作为具体社会形态表现的劳动（如雇佣劳动、自由劳动等）。但是在具体文本中，马克思根据前后的语境，有时并没有在"劳动"前加入"异化""雇佣"等限定词以作区分。如在"资本与劳动"这一表述中，"劳动"指的是雇佣劳动，而非作为类本质的活动。因此，必须结合文本语境，明确劳动的具体含义，避免误读。

对"免除劳动"的误读，还和翻译有一定的关系。在《哥达纲领批判》中，马克思提到"劳动的解放"（die Befreiung der Arbeit），这个德语表述其实是《哥达纲领》提出来的，是马克思批判的对象。马克思批判其对"Befreiung"一词的运用模糊不清，并且造成两种含义的混淆。因为这个词既有"解放"之意，又有"罢免、豁免"之意。因此，die Befreiung der Arbeit 既有可能被理解为"将劳动从束缚它的社会形式中解放出来"，又存在被理解为"免除劳动本身"的风险。而在《国际工人协会成立宣言》等文中，马克思正面表述"劳动解放"概念时，用的是"die Emanzipation der Arbeit"。"Emanzipation"在德语中只有"解放"的含义。①

劳动解放要求消除奴役劳动者的社会关系，免除的只是劳动的强制性和异己性。马克思并不认为劳动在作为自然必然性的意义上是可以被消灭的，他要求重建劳动的社会形式，彰显"劳动"的自我实现、自我创造、自我提升等本来意蕴。在马克思看来，自由自觉的活动才是人的本质，异化劳动只是劳动发展的一个阶段。劳动解放的过程就是不断消除束缚人、奴役人的社会关系，使人的劳动成为自由劳动。综上所述，无论从文献上来看，还是从马克思思想的整体逻辑来看，劳动解放均不是"免除劳动"。

（二）劳动解放不能简化为"异化劳动的复归"

随着学界对马克思主义人学理论的关注，有些学者将劳动视为哲学概

---

① 陈学明、姜国敏：《马克思主义的"劳动解放"理论及其对当代中国的启示》，《上海师范大学学报》（哲学社会科学版）2016 年第 4 期。

念，突出其主体性意蕴，并将劳动解放理解为由异化劳动向自由自觉活动的复归，抽象地分析"异化"问题，并衍生出精神异化、符号异化等新的研究领域。不可否认，"异化劳动"理论确实是劳动解放论的重要构成部分，"异化劳动的复归"是辩证法的直观体现，指明了劳动解放的方向。但是，将劳动解放简单地理解为"异化劳动的复归"，实际上是忽视了马克思劳动解放论述的丰富内涵。

从文献背景来看，"异化劳动的复归"理论主要出现在《1844年经济学哲学手稿》中，在此后的文本中马克思较少对其作出专门探讨。而1844年的马克思还未彻底摆脱费尔巴哈抽象的论述方法和黑格尔抽象劳动观的影响，未深入物质生产领域考察劳动解放问题。从理论内容来看，"异化劳动的复归"的叙述逻辑立足于抽象的人，而人始终是处于物质生产中并具有多重需要的"现实的个人"。从思想史层面看，随着唯物史观和剩余价值理论的创立，"异化"理论逐渐发展为"拜物教"理论，"自由自觉的劳动"也被赋予更为丰富的含义。可见，劳动解放事业涉及诸多方面的内容，比如提升劳动者素质技能、消除奴役劳动者的社会关系、开展破除"商品拜物教"的意识形态批判、构建以彰显劳动者主体性为核心的制度体系等。

（三）劳动解放不局限于生产领域解放

一些学者认为，马克思只重视生产领域的解放，而忽视生活领域、精神领域的内容，并以此诟病甚至攻击马克思主义。事实上，马克思从未忽视过生活领域，事实上将实现人的全面发展作为自己毕生研究的主题。马克思辩证地考察生产与生活的内在联系。一方面，物质生产为人的生活提供了充足的产品，生产就是为了更好地生活；另一方面，生活方式和生产方式具有一致性，个人如何开展生活与他如何进行生产是一致的。在资本主义社会，生产过程的异化使劳动者"丧失了一切现实的生活内容，成了抽象的个人"[1]。在消除生产领域的剥削关系的同时，人在生活领域也会获得解放。

受庸俗化马克思主义的影响，"生产力"往往仅被理解为物质财富。事

---

[1]　《马克思恩格斯文集》第1卷，人民出版社，2009，第580页。

实上，将生产力仅理解为物质财富恰是马克思所批判的国民经济学的观点。马克思从未脱离人的发展研究物质生产，主张在现实的物质生产过程中展现劳动者的素质技能和强固劳动者的主体性。因此，劳动解放并非只是生产领域的解放，而且是生活领域、精神领域等诸多领域的共同解放。将生产领域、生活领域、精神领域截然对立，不符合唯物史观基本原理。同时，仅实现生产资料所有制的变更乃至生产关系的变革，而不关注劳动者的生活需要和精神文化需要、不构建保障劳动者主体性的制度体系，劳动解放事业是不可能彻底实现的。

当然，无论是生活领域的解放还是精神领域的解放，归根结底都要在生产领域实现。占有生产资料和控制生产过程的统治阶级是不可能主动推进劳动者解放的，甚至劳动解放难以通过和平的方式实现。马克思抨击了那些仅将"劳动解放"视为口号的人，"虽然近60年来出现了大量的关于劳动解放的高谈阔论和巨著，可是只要工人在什么地方决心由自己来做这件事，那些替以资本和雇佣奴隶为两极的现代社会（地主现在只不过是资本家的驯顺伙伴）说话的喉舌，立刻就出来大唱辩护之歌"[1]。在当今社会，消费主义和技术理性导致资本逻辑对人的控制加深，一些学者就此认为推翻资本主义生产方式、在物质生产领域寻求解放的理论已经过时，转而从精神领域和人的本质层面探求解放路径，这实际上是本末倒置。

（四）劳动解放不等同于"劳动自治"

劳动解放不是随意劳动，不等同于"劳动自治"。即使在未来的"自由人联合体"中，人的劳动也需要公共管理机构进行共同计划和宏观调控。劳动解放是劳动者个体的解放和社会解放的统一，仅关注个人自由而危害社会公共利益，只会重新陷入生产的无序状态。

无政府主义者宣称他们也在追求所谓的"劳动解放"。在他们看来，劳动解放就是要打碎一切国家机器，实现个人的绝对自由和"劳动自治"。事实上，持"劳动自治"观点的不只有无政府主义者，还有资本主义社会改良

---

① 《马克思恩格斯文集》第3卷，人民出版社，2009，第158页。

主义者。他们以小生产者联合起来实现"劳动自治"为借口而忽视阶级斗争和无产阶级革命。如蒲鲁东主义、拉萨尔主义，尤其是 19 世纪末 20 世纪初以伯恩施坦为主要代表的"修正主义"，鼓吹社会民主党应从主张社会革命的政党变为主张社会改良的政党，崇拜自发的经济斗争，反对以夺取政权为目的的政治斗争，认为资本主义国家的国家资本主义、合作社、民主自治等都是劳动解放的表现，资本主义正在和平"长入"社会主义。

劳动解放只有通过推翻资本逻辑才能实现。合作劳动和所谓"劳动自治"仍然处于资本逻辑的控制之中，并不能长久和广泛地存在。如空想社会主义者罗伯特·欧文曾创建合作社和"新和谐公社"，尝试实行生产资料公有制、共同生产和实现权利平等。而这些尝试均因未能推翻资本主义制度而走向失败。马克思在谈到英国合作劳动的经验时，肯定了合作劳动对实现劳动解放的积极意义，但也明确指出，合作劳动只有在全社会范围内推行，才能成为劳动解放的手段。"不管合作劳动在原则上多么卓越，在实际上多么有效，只要它仍然限于个别工人的偶然努力的狭隘范围，就始终既不能阻止垄断势力按照几何级数增长，也不能解放群众，甚至不能显著地减轻他们的贫困的重担。""要解放劳动群众，合作劳动必须在全国范围内发展，因而也必须依靠全国的财力。但是土地巨头和资本巨头总是要利用他们的政治特权来维护和永久保持他们的经济垄断的。他们不仅不会促进劳动解放，而且恰恰相反，会继续在它的道路上设置种种障碍。"[1] 可见，在资本逻辑统治下，合作劳动是不可能在全社会实现的。

在未来的自由人联合体中，劳动者仍然需要公共管理机关的宏观调控。国家具有政治统治和公共管理这两种职能，这两种职能在社会中的作用和存在的阶段是不同的。政治统治职能随着阶级社会的消失而消除，在无阶级社会中，国家已经演变为公共管理机构，负责调配生产资源、组织共同生产、协调社会关系等。在社会建设中，忽视劳动者的自主性和创造性，必然带来苏联模式般的僵化；而抛弃宏观调控则会导致生产无法顺利进行，新自由主

[1] 《马克思恩格斯文集》第3卷，人民出版社，2009，第13页。

义的衰败就证明了这一点。劳动本身是个体性和社会性的统一，因此劳动者自由组织生产和宏观调控二者并不矛盾。

（五）劳动解放不止步于无产阶级革命

劳动解放通常被理解为是无产阶级的解放。在资本主义社会，劳动解放和无产阶级的解放在实践主体、目标策略等方面具有内在一致性。推翻资本主义制度的无产阶级革命和无产阶级专政对于实现劳动解放至关重要。资本主义社会创造出巨大生产力和大量的自由时间，为劳动解放提供了必要条件，而它所引起的劳动异化也达到顶峰。因此无产阶级只有通过无产阶级革命推翻资本主义制度，才能实现自身的自由与解放。

劳动解放是革命性和建设性的辩证统一。由于国际工人运动的直接目标是夺取政权，劳动解放的革命向度被重点宣传。这也导致在实践中很多人认为实现阶级斗争、夺取无产阶级政权就自然获得劳动解放，而忽视夺取政权后的建设问题。事实上，推翻资本主义制度并不意味着彻底实现劳动者的解放，更重要的任务就是如何在推翻资本统治之后，建立起能够充分体现并保证劳动者利益和强固劳动者主体性的经济结构、生产机制、政治制度和道德伦理，避免私有制和资本逻辑的"死灰复燃"。因此，劳动解放要求开展全方位的社会变革。

第二节　劳动解放论的基本原理

劳动是人的自由自觉的活动，现实的物质生产过程是劳动者自我实现、自我创造和自我提升的过程。劳动解放的目标是实现人的全面发展，而劳动解放需要在生产领域实现，社会形态的更替是劳动解放的历史表现。因此，可以从人的发展维度、物质生产维度和社会形态维度这三个密切相连的维度概括马克思劳动解放论的基本原理，考察生产力、阶级斗争、社会革命、科学技术、劳动教育、公有制、自由时间等要素在劳动解放事业中的重要作用。

一　从人的发展维度看劳动解放

劳动解放归根结底是要实现劳动者的解放，即肯定劳动者的个性和提升劳动者的素质技能，而劳动者能力的提升需要通过劳动教育实现。"时间是人类发展的空间"①，自由时间是劳动解放的必要条件，人类历史就是由"必然王国"向"自由王国"持续飞跃的过程。

（一）人的全面发展是劳动解放的目标

劳动的本然意蕴就是实现人的解放，而人的解放要在劳动中实现，人类解放与劳动解放具有内在一致性。人类开展劳动活动就是为了改造自然界以满足人的需要和实现人的发展。"通过实践创造对象世界，改造无机界，人证明自己是有意识的类存在物"②，劳动的目的计划性和主观能动性将人和动物区分开来。人将自己的目的性因素注入物质世界发展的链条中，使自然界朝着有利于人的方向发展，将人从自然必然性的束缚中解放出来。在这个过程中，人的素质技能得到提升，人类获得更多的自由时间和更丰富的劳动产品，为自身的全面发展准备了条件。

人的全面发展包含两层含义。一是从发展的内容来看，要求满足人的多重需要和全面提升劳动者的素质技能，"人不是在某一种规定性上再生产自己，而是生产出他的全面性"③。二是从主体的数量和规模而言，要求实现社会中每一个成员的发展，而非以牺牲一部分人的利益为代价来成全另一部分人的发展。"作为过去取得的一切自由的基础的是有限的生产力；受这种生产力所制约的、不能满足整个社会的生产，使得人们的发展只能具有这样的形式：一些人靠另一些人来满足自己的需要，因而一些人（少数）得到了发展的垄断权；而另一些人（多数）经常地为满足最迫切的需要而进行斗争，因而暂时（即在新的革命的生产力产生以前）失去了任何发展的可能性"④。

① 《马克思恩格斯文集》第 3 卷，人民出版社，2009，第 70 页。
② 《马克思恩格斯文集》第 1 卷，人民出版社，2009，第 162 页。
③ 《马克思恩格斯文集》第 8 卷，人民出版社，2009，第 137 页。
④ 《马克思恩格斯全集》第 3 卷，人民出版社，1960，第 507 页。

可见，发展的片面性及不平衡性只有通过以大力发展生产力和消灭剥削关系为内容的劳动解放来解决。

在以私有制为基础的剥削社会，劳动者是不可能实现全面发展的，因为占有劳动阶级的劳动产品是统治阶级生存的基础。尤其是在资本主义社会，资本逻辑与人的发展是完全相悖的，"资本是死劳动，它像吸血鬼一样，只有吮吸活劳动才有生命，吮吸的活劳动越多，它的生命就越旺盛"①。资本的本性决定了它只会把劳动者当成生产剩余价值的工具，而非具有多重发展需要的具体的"人"来培养。因此，马克思一针见血地指出："资本主义生产对已经实现的、对象化在商品中的劳动，是异常节约的。相反地，它对人，对活劳动的浪费，却大大超过任何别的生产方式，它不仅浪费血和肉，而且也浪费神经和大脑。"② 事实上，不仅雇佣劳动者得不到解放，作为资本人格化的资本家同样得不到全面发展，"精神空虚的资产者为他自己的资本和利润欲所奴役""一切'有教养的等级'都为各式各样的地方局限性和片面性所奴役"③。在马克思看来，"一个人的发展取决于和他直接或间接进行交往的其他一切人的发展"④，真正的解放只能是每个人的解放，真正的发展只能是每个人的自由而全面发展。

劳动解放要求实现劳动普遍化。劳动解放不是仅实现统治阶级更替的"沙漏式"革命，也不是"把一切人变成私有者"⑤，它"不剥夺任何人占有社会产品的权力，它只剥夺利用这种占有去奴役他人劳动的权力"⑥。劳动解放要求实现劳动普遍化，"劳动一解放，每个人都变成工人，于是生产劳动就不再是一种阶级属性了"⑦。在实现劳动普遍化的自由人联合体中，劳动者"用公共的生产资料进行劳动，并且自觉地把他们许多个人劳动力当做一个

① 《马克思恩格斯文集》第5卷，人民出版社，2009，第269页。
② 《马克思恩格斯文集》第7卷，人民出版社，2009，第103页。
③ 《马克思恩格斯文集》第9卷，人民出版社，2009，第309页。
④ 《马克思恩格斯全集》第3卷，人民出版社，1960，第515页。
⑤ 《马克思恩格斯全集》第4卷，人民出版社，1958，第12页。
⑥ 《马克思恩格斯文集》第2卷，人民出版社，2009，第47页。
⑦ 《马克思恩格斯文集》第3卷，人民出版社，2009，第158页。

社会劳动力来使用"①，劳动过程由劳动者共同掌握，劳动产品也真正归每个劳动者所有，劳动真正成为自我创造和自我实现相统一的活动。

（二）劳动教育是实现劳动解放的重要手段

劳动教育就是实现教育和生产劳动结合。马克思指出，"工厂制度中萌发出了未来教育的幼芽，未来教育对所有已满一定年龄的儿童来说，就是生产劳动同智育和体育相结合，它不仅是提高社会生产的一种方法，而且是造就全面发展的人的唯一方法"②。一方面，生产劳动离不开教育。人并非生来就会劳动，需要接受劳动技能培训，在吸收前人劳动经验的基础上开展进一步的劳动活动。教育为劳动者提供了规范，推动了人的社会化，提升了人改造自然的能力，是人实现自我提升和自我创造的重要方式。另一方面，教育须以服务劳动人民为目标。在剥削社会，统治阶级通过教育奴化劳动人民，使劳动者沉溺于统治阶级构建的话语体系和行为规范之中。统治阶级所宣扬的是"君权神授""劳心者治人，劳力者治于人"等思想，使劳动阶级"由于教育、传统、习惯而承认这种生产方式的要求是理所当然的自然规律"③。

劳动技能培训不等同于劳动教育，劳动教育实质上要求培育真正属于劳动阶级的意识形态。资产阶级为了提高劳动效率也对劳动者进行教育。资产阶级开展的所谓劳动教育不过是使劳动者服从于资产阶级所规定的任务、保护自己的工作能力免于过早损耗等。并且，"各个劳动力，需要极不相同的教育程度，从而具有极不相同的价值"④。因此，资本主义依据生产需要决定工人受教育程度，依据受教育程度将劳动者划分为不同等级，与此相适应的是工资的等级制度，其引发工人阶级之间的竞争与分化。马克思所提出的劳动教育则是要将教育和生产紧密融合，培育劳动最光荣、劳动最崇高、劳动最伟大、劳动最美丽的社会新风尚，使劳动者具备满足自身生存发展需要的劳动能力，形成良好的劳动习惯，培养勤俭奋斗的劳动精神等。可见，劳动

---

① 《马克思恩格斯文集》第 5 卷，人民出版社，2009，第 96 页。
② 《马克思恩格斯文集》第 5 卷，人民出版社，2009，第 556~557 页。
③ 《马克思恩格斯文集》第 5 卷，人民出版社，2009，第 846 页。
④ 《马克思恩格斯文集》第 5 卷，人民出版社，2009，第 405 页。

教育塑造和传播了属于劳动阶级的意识形态。

只有通过劳动教育，劳动者才能够全面地掌握生产系统，根据自己的兴趣爱好选择劳动部门，从而摆脱现代分工带来的片面性。只有通过劳动教育，劳动者才能对人与自然、人与社会、人与自身的关系和规律有全面的理解，才能认识到资本的本质并为了争取自己的利益而斗争，才能在掌握规律的基础上提升自身的主体地位，实现自由全面的发展。马克思十分重视教育，"共产党一分钟也不忽略教育工人尽可能明确地意识到资产阶级和无产阶级的敌对的对立"①。在国际工人协会第一次代表大会上，马克思曾向工人阶级明确指出，无产阶级的未来，也即人类的未来，"完全取决于正在成长的工人一代的教育"②。

（三）自由时间是劳动解放的必要条件

马克思从生存论意义上阐述了"时间实际上是人的积极存在，它不仅是人的生命的尺度，而且是人的发展的空间"③。人的时间被划分为"劳动时间"和"自由时间"两个部分。劳动时间是人类生存与发展不可或缺的时间，自由时间是实现人的自由活动和全面发展的必要条件。缩减人的劳动时间意味着增加人的自由时间，"给所有的人腾出了时间和创造了手段，个人会在艺术、科学等等方面得到发展"④，这将"有利于解放了的劳动，也是使劳动获得解放的条件"⑤。

从某种意义上来讲，剥削阶级对劳动阶级进行了"时间的统治"。在阶级对抗的社会，"不劳动的社会部分的自由时间是以剩余劳动或过度劳动为基础的；一方的自由发展是以工人必须把他们的全部时间，从而他们发展的空间完全用于生产一定的使用价值为基础的"，"迄今为止的一切文明和社会发展都是以这种对抗为基础的"。⑥ 由于劳动阶级失去了生产资料，他们不得

---

① 《马克思恩格斯文集》第2卷，人民出版社，2009，第66页。
② 《马克思恩格斯全集》第16卷，人民出版社，1964，第217页。
③ 《马克思恩格斯全集》第37卷，人民出版社，2019，第161页。
④ 《马克思恩格斯文集》第8卷，人民出版社，2009，第197页。
⑤ 《马克思恩格斯文集》第8卷，人民出版社，2009，第192页。
⑥ 《马克思恩格斯全集》第32卷，人民出版社，1998，第214页。

不将大部分时间用于生产劳动产品，用于为他人生产自由时间。剥削阶级所谓的"人的发展"，尤其是资本主义社会所倡导的"自由""平等"，无疑是以牺牲劳动者的自由时间为前提的，只是统治阶级而非劳动者的发展。马克思以自由时间为尺度，对资本主义社会进行了彻底的批判，指出"一个人如果没有自己处置的自由时间，一生中除睡眠饮食等纯生理上必需的间断以外，都是替资本家服务，那么，他就还不如一头役畜"，"如果不对资本加以限制，它就会不顾一切和毫不留情地把整个工人阶级投入这种极端退化的境地"。① 马克思充分认识到，剥削阶级依靠占有劳动阶级的自由时间和剩余劳动生存，劳动者要想真正占有自己创造的自由时间，不能寄希望于社会改良，而必须进行社会革命。

增加自由时间对于劳动解放至关重要，追求自由时间推动着人类社会从低级阶段向高级阶段发展。整个人类的发展"无非是对这种自由时间的运用，并且整个人类发展的前提就是把这种自由时间的运用作为必要的基础"②。自由时间随着生产力的发展而增加。从原始社会、奴隶社会、封建社会到资本主义社会，人类的劳动能力不断增强，所获得的自由时间日益增多，尤其是资本主义社会的机器大工业极大地增加了自由时间。"提高劳动生产力和最大限度否定必要劳动"是资本的必然趋势③。因此，资本主义雇佣劳动已孕育着质变的可能性，即推动雇佣劳动转化为自由劳动。

占有自由时间和合理分配时间是实现劳动者解放的手段。"现今财富的基础是盗窃他人的劳动时间"④。在未来社会里，作为生产和财富基础的不是劳动时间而是自由时间，"群众的剩余劳动不再是一般财富发展的条件"，于是，"以交换价值为基础的生产便会崩溃，直接的物质生产过程本身也就摆脱了贫困和对立的形式。个性得到自由发展"⑤。马克思提出，未来社会所应

① 《马克思恩格斯文集》第 3 卷，人民出版社，2009，第 70 页。
② 《马克思恩格斯全集》第 47 卷，人民出版社，1979，第 216 页。
③ 《马克思恩格斯全集》第 31 卷，人民出版社，1998，第 92 页。
④ 《马克思恩格斯文集》第 8 卷，人民出版社，2009，第 196 页。
⑤ 《马克思恩格斯全集》第 31 卷，人民出版社，1998，第 101 页。

遵循的"时间节约规律",即"如果共同生产已成为前提,时间的规定当然仍有重要意义。社会为生产小麦、牲畜等等所需要的时间越少,它所赢得的从事其他生产,物质的或精神的生产的时间就越多。正像在单个人的场合一样,社会发展、社会享用和社会活动的全面性,都取决于时间的节省。一切节约归根到底都归结为时间的节约。正像单个人必须正确地分配自己的时间,才能以适当的比例获得知识或满足对他的活动所提出的各种要求一样,社会必须合乎目的地分配自己的时间,才能实现符合社会全部需要的生产。因此,时间的节约,以及劳动时间在不同的生产部门之间有计划的分配,在共同生产的基础上仍然是首要的经济规律。这甚至在更加高得多的程度上成为规律"。①

（四）劳动解放是人类社会从"必然王国"向"自由王国"的持续飞跃

劳动解放就是将人和人的劳动从自然界的奴役状态和不平等的社会关系中解放出来。马克思研究了资本主义再生产过程后,对整个人类社会历史作出整体勾勒,提出了"必然王国"与"自由王国"的论断,阐述了劳动解放是人类社会从"必然王国"向"自由王国"的持续飞跃。

"必然王国"是指人们尚未真正认识客观规律,处于被盲目的必然性支配的领域。在这一领域,劳动还没有成为人的第一需要,只是谋生的手段。"这个领域内的自由只能是:社会化的人,联合起来的生产者,将合理地调节他们和自然之间的物质变换,把它置于他们的共同控制之下,而不让它作为一种盲目的力量来统治自己;靠消耗最小的力量,在最无愧于和最适合于他们的人类本性的条件下来进行这种物质变换。"②

"自由王国"是指人在认识和把握客观规律后,摆脱自然界和社会领域盲目力量的支配,能够自觉创造历史的领域。在此领域中,劳动成为人的自由自觉的活动。"自由王国"是劳动解放的目标,"自由王国只是在必要性和外在目的规定要做的劳动终止的地方才开始"③。在"自由王国","联合

---

① 《马克思恩格斯文集》第 8 卷,人民出版社,2009,第 67 页。
② 《马克思恩格斯文集》第 7 卷,人民出版社,2009,第 928~929 页。
③ 《马克思恩格斯文集》第 7 卷,人民出版社,2009,第 928 页。

起来的生产者"把人和自然之间的物质变换"置于他们的共同控制之下",使"作为目的本身的人类能力的发挥"成为可能。① 高度发达的生产力是通向"自由王国"的前提。"在这个必然王国的彼岸,作为目的本身的人类能力的发挥,真正的自由王国,就开始了。但是,这个自由王国只有建立在必然王国的基础上,才能繁荣起来。工作日的缩短是根本条件。"②

在"自由王国"中,人们并不是不进行劳动,而是要进行自由自觉的劳动,人只有在劳动中才能真正实现自由。马克思批判了将劳动等同于"诅咒"、把不劳动等同于自由的观点。"'你必须汗流满面地劳动!'这是耶和华对亚当的诅咒。而亚当·斯密正是把劳动看做诅咒。在他看来,'安逸'是适当的状态,是与'自由'和'幸福'等同的东西。一个人'在通常的健康、体力、精神、技能、技巧的状况下',也有从事一份正常的劳动和停止安逸的需要,这在斯密看来是完全不能理解的。诚然,劳动尺度本身在这里是由外面提供的,是由必须达到的目的和为达到这个目的而必须由劳动来克服的那些障碍所提供的。但是克服这种障碍本身,就是自由的实现,而且进一步说,外在目的失掉了单纯外在自然必然性的外观,被看做个人自己提出的目的,因而被看做自我实现,主体的对象化,也就是实在的自由——而这种自由见之于活动恰恰就是劳动——,这些也是亚当·斯密料想不到的。"③

人类社会的发展过程,就是不断解决自由与必然矛盾的过程,是不断实现劳动解放的过程。如毛泽东所说,"人类的历史,就是一个不断地从必然王国向自由王国发展的历史。这个历史永远不会完结。在有阶级存在的社会内,阶级斗争不会完结。在无阶级存在的社会内,新与旧、正确与错误之间的斗争永远不会完结。"④ 可见,劳动解放的课题不仅存在于资本主义社会,而且贯穿人类整个发展历程。从"必然王国"向"自由王国"飞跃的过程,就是不断超越劳动的强制性和异化形式。马克思致力于探索使每个个体摆脱

① 《马克思恩格斯文集》第7卷,人民出版社,2009,第928、929页。
② 《马克思恩格斯文集》第7卷,人民出版社,2009,第929页。
③ 《马克思恩格斯文集》第8卷,人民出版社,2009,第173~174页。
④ 《毛泽东文集》第8卷,人民出版社,1999,第325页。

一切奴役的制度，在革命斗争实践中构建"自由王国"理论体系。在马克思看来，"真正的历史"是指资本主义后的"更高级的、以每一个个人的全面而自由的发展为基本原则的社会形式"①。"必然王国"向"自由王国"的飞跃，就是劳动者不断突破限制，实现自由全面发展，体现出劳动解放的现实性与超越性的特点。

二 从物质生产维度看劳动解放

劳动塑造着人类社会的生产生活方式，人类历史就是一部劳动解放史。劳动解放问题既在物质生产领域产生，又必须在物质生产领域得到解决。"生产力和社会关系——这二者是社会个人的发展的不同方面"②，马克思阐述的实现劳动解放的两个基本条件实质上体现了生产力和生产关系两个维度。在生产力层面，劳动解放要求提高劳动者改造自然的能力，使自然规律为人的发展服务；在生产关系层面，劳动解放要求消灭私有制、消除垄断组织对劳动者的束缚和奴役，建立由劳动者主导的分配机制；劳动解放不仅是实现经济关系和生产过程的解放，更是具有总体性的社会变革。另外，分工和交往的发展推动着劳动解放日益成为世界性的事业。

（一）劳动解放要求生产过程真正成为人的发展过程

马克思阐述了人与自然之间的内在张力，指明了劳动解放的方向和边界。一方面，劳动解放要求不断提升主体改造客观世界的能力，将人从自然界的束缚中解放出来。"自然界起初是作为一种完全异己的、有无限威力的和不可制服的力量与人们对立的"，"人们就像牲畜一样慑服于自然界"。③人通过劳动使自然界朝着有利于人的方向发展，在这个过程中人的素质技能得到提升，人的主体性持续增强。另一方面，劳动解放不是对自然随心所欲的占有和改造，自然规律和法则规定着劳动解放的边界。"人化的自然界"本质上仍是自然界的一部分，仍然要遵循自然界运动的规律，否则就必然会

---

① 《马克思恩格斯全集》第 42 卷，人民出版社，2016，第 606 页。
② 《马克思恩格斯全集》第 31 卷，人民出版社，1998，第 101 页。
③ 《马克思恩格斯文集》第 1 卷，人民出版社，2009，第 534 页。

遭到自然界的报复。因此，劳动解放要求"合理地调节他们和自然之间的物质变换"①，实现人类与自然的和谐相处。

劳动生产对于劳动解放至关重要，生产力的发展是实现劳动解放的基础。马克思指出，生产力既是人类应用自己能力的过程，又是人类社会的基础。只有不断提高人改造自然的能力，才能充分满足人的需要，消灭阶级压迫和剥削。"只要生产的规模还没有达到不仅可以满足所有人的需要……就总会有支配社会生产力的统治阶级和贫穷的被压迫阶级"②。若离开生产力的充分发展，"就只会有贫穷、极端贫困的普遍化；而在极端贫困的情况下，必须重新开始争取必需品的斗争，全部陈腐污浊的东西又要死灰复燃"③。生产力的发展、社会发展和人的发展是统一的，"人们的社会历史始终只是他们的个体发展的历史"④。

科学技术既是人类劳动能力的体现，又是推动生产力发展的力量。科学技术在劳动解放中的作用主要表现为科学技术对劳动工具、劳动对象和生产管理等产生影响。科学技术带来的新生产力改变了谋生方式，"手推磨产生的是封建主的社会，蒸汽磨产生的是工业资本家的社会"⑤。劳动者只有学习先进的科学技术才能操控这些劳动资料。故而，始终是劳动阶级而非统治阶级掌握着最先进的科学技术，代表着最先进的生产力。需要明确，这里所说的劳动者不仅包括体力劳动者，而且包括科学家等脑力劳动者。机器大工业为人的全面发展提供了条件，缩短了必要劳动时间，在一定程度上减轻了劳动者的负担，将劳动者从一些艰苦、肮脏和危险的劳动中解放出来，能够最大限度地"否定"必要劳动和扩大"自由王国"领域。但在剥削制度下尤其是在资本主义制度下，机器的资本主义应用反而加剧了资本对劳动的统治，使劳动对资本从"形式上从属"深化为"实际上从属"，严重损害了工

---

① 《马克思恩格斯文集》第7卷，人民出版社，2009，第928页。
② 《马克思恩格斯文集》第1卷，人民出版社，2009，第684页。
③ 《马克思恩格斯文集》第1卷，人民出版社，2009，第538页。
④ 《马克思恩格斯文集》第10卷，人民出版社，2009，第43页。
⑤ 《马克思恩格斯文集》第1卷，人民出版社，2009，第602页。

人身心健康。另外，资本主义生产方式以自然界为原料，肆意破坏自然，影响了人与自然的物质变换持续进行。

劳动解放在人与人的关系层面表现为使劳动者创造出的产品真正为劳动者服务。生产力的迅速发展带来自由时间的增加，使得人们能够创造出超过个人需要的"剩余产品"。剩余产品的产生和增加是人类社会发展的前提条件，是扩大社会生产、推动社会进步的基础。只是在剥削社会，剩余劳动以各种形式被剥削阶级占有，成为压迫和奴役劳动者的物质力量，无偿占有劳动者的剩余劳动是阶级对抗的根源。但在社会主义和共产主义制度下，剩余产品转化为积累基金和社会消费基金，被用于扩大再生产和提高人的物质文化水平。劳动者为社会提供的剩余产品越多，劳动者的生活水平越有保障，越能够实现自身自由而全面的发展。

劳动解放在人与自然的关系层面表现为实现人与自然的和谐统一。人与自然的良性物质变换推动劳动解放事业顺利展开。人类不能肆无忌惮地去开发自然甚至破坏自然，因为在达到一定的限度之后，自然界总会反噬人类，而这种反噬不仅是难以抗拒的，也是难以把握和难以预知的。资本家把自然界降格为资本增殖的原材料产地和"垃圾场"，无限地追求剩余价值的过程中忽视了自然的有限性，从而引发生态危机。为保证劳动的持续进行，马克思提出，应从人与人之间的关系入手解决人与自然的关系问题，改变资本主义生产制度，实现人与自然、人与社会以及人与自身的"和解"。总之，自然界既为劳动解放提供了条件，又规定着劳动解放的"边界"，即劳动解放并不是随心所欲地改造自然，而是在尊重自然规律的基础上充分发挥自身潜能。

（二）劳动解放要求以公共逻辑超越私有逻辑

劳动解放要求以公共逻辑超越私有逻辑。人的劳动不是个人孤立的活动，"人的本质不是单个人所固有的抽象物，在其现实性上，它是一切社会关系的总和。"① 人在社会关系中进行劳动，也在劳动中创造各种关系，劳动解放要求在社会中创造的劳动产品和各种关系回归人本身，而私有制恰恰是

---

① 《马克思恩格斯文集》第 1 卷，人民出版社，2009，第 501 页。

割裂了人的特殊性和普遍性、个体性与社会性之间的统一。劳动解放始终要求代表社会全体成员的公共利益。即使在私有制社会中，新兴阶级在争取劳动解放时都首先宣称代表社会的公共利益，以公有的名义开展反抗统治阶级的斗争，"每一个企图取代旧统治阶级的新阶级，为了达到自己的目的不得不把自己的利益说成是社会全体成员的共同利益……赋予自己的思想以普遍性的形式，把它们描绘成唯一合乎理性的、有普遍意义的思想"①。但是由于新兴阶级并未改变私有制基础，劳动资料和劳动产品并未真正为劳动群众所占有。因此，新兴阶级在取得政权后，仍难以避免地落入剥削劳动群众的窠臼。

公有制和共同计划、共同监督等公共逻辑是对以资本逻辑为代表的剥削社会的私有逻辑的批判与超越。受生产者"共同监督"能够使劳动过程有计划地进行，这正是对资本主义生产盲目性的超越。若劳动过程不以满足劳动者的需要为目的，而是以生产剩余价值为目的，那么劳动者无法在生产中获得归属感，自然无法形成真正的生产活力。若劳动产品和社会关系不能成为劳动者发展自己的"手段"，那么生产和消费就不能实现均衡，劳动者日益贫困，进而出现生产过剩等危机。劳动解放是对这种无序状态引起的社会问题的解决。"按照共同的计划调节全国生产，从而控制全国生产，结束无时不在的无政府状态和周期性的动荡这样一些资本主义生产难以逃脱的劫难"②。

劳动解放所体现出的共同计划等公共逻辑能够推动"社会总劳动"的分配和社会再生产的顺利展开。"社会总劳动"是全社会各个劳动者为满足社会需要生产各种产品而耗费的个别劳动的总和。"这种按一定比例分配社会劳动的必要性，决不可能被社会生产的一定形式所取消，而可能改变的只是它的表现方式"③。这表明，按照一定比例有计划地分配"社会总劳动"是适用于一切社会的普遍规律，只是这个规律在不同社会的实现方式是不同的。在私有制社会，私人劳动和社会劳动二者之间存在矛盾。如在资本主义社会，"社会总劳动"由价值规律、剩余价值规律和资本竞争机制等来调节，

---

① 《马克思恩格斯文集》第 1 卷，人民出版社，2009，第 552 页。
② 《马克思恩格斯文集》第 3 卷，人民出版社，2009，第 159 页。
③ 《马克思恩格斯文集》第 10 卷，人民出版社，2009，第 289 页。

通过经济波动乃至经济危机这些形式强制实现分配，这就不可避免地造成社会资源的浪费和人民群众的灾难。马克思指出，在未来公有制社会里，"劳动时间的社会的有计划的分配，调节着各种劳动职能同各种需要的适当的比例"①，能够克服生产无政府状态所造成的种种弊病。

劳动解放要求彻底消灭私有制和私有逻辑，而非仅实现生产资料所有制的转移。"所有制是对他人劳动力的支配"，公有制代替私有制符合劳动社会化这一人类历史发展的总趋势。分工导致劳动者的个人劳动只构成社会整体劳动的一部分，因此个人难以判断自己的劳动产品是否真正满足社会需要并且能够使自己得到满足。"只要分工还不是出于自愿，那么人本身的活动对人来说就成为一种异己的、同他对立的力量。"②社会分工使脑力劳动和体力劳动这两种本属于一个人的劳动形式，依据人们在生产资料所有制中所处的地位而分别从属于不同的群体，并且脑力劳动者控制体力劳动者。社会分工带来的工农对立、城乡对立和脑体对立贯穿资本主义现代社会之中，加剧了现代社会分裂。社会分工将人限制在专业的生产领域之中，限制了人与人的社会交往，带来人的片面发展。消除私有制和社会分工成为劳动解放实践中的重要内容。劳动解放并不是要进行仅仅颠倒剥削者和被剥削者关系、将生产资料由剥削阶级手中转移到被剥削阶级手中的"沙漏式"革命，而是要彻底消灭私有制和私有逻辑。

（三）劳动解放是全方位的社会变革

劳动解放是涉及经济关系和上层建筑各领域的整体性事业。按照唯物史观基本原理，在劳动中不仅形成生产力和生产关系，而且形成包括国家、意识形态等要素的上层建筑，形成社会有机体。上层建筑诸范畴在劳动中发挥着重要作用。国家作为政治的上层建筑是统治阶级利益的体现，为生产提供了运行规则和法律政策。因此，获取政治权力是阶级斗争的基本任务，劳动解放首先就是要推翻代表剥削阶级的国家政权，建立劳动阶级的政权。另

---

① 《马克思恩格斯文集》第5卷，人民出版社，2009，第96页。
② 《马克思恩格斯文集》第1卷，人民出版社，2009，第537页。

外，争取意识形态的领导权对于劳动解放具有重要意义。资产阶级思想家为剥削存在的合理性著书立论，把资产阶级的特殊利益塑造成普遍利益，制造种种发财致富的神话。而如果劳动阶级"甘心接受资本家的愿望，接受资本家的命令，把它当做永久的经济规律，他就一定要受到奴隶所受的一切苦痛，而得不到奴隶所享有的生存保障"①。因此，破除对统治阶级意识形态的迷信，用符合劳动者利益和社会发展趋势的理论去唤醒群众、教育群众，使其明确自己的地位和革命力量，成为实现劳动解放的重要任务甚至是具有前提意义的任务。

社会变革是经济变革和政治变革的延伸。一般认为政治革命是社会革命的前提，但政治革命并不一定会带来社会革命，因为一旦政治革命成功，掌握了国家机器的革命者就有可能会异化为一个新的特权阶层，从而成为社会革命的阻碍。因此，在进行政治革命的同时，必须进行经济革命和文化革命，只有这样社会革命才有可能成功，才能比较彻底地实现劳动解放。阶级社会的革命往往注重夺取政权，没有也不可能实现彻底的社会革命，而共产主义社会以劳动者为中心，通过彻底的社会革命消灭束缚劳动者发展的各种关系，使各种社会关系真正回归劳动者本身并为劳动者的发展服务。事实上，只有彻底的社会革命才是最符合劳动者利益的。

劳动解放要求开展实现人的解放的社会革命。社会革命的实质是革命阶级为改变旧的经济基础和上层建筑而用暴力手段推翻反动阶级的政治统治，用新的先进的社会制度代替旧的腐朽的落后的社会制度，推动人类社会发展。社会革命不仅是在政治上推翻统治阶级的国家机器，也不仅是在经济领域建立有助于劳动者进一步发展的生产关系，而且要进行全方位的综合革命。这就意味着，劳动解放并不是仅靠生产关系和政权形态的变革实现。对于现代劳动者来说，更重要的任务是如何在推翻资本统治后，建立起能够充分体现并保证劳动者对生产资料的所有权及由其派生的各种权利的制度，进而以相应的经济体制和经济结构、运行机制，保障劳动者健康发展。

---

① 《马克思恩格斯文集》第3卷，人民出版社，2009，第72页。

（四）劳动解放是世界性的事业

只要存在劳动活动就会有劳动解放事业的开展，因此劳动解放的世界性突出表现为地理空间上的世界性，即劳动是整个人类的共同活动，劳动解放是所有劳动者的共同目标。但是由于各个地区生产力水平和传统风俗等不同，不同国家的劳动解放任务亦存在差异，比如在马克思看来，英国、法国等发达国家面临的任务与亚非拉等地区落后国家的任务明显不同。但正因为各国、各地区的劳动解放事业在发展阶段、任务上存在差异，所以各国各地区的生产力、劳动形式或先进经验可以相互借鉴，必要时可实现"跨越式"发展。

分工和交往的发展推动着"历史"向"世界历史"转变，使各地区之间的内在关联日益增强，将原本世界各国各地区分散的劳动解放任务连接起来，使"世界范围"的劳动解放事业真正具有了世界性。"当每一民族的资产阶级还保持着它的特殊的民族利益的时候，大工业却创造了这样一个阶级，这个阶级在所有的民族中都具有同样的利益"①。马克思运用世界历史理论分析具体场域的劳动解放问题，将"东方社会"和西方资本主义社会的劳动解放问题结合起来考察，尤其是从资本统治的全球性分析殖民地半殖民地的劳动解放问题，并考察了这些地区的革命与欧美资本主义国家革命的共同关系等。

事实上，马克思始终坚持从普遍性和特殊性相结合的角度考察劳动解放问题。因此，在分析具体地区的劳动解放时不能只执一端。这意味着既不能忽视劳动解放的全球性，拒绝与其他国家或地区的协作；也不能仅强调劳动解放的全球性，僵化地采取同一个标准，忽视各个地区劳动问题和社会环境的独特性，不加分析地借鉴某个国家尤其是某个发达国家的劳动解放经验，而应立足本地区劳动问题的特殊性，关注世界劳动解放的共同任务与发展趋势，制定出既符合本地区实际又顺应历史发展趋势的劳动解放策略。

全球化的劳动解放事业的实现需要各地区协同完成，由此，马克思提出

---

① 《马克思恩格斯文集》第 1 卷，人民出版社，2009，第 567 页。

了共同胜利理论。尤其在现代社会,资本借助世界市场向全球范围扩张,"现代的工业劳动,现代的资本压迫,无论在英国或法国,无论在美国或德国,都是一样的"①,劳动解放成为"涉及存在现代社会的一切国家的社会问题"②。因此,各地区的劳动解放只有在取得反对资本主义制度的"共同胜利"后才有可能实现。而在推翻资本统治后,"同那个经济贫困和政治昏聩的旧社会相对立,正在诞生一个新社会,而这个新社会的国际原则将是和平,因为每一个民族都将有同一个统治者——劳动"③。

三 从社会形态维度看劳动解放

生产力和生产关系的矛盾运动推动着劳动形式的变革和社会形态的演进。阶级斗争既表达了劳动者追求解放的愿望,又为劳动解放事业提供了动力。劳动解放是对既有社会形态和社会状况的辩证否定而非彻底否定,即劳动解放是一项持续性的事业,要充分尊重社会运行规律,辩证地吸收既有状态的文明成果。在马克思看来,只有在共产主义社会中,劳动者才能真正实现自由和全面的发展,因此共产主义是劳动解放的基本方向。

(一) 社会革命是实现劳动解放的基本方式

社会革命是人们改造社会的根本性变革。"社会的物质生产力发展到一定阶段,便同它们一直在其中运动的现存生产关系或财产关系(这只是生产关系的法律用语)发生矛盾。于是这些关系便由生产力的发展形式变成生产力的桎梏。那时社会革命的时代就到来了。随着经济基础的变更,全部庞大的上层建筑也或慢或快地发生变革"④。生产力和生产关系的矛盾、经济基础和上层建筑的矛盾是人类社会的基本矛盾。因此,社会革命是实现劳动解放的基本方式。社会革命是对既有社会形态的辩证否定,体现了连续性和超越性的统一。马克思劳动解放论与无政府主义和空想社会主义的一个重要区别

---

① 《马克思恩格斯文集》第2卷,人民出版社,2009,第42页。
② 《马克思恩格斯文集》第3卷,人民出版社,2009,第226页。
③ 《马克思恩格斯文集》第3卷,人民出版社,2009,第117页。
④ 《马克思恩格斯文集》第2卷,人民出版社,2009,第591~592页。

在于，它并不是简单地推翻原有的社会关系和置换生产资料所有制，不是单纯地否定一切，而是尊重事物形成与发展的规律，将人的发展和劳动解放看作连续性的过程。

对于社会形态的连续性和超越性关系，马克思曾在人类社会发展的"三大社会形态"和"五大社会形态"中进行了探讨。"三大社会形态"以人的发展为尺度、以劳动解放程度为基础。"人的依赖关系（起初完全是自然发生的），是最初的社会形式，在这种形式下，人的生产能力只是在狭小的范围内和孤立的地点上发展着。以物的依赖性为基础的人的独立性，是第二大形式，在这种形式下，才形成普遍的社会物质变换、全面的关系、多方面的需要以及全面的能力的体系。建立在个人全面发展和他们共同的、社会的生产能力成为从属于他们的社会财富这一基础上的自由个性，是第三个阶段。第二个阶段为第三个阶段创造条件。因此，家长制的，古代的（以及封建的）状态随着商业、奢侈、货币、交换价值的发展而没落下去，现代社会则随着这些东西同步发展起来"①。"三大社会形态"理论既明确地提出社会形态向更高层次的演进，又详细地阐述了每个阶段为下一个阶段准备的条件以及应该抛弃的因素。从物质生产方式的演变过程来看，人类社会大致经历原始社会、奴隶社会、封建社会、资本主义社会和共产主义社会"五大社会形态"。"三大社会形态"和"五大社会形态"并不矛盾，恰恰体现了人的发展和物质生产发展的辩证统一，而生产力的发展本身又是人应用自身能力的结果。

从物质生产视角来看，原始社会到共产主义社会的演进是人类劳动生产力发展的体现；从人的视角来看，从原始人、奴隶、农奴再到工人，劳动者的素质技能水平和自由解放程度是逐步提高的，而在自由人联合体中，劳动者才能真正获得解放。但即使在未来社会，劳动解放事业也要持续进行。劳动解放和人的自由全面发展等均是动态的范畴，在每一阶段都有自己的标准，但是每一阶段的劳动解放都是对既有劳动状态的辩证超越。人类历史并

---

① 《马克思恩格斯文集》第8卷，人民出版社，2009，第52页。

不是断裂为不同阶段，而是一个具有连续性的长期过程。马克思将未来共产主义划分为共产主义第一阶段和高级阶段。这种划分方式恰恰体现了马克思认识到共产主义社会的劳动解放是长期性和阶段性的辩证统一，需要经过许多个具体的阶段才能实现。

（二）阶级斗争是阶级社会劳动解放的直接动力

阶级是一个经济范畴，是社会生产有了一定发展又存在生产不足这样的历史阶段存在的现象。阶级斗争的根源是物质利益的根本对立，当社会分裂出剥削阶级和被剥削阶级以后，剥削阶级总是利用他们所占有的生产资料和在生产体系中的统治地位，对被剥削阶级实行压榨和掠夺，同时实施政治上和思想上的控制，而被统治阶级为了自己的生存和摆脱受奴役的地位，就不得不进行反抗。并且，由于对劳动者的剥削是统治阶级得以存在的基础，因此劳动者不能寄希望于统治阶级主动去推动劳动阶级的解放。可见，阶级斗争反映了劳动者追求解放和全面发展的愿望，是劳动阶级实现解放的必要途径。

阶级斗争是推动阶级社会劳动解放事业的直接动力，能够释放出劳动解放的活力。在阶级社会里，生产力与生产关系、经济基础与上层建筑的矛盾发展到一定程度时，必然会通过阶级斗争表现出来。阶级是具有经济基础的社会集团，因而阶级斗争能够直接影响社会发展进程。在社会相对稳定时期，被统治阶级的不断反抗迫使统治阶级做出某些调整，从而有利于生产力的发展。在社会变革时期，代表新生产力要求的阶级通过革命推翻旧政权，实现生产关系的变革，促进生产力的发展和推动社会进步。人类历史就是一部劳动解放史，就是一部阶级斗争史。

阶级斗争具有历史性。由于劳动主体和劳动形式不同，各个历史时期的阶级斗争呈现不同的特点和形式。在人类的阶级斗争史上，有奴隶反抗奴隶主的斗争、农民反抗地主的斗争、无产阶级反抗资产阶级的斗争等，这些斗争均反映了各个时期劳动者的不同诉求和不同任务，各有自己的形式和特点。无产阶级反对资产阶级的斗争是最伟大最彻底的阶级斗争。它要消灭一切剥削阶级，建立无产阶级专政，实现劳动阶级当家作主，最后进入无阶级的共产主义社会。在马克思看来，"（1）阶级的存在仅仅同生产发展的一定历史阶段相联系；（2）阶级斗争必然导致无产阶级专政；（3）这个专政不过是达到消灭一切阶级和进入无阶级社会的过渡"①。这些基本规律为劳动解放事业指明了发展方向。

马克思以阶级斗争为分析工具，阐述了资本主义社会的产生、发展和必然灭亡的历史命运，分析了资本主义生产关系由代表劳动解放的方向到成为劳动解放的阻碍的历史过程。由于社会生产力发展和生产资料积聚，资本主义社会化大生产必然会代替以手工业为主的小生产，资本主义私有制必然会代替分散的个人所有制。这在阶级关系上表现为资产阶级对封建阶级和劳动阶级的剥夺，资本主义生产关系的产生促进了社会生产力的发展。此后，由于机器大工业和资本集中，劳动进一步社会化，生产资料转化为社会共同使用的即公共的生产资料，决定了大资本必然代替小资本，少数大资本家剥夺多数中小资本家，无产阶级的队伍越来越大，这是生产关系在资本主义范围内部的局部调整，但也潜藏着生产关系无法容纳社会化生产的危机。最后，由于世界市场的日益发展，资本统治具有国际性质，"生产资料的集中和劳动的社会化，达到了同它们的资本主义外壳不能相容的地步"②，这决定了资本主义私有制必然为社会主义公有制所代替。这时，无产者剥夺资产者，人民群众剥夺少数剥夺者即资本家。可见，阶级斗争推动生产力和生产关系矛盾的解决，引发所有制关系和劳动方式的变革，持续推动着劳动解放事业前进。

（三）共产主义社会是劳动解放的基本趋向

在马克思看来，只有共产主义社会才能真正实现劳动解放。因为共产主义不仅以实现人的自由全面发展为目标，而且符合马克思所指出的劳动解放的基本条件，即既能运用自然界的规律为劳动者服务，充分满足劳动的多重需要，又实现了对劳动资料的共同占有和对生产过程的共同监督，保障劳动过程真正成为人的发展过程。

---

① 《马克思恩格斯文集》第10卷，人民出版社，2009，第106页。
② 《马克思恩格斯文集》第5卷，人民出版社，2009，第874页。

共产主义是对资本主义的积极扬弃。在马克思看来，资本主义等剥削社会的劳动解放困境在于它们以占有劳动者的产品为存在基础，劳动者创造产品的过程与自身的发展是相悖的。而只有在共产主义社会中，劳动者的劳动过程和自身的解放过程才是一致的。马克思指出，无产阶级要做的事就是"改变这种有组织的劳动和这些集中的劳动资料目前所具有的资本主义性质，把它们从阶级统治和阶级剥削的手段变为自由的联合劳动的形式和社会的生产资料"①，这构成无产阶级劳动解放的基本内涵。劳动解放是逐步破除异化劳动进而向人的自由自觉活动的复归，其目标就是实现共产主义，因为共产主义是"人的自我异化的扬弃"，是"通过人并且为了人而对人的本质的真正占有"②。在这个意义上，马克思恩格斯强调必须在无产阶级政党的领导下进行社会主义和共产主义革命。"我们的目的是要建立社会主义制度，这种制度将给所有的人提供健康而有益的工作，给所有的人提供充裕的物质生活和闲暇时间，给所有的人提供真正的充分的自由。"③

马克思设想了共产主义社会劳动解放的特征。与对资本主义社会劳动解放问题的系统研究相比，马克思初步而又审慎地设想了社会主义和共产主义社会劳动解放的制度安排和状态特征。马克思认为，"劳动阶级在发展进程中将创造一个消除阶级和阶级对抗的联合体来代替旧的市民社会；从此再不会有原来意义的政权了"④。马克思把人的自由全面发展作为新社会的基本原则，并肯定了巴黎公社对于探索新社会组织形式的意义。在生产生活方式上，他指出，"社会化的人，联合起来的生产者，将合理地调节他们和自然之间的物质变换，把它置于他们的共同控制之下，而不让它作为一种盲目的力量来统治自己"⑤。在这一进程中，劳动解放持续推进，人类生活更加美好，逐步进入一个各尽所能、按需分配的共产主义社会，实现从"必然王

---

① 《马克思恩格斯文集》第 3 卷，人民出版社，2009，第 202 页。
② 《马克思恩格斯文集》第 1 卷，人民出版社，2009，第 185 页。
③ 《马克思恩格斯全集》第 28 卷，人民出版社，2018，第 652 页。
④ 《马克思恩格斯文集》第 1 卷，人民出版社，2009，第 655 页。
⑤ 《马克思恩格斯文集》第 7 卷，人民出版社，2009，第 928 页。

国"向"自由王国"的飞跃。

在共产主义社会，"劳动的政治经济学"战胜了"财产的政治经济学"①，劳动逻辑取代资本逻辑成为社会主导逻辑。资本逻辑是把资本当作社会的主体和目的，而把人当作资本增殖的客体和手段，劳动逻辑则是将劳动者作为社会主体，以劳动解放为尺度去构建社会关系。在马克思看来，劳动工具不应当被垄断起来作为统治和掠夺工人的工具，雇佣劳动"也像奴隶劳动和农奴劳动一样，只是一种暂时的和低级的形式，它注定要让位于带着兴奋愉快心情自愿进行的联合劳动。"② 共产主义社会是劳动者占统治地位的社会，"同那个经济贫困和政治昏聩的旧社会相对立，正在诞生一个新社会，而这个新社会的国际原则将是和平，因为每一个民族都将有同一个统治者——劳动"③。在那里，整个社会"围绕着劳动这个太阳旋转"④。马克思将劳动比喻为"太阳"，体现出劳动对整个社会发展的本源性作用，如同太阳为地球等天体提供公转的方向和轨道一样，劳动也为整个社会的运行提供了能量。

第三节 劳动解放的理论地位

劳动是"适用于一切社会形式的关系的最简单的抽象"⑤。马克思从劳动出发考察整个社会和历史，在劳动发展史中找到理解全部社会史的密钥。劳动解放在马克思主义理论体系中居于基础地位，这种基础地位表现为劳动范畴是马克思主义理论体系的逻辑内核、劳动解放较之于社会解放更具有基础意义、实现劳动解放是社会变革的实践特征等。"任何解放都是使人的世界即各种关系回归于人自身"⑥，而人的世界和人自身归根结底是在劳动中产

---

① 《马克思恩格斯文集》第3卷，人民出版社，2009，第12页。
② 《马克思恩格斯文集》第3卷，人民出版社，2009，第12~13页。
③ 《马克思恩格斯文集》第3卷，人民出版社，2009，第117页。
④ 《马克思恩格斯全集》第18卷，人民出版社，1964，第627页。
⑤ 《马克思恩格斯文集》第8卷，人民出版社，2009，第29页。
⑥ 《马克思恩格斯文集》第1卷，人民出版社，2009，第46页。

生的。脱离对劳动解放的关注，离开生产领域的变革，政治解放、民族解放等都将沦为空谈。而阶级斗争、资本批判和上层建筑各范畴的变革只有结合劳动解放这个导向，才能始终保障劳动者的利益。

一　劳动范畴与马克思主义的整体性特质

马克思从劳动出发理解人类社会，阐述了劳动与社会有机体以及社会形态演变之间的关系。劳动范畴不仅伴随着马克思主义的创建而不断科学化、革命化，成为马克思探索无产阶级解放道路、构建新型世界观的理论生长点；而且在整个马克思主义理论体系中发挥着枢纽作用，成为铸就马克思主义逻辑整体的"脚手架"。劳动范畴既勾连着马克思主义的各个理论模块，能够加强各个原理、范畴的有机联系，又具有从简单到复杂、从抽象到具体的逻辑结构，象征着马克思主义的潜在丰富性。因而，把握劳动范畴的理论图景并辨析劳动理论与马克思主义逻辑整体的对应关系，有助于理解和呈现马克思主义的整体性品质。依此逻辑类推，由于马克思主义是实现人和人类解放的理论，劳动解放对于理解马克思主义整体性特质也具有重要意义。

劳动对象化是主客体矛盾的最简单规定，其内在的"否定之否定"辩证法推动着劳动不断展开自身。劳动对象化唯物辩证地揭示了劳动的本质：劳动是人和自然的物质变换，这个过程体现主客体的辩证统一。劳动对象化是人类生活的永恒的自然条件，任何社会活动，无论多么高深玄奥，都不过是为满足人的生命需要而进行的人与自然之间物质变换过程的发展而已。在这一点上，片面夸大劳动主体的作用甚至相信精神或意志、观念的决定作用便会忽视劳动对象（客观世界）的先在性，如黑格尔认为，劳动是绝对精神的自我运动，整个世界不过是这种运动的结果；或者简单否定主体的能动作用，将劳动客体的客观性想象为对劳动主体具有无穷的支配性，如费尔巴哈抹杀主体的能动作用，错失开启崭新世界的钥匙。正是在这个意义上，马克思揭示和呈现了劳动作为物质活动的辩证属性，并将劳动理解为主客体之间的对立统一过程，因而科学地揭示意识和物质的辩证关系。可见，劳动对象化理论是马克思超越唯心主义和旧唯物主义的关键，也是创立新唯物主义的科学基石。

劳动的对象化过程是马克思观察社会整体的视角。马克思恩格斯基于劳动的对象化过程发现了人类社会生成、运作的规律。劳动主体运用自身力量改造客观世界，并将这种力量固定在某个对象中，这一对象化过程成为社会产生和发展的动力之源。劳动对象化的发展，不仅意味着人类改造自然的能力不断增强，而且不断产生并更新人与自然的关系以及人与人的关系，不断呈现人类社会的一切矛盾。正是基于对人类社会的劳动对象化矛盾运动的理解，马克思主义有关社会革命的范畴、原理生成、发展起来，推动着社会有机体理论的形成和完善。这成为马克思恩格斯等无产阶级革命家观察社会、改造社会的整体视角。

劳动不仅是人类社会发展的基础，而且如同"干细胞"，包含着人类社会的一切矛盾。劳动对象化是人的有目的改造自然的物质活动，是主体改造客体的行为，彰显了人改造自然的能力即生产力；同时，现实的劳动过程是在不同主体之间的联合即在一定的生产关系中展开的。因此，生产一经产生，就立即表现为生产力和生产关系两个维度。随着生产范围的扩大，劳动分工逐渐形成。劳动者受分工的限制，通过满足对方需要而间接地满足自身需要，这使劳动真正具有了社会性。然而这也带来劳动的私人性和社会性的对立。并且，由于主体力量不同，对劳动产品和劳动资料的占有和分配也不同，私有制由此产生，劳动者与劳动产品分离，这就是劳动异化的过程。由于生产只有在相互交往中才能进行，因此，它不再受个人力量的支配，而是受个人之外的社会关系力量的支配。随着生产的发展，这种社会性力量愈加强大。生产社会化与生产资料私人占有的矛盾要求突破私有制束缚，实现劳动自由，这也是人类解放的最终途径。劳动对象化、劳动异化、自由劳动是劳动自身的否定之否定过程，"劳动"范畴的这一辩证运动完整地呈现马克思主义关于人类解放的全部世界观与方法论的内在逻辑。

分工导致私人利益和共同利益的对立，"正是由于特殊利益和共同利益之间的这种矛盾，共同利益才采取国家这种与实际的单个利益和全体利益相脱离的独立形式"①。国家、法律这些上层建筑作为社会意识的集中表现，正是生产力发展到一定阶段的产物。因此，生产力和生产关系之间的矛盾、经济基础和上层建筑之间的矛盾展示了人类社会的基本关系，包含着人类社会发展的其他一系列矛盾。如同细胞分裂，社会以劳动对象化为基础，以劳动分工为依托，按照从简单到复杂的辩证法，形成了逻辑严密的有机整体。可见，马克思将社会领域视为人类生产有用物品的领域，并由此衍生出以"生产方式"而著名的概念复合体以及与之相关的政治经济学批判。

劳动的主体—客体关系也是观察马克思主义历史总体性的视角。劳动对象化不仅展现了社会有机体的形成规律，而且通过不断更新人与自然的关系以及人与人的关系，引发劳动主客体之间的辩证运动。正是劳动对象化所引起的这种新陈代谢运动成为历史发展的内在动力。劳动发展史与社会发展史相一致，构成历史唯物主义的题中之义，成为理解人类活动史的总体视角。在人类社会的初期阶段，劳动以单纯的对象化形态存在，以共同劳动的形式发展起来，主体和客体天然统一。然而，劳动对象化是一个将主体力量对象化为客体的过程，其本身就潜伏着主体和客体对立的危险，蕴含着客体对主体的否定因素。随着生产力的发展，这种否定性因素逐渐突出，主客体之间的统一被自身运动打破，生产一旦冲破自身界限，劳动产品一旦出现剩余，交换就成为可能，"这就包含着随之而来的全部变革的萌芽"②。

劳动形态的转变与社会形态的转变、人的解放程度的变化具有一致性。原始社会的劳动形态对应的是物质资源不丰富的、以人的依赖性为基础的"公有制"社会；劳动的异化形态即主客体关系的倒置状态，对应的是以物的依赖性为特征的剥削社会；自由劳动形态即劳动主客体关系的复归，对应的则是未来的共产主义社会。与此同时，马克思指出人民是社会发展的主体，社会的发展与人的发展在本质上是一致的，"整个历史也无非是人类本性的不断改变而已"③。劳动对象化是对人的本质的确证，是实现解放的根本

---

① 《马克思恩格斯文集》第 1 卷，人民出版社，2009，第 536 页。
② 《马克思恩格斯全集》第 28 卷，人民出版社，2018，第 135 页。
③ 《马克思恩格斯文集》第 1 卷，人民出版社，2009，第 632 页。

保证。但是随着分工的产生，劳动对象化异变为异化，劳动反而成为限制人的自由的手段。因此，只有消除异化实现共产主义，才能实现真正的自由和人性的复归。可见，劳动展开过程与社会和人的发展过程是统一的，整个世界历史"不外是人通过人的劳动而诞生的过程"①。劳动主客体矛盾的发展，在这里既是逻辑的展开，又是理解历史发展的钥匙。就这样，以劳动对象化为基础，通过劳动主客体之间的矛盾运动，马克思揭示出人类社会发展的规律，并以范畴的逻辑形式呈现出来。

由上可见，劳动范畴的理论图景构成马克思主义逻辑整体性的基本映像。劳动的唯物辩证本质为马克思主义整体性提供了坚实基础，而劳动对象化理论、劳动主客体关系为我们科学地认识人类社会演进规律提供理论原型，劳动发展史是人类社会发展史的缩影。可以说，劳动主客体的辩证运动过程不仅构成社会有机体的形成机制，而且是揭示社会历史奥秘的钥匙。尤为重要的是，实现人的自由全面发展是马克思劳动思想的逻辑终点，也是马克思全部学说的最终目的。资本主义社会等剥削社会之所以无法实现人的自由发展，是因为它在劳动领域构建了不合理的主客体关系，导致劳动过程没有真正成为彰显和实现劳动者主体性的过程。社会整体的现实规定性必然通过马克思主义逻辑整体性展现出来，而劳动范畴成为铸就马克思主义逻辑整体的"脚手架"。劳动对于马克思主义整体性的构建表明劳动解放在整个社会解放和人类解放中具有基础意义。

二 劳动解放在解放谱系中的基础地位

追求"解放"是马克思的毕生目标。马克思指出，"任何解放都是使人的世界即各种关系回归于人自身"②。劳动创造了人和社会有机体，各种社会关系从根本上说是在劳动中产生。对每种统治形式而言，支配他人的劳动具有基础性意义，因此探究解放的命题应从劳动领域入手。以下分别阐

---

① 《马克思恩格斯文集》第 1 卷，人民出版社，2009，第 196 页。
② 《马克思恩格斯文集》第 1 卷，人民出版社，2009，第 46 页。

述劳动解放与人的解放、人类解放、社会解放、经济解放、政治解放、文化解放、无产阶级解放、妇女解放、民族解放等的关系。其中，马克思侧重于从人的类本质层面考察劳动解放与人的解放的内在一致性，明确人的解放本质上是劳动的解放；同时，马克思从现实的社会生产层面，分析了劳动解放与社会解放、经济解放、政治解放、文化解放等的逻辑关联，并且从劳动者的外延角度考察劳动解放与无产阶级解放、妇女解放和民族解放等的关系。

（一）劳动解放与人的解放、人类解放

劳动创造了人。劳动的本然意蕴是实现人的解放和发展。因此，劳动解放与人的解放具有一致性，人的解放本质上是劳动的解放。从主体角度来看，马克思将人的自由自觉的劳动—异化劳动—劳动复归的历史视为人—非人—人的复归的历史。人类解放虽然是一项涉及诸多领域的事业，但本质上是要"使人的世界回归人本身"，即向自由自觉的人的本质复归，而人的自由自觉的本质活动就是劳动。从发展阶段来看，人的解放和劳动解放也具有同步性，二者皆需要经历长期的发展过程。如在奴隶社会，解放奴隶就是要实现奴隶的劳动解放；同理，在资本主义社会，解放工人就是要将工人从雇佣劳动中解放出来；在共产主义社会，实现人的解放首要的任务仍然是实现劳动的解放。可以说，因为人在劳动中产生，劳动解放是人的解放的必要条件。并且，人的解放与劳动解放在历史上是一致的，均需经历漫长的历史过程。

需要明确的是，马克思始终从个体和类相统一的角度理解人，"人的解放"和"人类解放"这两个概念并不冲突。脱离"现实的个人"而考察抽象的无差别的所谓"类"解放（如费尔巴哈抽象的"人本主义"），或者仅重视具体的个人解放而不顾及整个人类的集体利益（如"青年黑格尔派"激进的精神解放思想和无政府主义思潮等），不仅在理论上具有片面性，而且在现实中行不通。因此，劳动解放既要求劳动者个体在劳动过程中获得解放和自由，又要求整个人类社会崇尚劳动，使每个人的劳动不仅成为发展个人的手段，而且为其他人的发展提供基础，因为"每个人的自由发展是一切人的自由发展的条件"①。

在阶级社会，根据对生产资料占有与否将整个社会人员划分为剥削阶级和劳动阶级，劳动解放通过阶级斗争来实现，劳动解放就是劳动阶级的解放，就是阶级解放。在阶级社会中，劳动解放和阶级解放的目标任务和路径策略等具有一致性。资本主义社会面临的劳动解放任务最为艰巨，但是它所展现出的巨大生产力和社会化的生产关系为实现最彻底的劳动解放准备了条件。无产阶级和资产阶级之间的阶级斗争是实现彻底的劳动解放的必经路径。但是，劳动解放的事业并不仅仅存在于阶级社会，即使在消灭阶级对立的共产主义社会，劳动实现了普遍化，人类仍然面临着创造更多劳动产品和使劳动过程处于共同监督之中的任务，从而在劳动解放中进一步实现自身解放。

（二）劳动解放与社会解放

劳动创造了人类社会，而劳动又在社会关系中进行，因此不能将劳动解放和社会解放割裂。在马克思看来，社会是"人们交互活动的产物"②，"生产关系总合起来就构成所谓社会关系，构成所谓社会"③。可以说，社会解放主要指社会关系尤其是生产关系的解放。它要求对社会关系进行改造，建立"一个集体的、以生产资料公有为基础"的社会④。

马克思指出，巴黎公社是"劳动解放的勇敢斗士"，是"终于发现的可以使劳动在经济上获得解放的政治形式"。⑤ 巴黎公社明确宣称，"'社会解放'是共和国的伟大目标，从而以公社的组织来保证这种社会改造。"⑥ 人类社会是在劳动中形成和发展起来的，因此社会解放要在劳动解放中真正实现；而以消灭不合理的社会关系为目标的社会解放又为劳动解放扫除障碍、创造条件。因此，马克思既称巴黎公社为"社会共和国"，又称其为"劳动

① 《马克思恩格斯文集》第 2 卷，人民出版社，2009，第 53 页。
② 《马克思恩格斯文集》第 10 卷，人民出版社，2009，第 42 页。
③ 《马克思恩格斯文集》第 1 卷，人民出版社，2009，第 724 页。
④ 《马克思恩格斯文集》第 3 卷，人民出版社，2009，第 433 页。
⑤ 《马克思恩格斯文集》第 3 卷，人民出版社，2009，第 162、158 页。
⑥ 《马克思恩格斯文集》第 3 卷，人民出版社，2009，第 205 页。

共和国"。

社会革命的目的就是要解除奴役劳动群众、阻碍劳动者的本质力量创造性发挥的社会关系。这不仅包括消除旧的阻碍劳动者发展的社会关系，而且要求构建出新的以劳动者的利益为中心，并有助于激发劳动者创造性的经济关系和社会关系，构建出适合劳动者发展的政治、经济和文化制度。因此，社会主义革命的目标不仅仅在于推翻资产阶级的政治统治和变革生产资料所有制，而且在于对资本主义社会关系的总体性超越，这是一场持久的革命。

（三）劳动解放与经济解放、政治解放和文化解放

劳动创造出社会有机体。政治结构、经济结构、文化结构是社会有机体的基本要素，故而劳动解放对于经济领域的解放、政治领域的解放和文化领域的解放而言，更具有基础意义。经济、政治、文化领域的解放必须要充分反映劳动者的利益和发展诉求；而由于在劳动中衍生出社会有机体，劳动解放成为具有整体性的事业，劳动解放需要结合这些领域的解放才能彻底实现。马克思曾指出，巴黎公社是"使劳动在经济上获得解放的政治形式"①。

（1）经济解放。社会的经济结构反映的是同生产力发展阶段相适应的生产关系特别是经济关系，体现为一定的社会经济制度。马克思认为，劳动阶级之所以一直被剥削阶级压迫、剥削，根源在于经济上不独立。因此，"工人阶级的经济解放是伟大的目标，一切政治运动都应该作为手段服从于这一目标"②。经济解放是指经济基础的变革，要求逐渐消除束缚生产力发展的生产关系。经济解放的目的在于使生产力真正为劳动者所掌握，真正使劳动过程成为人的发展过程。实现经济解放可以使生产力发挥最大的效用，而人将进一步获得多向度、多样态的发展，在物质生产活动中真正获得享受和发展。

（2）政治解放。在马克思的理论中，"政治解放"是一个专有名词，指称资产阶级解放。马克思在考察资产阶级革命与人类解放问题时谈及"政治

---

① 《马克思恩格斯文集》第3卷，人民出版社，2009，第158页。
② 《马克思恩格斯文集》第3卷，人民出版社，2009，第226页。

解放"概念。"政治解放"是指消灭宗教特权，使每个人都成为政治上平等的公民。而在现实的市民社会中，人与人之间的差异并未消失，市民社会"把他人看做工具，把自己也降为工具，并成为异己力量的玩物"①。在政治解放中真正得到利益的只是资产阶级，无产阶级等广大劳动人民以及被压迫民族还没有解放。政治解放只是意味着资产阶级从封建社会的劳动组织中解放出来，其发展趋势在于消灭私有制，建立更适合人类生存的共产主义劳动组织，实现真正的劳动解放。当然，批判"政治解放"这个概念并不意味着马克思不重视政治领域的解放问题。马克思将打碎资产阶级国家机器、建立无产阶级政权作为劳动解放的重要任务。只不过为了避免与"政治解放"概念混淆，马克思以指向更为明确的"夺取政权""政治斗争"等概念代替。

（3）文化解放。文化解放就是要求消除剥削阶级的意识形态对人的束缚和欺骗。在资本主义社会中，文化解放主要表现为人们从"拜物教"的迷雾中解放出来。文化解放是建立在政治解放和经济解放基础之上的解放，并与后两者的解放进程有密切的关联。经济基础决定上层建筑，经济解放必然带动整个社会面貌的整体变迁和发展，这为政治解放和文化解放等创造了独特的环境，而政治解放则在整体结构方面对社会产生制度性、强制性影响，也为文化解放提供了条件。当然，在政治解放、经济解放和文化解放的关系链中，三者不是单向度的关系，而是"互动式"的，文化解放也将促进经济和政治的进一步解放，并最终达到个性解放和人类解放的高度。文化具有阶级性，因此文化解放要求保障劳动阶级的利益，构建有助于劳动者发展的劳动关系。

（四）劳动解放与无产阶级解放、妇女解放和民族解放

这一组是从解放的具体实践主体维度进行比较。

（1）无产阶级解放。"无产阶级或无产者阶级就是 19 世纪的劳动阶级"②。无产阶级解放即无产阶级通过推翻资本主义统治、建立无产阶级专

---

① 《马克思恩格斯文集》第 1 卷，人民出版社，2009，第 30 页。
② 《马克思恩格斯全集》第 4 卷，人民出版社，1958，第 357 页。

政，消灭阶级，实现共产主义，使一切人从经济剥削、政治压迫和思想奴役中解放出来，在解放全人类中使自身获得根本解放。在资本主义社会，劳动阶级表现为不拥有生产资料、靠出卖劳动力而生存的雇佣群体，是与无产阶级具有同等意义的概念。无产阶级解放的目标是推翻资本主义对劳动者的奴役，使劳动者自由全面发展，即实现劳动解放。同时，科学技术越发达，劳动者的素质技能水平越得到提升，无产阶级的觉悟和组织程度就越高，推翻旧世界和创建新世界的决心和能力便越强。也就是说，劳动的不断解放为无产阶级的解放提供了物质前提。

（2）妇女解放。妇女遭受的压迫与解放程度和劳动的发展阶段有关。生产力低下时期，妇女在生产中发挥的作用较少，其社会地位和家庭地位也较低，沦为男性的附庸甚至是生存工具。资本主义生产方式确立后尤其是机器大工业发展起来以后，妇女也被迫加入资本生产的队伍，和男性从事同样的生产活动。这使得妇女不仅承受着来自男性的家庭内部的压迫即性别压迫，更是承受着资本主义生产关系的压迫，不仅要从事家务劳动，而且要从事剩余劳动；不仅要进行人口的再生产，而且要从事生产关系的再生产。因此，妇女解放和劳动解放是同向发展的，占据劳动群体"半边天"的妇女自然也是劳动解放的对象。马克思指出："没有妇女的酵素就不可能有伟大的社会变革。"① "使妇女不再处于单纯生产工具的地位"② 是无产阶级革命的任务。

（3）民族解放。民族解放是指近代以来殖民地半殖民地乃至一切被压迫民族反对异族压迫和统治，为争取民族独立和民族自由所进行的正义斗争和运动。马克思恩格斯十分关注落后国家的民族解放问题，在他们看来，"一个民族当它还在压迫其他民族的时候，是不可能获得自由的"③。马克思明确阐述了民族剥削和压迫的根源，"现存的所有制关系是一些国家剥削另一些国家的条件""无产阶级对资产阶级的胜利也就是对民族冲突和工业冲突的胜利，这些冲突在目前使各国互相敌视。因此，无产阶级对资产阶级的胜利

---

① 《马克思恩格斯文集》第 10 卷，人民出版社，2009，第 299 页。
② 《马克思恩格斯文集》第 2 卷，人民出版社，2009，第 49 页。
③ 《马克思恩格斯文集》第 1 卷，人民出版社，2009，第 696 页。

同时就是一切被压迫民族获得解放的信号"。① 因此,应"把民族问题和民主问题以及被压迫阶级的解放看作一回事"②。落后民族的独立和解放有赖于资本主义国家内部无产阶级反对资产阶级斗争的胜利,甚至这种斗争的胜利对落后民族的独立解放运动具有决定意义。可见,民族解放是劳动解放在空间领域的表现,民族解放只有在解决劳动和资本的矛盾的过程中即劳动解放运动中才能实现。

总之,社会解放、政治解放、无产阶级解放、民族解放、人类解放、劳动解放等概念在具体内涵和目标上有所不同,但这些概念并非泾渭分明、孤立存在,而是互相交织、彼此融合。由于劳动创造了人和人类社会,劳动的发展推动了人在自然和社会历史中不断解放,因此劳动解放在解放谱系中居于基础地位,为其他形式的解放提供了前进方向、组织力量和不竭动力。

三 劳动解放是社会变革的核心要求

马克思明确宣称"我们的共同事业即劳动解放的事业"③,他的毕生追求就是要通过社会变革为劳动者谋解放。劳动解放是社会变革的核心要求,马克思批判资本统治的理论,以及阶级斗争、群众史观、政党理论、社会形态更替、无产阶级专政等社会变革相关原理必须结合劳动解放这一目标才能被深刻理解,政治包括意识形态等领域的解放必须与劳动解放统一起来,才是科学的、进步的。在马克思看来,离开劳动领域的解放,一切形式的社会变革均会成为空谈,或者沦为另一种形式的剥削与奴役。

从劳动解放角度考察"阶级斗争"和"无产阶级专政"理论,可以避免将其庸俗化为杀戮等恐怖主义行为,而将其理解为劳动解放的手段和形式。"阶级的存在仅仅同生产发展的一定历史阶段相联系"④,阶级斗争是生产力和生产关系矛盾运动的反映。阶级斗争归根结底是围绕物质利益和劳动

---

① 《马克思恩格斯文集》第 1 卷,人民出版社,2009,第 694~695 页。
② 《马克思恩格斯全集》第 4 卷,人民出版社,1958,第 537 页。
③ 《马克思恩格斯文集》第 3 卷,人民出版社,2009,第 128 页。
④ 《马克思恩格斯文集》第 10 卷,人民出版社,2009,第 106 页。

产品展开的，是使生产力获得解放的手段。如果忽视决定着社会历史本质的劳动领域的解放，仅从政治形式上的斗争即国家政权的斗争（不管是以暴力还是以和平的方式）来理解"阶级斗争"，那么无产阶级的解放只会沦为新型的剥削形式。"阶级斗争必然导致无产阶级专政"，无产阶级专政是使劳动获得解放的政治形式。无产阶级专政并不是要从肉体上消灭资本家等剥削阶级，而是要消灭产生剥削和奴役人力量的权力。无产阶级夺取政权后的主要任务是"利用自己的政治统治……把一切生产工具集中在国家即组织成为统治阶级的无产阶级手里"[1]，最终消灭一切阶级。

从劳动解放角度考察生产资料所有制问题，可以避免对公有制和私有制的理解流于字面。生产资料所有制即劳动者与生产资料结合的方式。生产资料所有制是生产关系的核心，决定着劳动者的社会地位。"私有制作为社会的、集体的所有制的对立物，只是在劳动资料和劳动的外部条件属于私人的地方才存在"[2]。私有制强调产权和个人利益，它是社会生产力发展到一定阶段的产物，马克思批判私有制主要是因为它"以劳动者的被剥夺为前提"[3]，成为奴役劳动者的社会力量，并阻碍了生产力的持续发展；公有制注重平等占有和分配，公有制较之于私有制的优越性在于它代表着更有利于实现劳动解放的生产关系，但是若离开提升劳动者素质技能和主体性这些目标，公有制也会异变为压抑劳动解放的力量，甚至造成资本逻辑死灰复燃。马克思所要求的重建个人所有制恰是要在劳动者共同占有生产资料的基础上，实现个人发展与社会发展的统一。

对资本逻辑的批判必须与劳动解放结合起来才具有意义，否则就可能出现机械地消灭资本的现象。货币、资本等本质上均不是物品，而是一种社会关系，其本质是积累的物化劳动，资本在劳动发展过程中产生，也必然会在劳动发展中灭亡。在马克思看来，政治革命可以推翻资本主义政权，但难以一下子、彻底地消灭资本这种社会关系。政治革命为消灭资本提供了前提，

---

[1] 《马克思恩格斯文集》第2卷，人民出版社，2009，第52页。

[2] 《马克思恩格斯文集》第5卷，人民出版社，2009，第872页。

[3] 《马克思恩格斯文集》第5卷，人民出版社，2009，第887页。

但更重要的是通过发展生产力和"经济改造"，驾驭资本、超越资本，"利用资本本身来消灭资本"①。这也是无产阶级专政的重要任务。事实上，马克思论述了政治革命与劳动解放两项任务的一致性，"工人革命的第一步就是使无产阶级上升为统治阶级，争得民主……无产阶级将利用自己的政治统治，一步一步地夺取资产阶级的全部资本，把一切生产工具集中在国家即组织成为统治阶级的无产阶级手里，并且尽可能快地增加生产力的总量"②。只通过政治手段去消灭资本，完全抛弃资本在组织生产等方面的积极因素，难以实现劳动解放，也割裂了人类劳动解放事业的连续性。同样，脱离政治革命和阶级斗争去讲劳动解放也不过是一种空想。

上层建筑诸范畴的解放必须以劳动解放为基础，否则就可能沦为乌托邦。上层建筑包括国家、法律等政治的上层建筑和哲学、艺术等意识形态。"宗教、家庭、国家、法、道德、科学、艺术等等，都不过是生产的一些特殊的方式，并且受生产的普遍规律的支配。"③ 经济基础决定上层建筑，上层建筑诸领域的解放虽然扩展了解放的空间，但若离开生产领域的解放其也不可能实现，而且这些领域的解放最终指向实现劳动者的自由全面发展。比如，马克思提出，"任何真正的哲学都是自己时代的精神上的精华"④，哲学家"是自己的时代、自己的人民的产物"⑤，哲学的任务就是改造世界，哲学只有与无产阶级结合，成为无产阶级获得解放的武器才真正具有意义。文艺创造也应以劳动解放为目的。文艺是一定社会的经济政治的产物和反映，在人类社会实践中产生和发展，文艺的发展状况是衡量社会进步程度的重要尺度，同时文艺可以为经济和政治的发展提供精神动力。文艺具有阶级性，文艺创造应该反映劳动群众的需要。马克思把培养具有广泛需要和高度文明的人作为文艺发展的目标。

---

① 《马克思恩格斯文集》第 8 卷，人民出版社，2009，第 91 页。
② 《马克思恩格斯文集》第 2 卷，人民出版社，2009，第 52 页。
③ 《马克思恩格斯文集》第 1 卷，人民出版社，2009，第 186 页。
④ 《马克思恩格斯全集》第 1 卷，人民出版社，1995，第 220 页。
⑤ 《马克思恩格斯全集》第 1 卷，人民出版社，1995，第 219 页。

从劳动解放的视角考察国家的本质。马克思区分了真正的国家和资本主义国家的本质区别。真正的国家应该是人民意志和利益的代表，是协调人民生产生活的组织，而以资本主义国家为代表的剥削阶级国家始终是剥削劳动者的工具，或者说，对劳动者的剥削是这些国家的生存条件。无产阶级"将自己的葬身地变成了资产阶级共和国的诞生地"①，资产阶级共和国"公开承认的目的就是使资本的统治和对劳动的奴役永世长存"②，"资产阶级国家不过是资产阶级用来对付它的个别成员和被剥削阶级的相互保险的公司"③，国家政权成为"为进行社会奴役而组织起来的社会力量"④。马克思认识到国家既具有维持阶级统治的职能，又具有"执行由一切社会的性质产生的各种公共事务"⑤ 的职能。社会发展的基本趋势就是政治统治职能逐渐萎缩和社会职能逐步扩大。"政治国家以及政治权威将由于未来的社会革命而消失，这就是说，社会职能将失去其政治性质，而变为维护社会利益的简单的管理职能"⑥。因此，国家的消失与社会生产力直接关联，消除的只是国家的权力职能，而其公共管理职能仍需保留并需增强。

社会形态的更替只有结合劳动解放才真正具有意义。社会形态的变更本身即和劳动的矛盾运动相关。马克思指出，"在共产主义社会里，已经积累起来的劳动只是扩大、丰富和提高工人的生活的一种手段"⑦。新社会与资本主义社会的根本区别在于劳动者占支配地位。较之于资本主义社会，共产主义社会的优越性并不仅仅在于其生产力水平高于资本主义社会，还在于其更有助于实现劳动者的解放，更有助于劳动者素质技能的提高和全面发展。若以物质财富水平来划分，由于资本主义社会已经创造出巨大的生产力，因此，共产主义的优越性可能无法明确凸显，但是从劳动解放层面而言，共产

---

① 《马克思恩格斯文集》第 2 卷，人民出版社，2009，第 104 页。
② 《马克思恩格斯全集》第 10 卷，人民出版社，1998，第 156 页。
③ 《马克思恩格斯文集》第 10 卷，人民出版社，2009，第 350 页。
④ 《马克思恩格斯文集》第 3 卷，人民出版社，2009，第 152 页。
⑤ 《马克思恩格斯全集》第 25 卷，人民出版社，1974，第 432 页。
⑥ 《马克思恩格斯全集》第 18 卷，人民出版社，1964，第 344 页。
⑦ 《马克思恩格斯文集》第 2 卷，人民出版社，2009，第 46 页。

主义更适合劳动者的自由全面发展。这也表明共产主义社会不只是要创造比资本主义社会更高的生产力，更重要的是要激发劳动者的生产积极性和创造性，强固劳动者的主体性。

马克思公开承认自己是劳动阶级的代表，将"劳动"确立为与"资本"对立的"新权威"，以劳动为视角重新审思人类社会与历史，提出一系列新范畴和新论断。劳动解放论是马克思探讨劳动与人类社会理想生活问题的整体性论域。马克思阐述了劳动解放的丰富内涵，指出劳动解放不是简单地解除束缚，而是要使在劳动中创造的劳动产品和各种关系真正成为劳动者自我创造和自我提升的手段，要建立以劳动者为核心的制度体系。这为理解劳动解放与人的解放等的辩证关系、劳动解放与社会变革的内在关联等提供了考察思路，也为探讨资本主义的历史命运和破解资本主义劳动解放困境提供了理论启发。劳动解放不仅是实现生产资料所有制的变更，更是以实现人的发展为目标的全方位变革。马克思的劳动解放论虽发端于对资本主义社会的批判，但就其内容而言是对整个人类社会发展规律的揭示，是对人类理想社会状态和生存方式的探索。因此，它的指导范围并不仅限于资本主义社会阶段，对于理解人类社会各个历史阶段的劳动问题都具有指导意义。

第三章　马克思对欧美资本主义社会
劳动解放问题的研究

　　马克思的劳动解放论是具有强烈实践导向的科学理论。本章和第四章分别呈现以英国、法国、德国、美国等为代表的欧美资本主义社会和以俄国、中国、印度等为代表的"东方社会"两个场域的劳动解放问题，展现劳动解放论基本原理在具体环境中的运用。马克思以英法德美等资本主义国家为主要研究对象，说明资本主义国家陷入劳动解放困境，根源在于"资本是对劳动及其产品的支配权"。① 马克思对"劳动权"概念进行术语革命，"劳动权就是支配资本的权力，支配资本的权力就是占有生产资料，使生产资料受联合起来的工人阶级支配，也就是消灭雇佣劳动、资本及其相互间的关系"②。"劳动权"概括了"无产阶级各种革命要求"，是对资本主义社会劳动解放目标的总体性表达，也是指导社会主义革命和建设的基本原理。③ 马克思考察了劳动解放的实践主体和实现路径，说明劳动解放不仅要求打碎资产阶级国家机器，而且要通过无产阶级专政"解放劳动和改造社会"④，建立起充分保障劳动者自由全面发展的制度体系。

---

① 《马克思恩格斯文集》第 1 卷，人民出版社，2009，第 130 页。
② 《马克思恩格斯文集》第 2 卷，人民出版社，2009，第 113 页。
③ 《马克思恩格斯文集》第 4 卷，人民出版社，2009，第 535~536 页。
④ 《马克思恩格斯文集》第 3 卷，人民出版社，2009，第 207 页。

第一节　资本主义社会劳动解放的困境和任务

资本只有依靠剥削雇佣劳动才能生存，资本主义生产方式与人的发展相悖。"现代的工业劳动，现代的资本压迫，无论在英国或法国，无论在美国或德国，都是一样的"①。因此，"劳动的解放既不是一个地方的问题，也不是一个国家的问题，而是涉及存在现代社会的一切国家的社会问题"②。推翻资本主义制度，消灭资本对劳动的支配权，成为各资本主义国家劳动解放的普遍任务。但由于各国经济发展水平、制度、风俗传统等不同，各地区劳动解放的具体任务和路径策略不尽相同。各国劳动解放事业不仅休戚相关，而且"殊途同归"，既要加强国际合作，又要结合本国实际明确劳动解放的任务。

一　资本主义社会劳动解放问题的困境

马克思以欧美资本主义国家为主要分析对象，阐述了资本主义社会在劳动解放问题方面的困境。资本主义生产方式虽然在解放生产力中发挥了一定的积极作用，但是资本主义的发展是以牺牲劳动者的自由时间为前提的。另外，资本主义生产方式本身就是矛盾体，导致社会运行失序和全面社会危机。在马克思的研究视野中，资本家和工人均是社会关系的人格化。资本家奴役工人，"总的说来，这也并不取决于个别资本家的善意或恶意"③。可见，资本剥削劳动和劳动者的贫困是制度性问题。只有通过无产阶级革命推翻资本主义制度才能实现劳动解放。

资本的本性决定它不可能关注劳动者的利益。资本主义生产方式以牺牲劳动者的自由时间和占有劳动者的劳动产品为运行前提，"资本是死劳动，它像吸血鬼一样，只有吮吸活劳动才有生命，吮吸的活劳动越多，它的生命

---

① 《马克思恩格斯文集》第 2 卷，人民出版社，2009，第 42 页。
② 《马克思恩格斯文集》第 3 卷，人民出版社，2009，第 226 页。
③ 《马克思恩格斯文集》第 5 卷，人民出版社，2009，第 312 页。

就越旺盛"①。"资本主义生产对已经实现的、对象化在商品中的劳动，是异常节约的。相反地，它对人，对活劳动的浪费，却大大超过任何别的生产方式，它不仅浪费血和肉，而且也浪费神经和大脑。"② 为超越工人的身体限制，资本家采取换班制度，"要求白天被吸尽的劳动力和夜里被吸尽的劳动力换班工作"③。换班制度是以制度形式延续下去的资本的经营方法，夺去劳动者身体和精神上的一切自由活动。资本主义生产方式以追逐利润为绝对目的，"资本是根本不关心工人的健康和寿命的，除非社会迫使它去关心"④。在揭示资本的剥削本质时，马克思不失时机地插入英国、德国等地触目惊心的实例，控诉资本家的残酷、贪婪与虚伪。

在资本主义社会，劳动越来越抽象化，个人的独特性和自由发展是微不足道的，甚至是遭到抑制的。对于资本家而言，工人具体的劳动形式和劳动内容并不重要，重要的是能否创造剩余价值。能否创造剩余价值成为资本主义社会衡量人的生存意义的标准。"资产阶级抹去了一切向来受人尊崇和令人敬畏的职业的神圣光环。它把医生、律师、教士、诗人和学者变成了它出钱招雇的雇佣劳动者。"⑤ "它把人的尊严变成了交换价值，用一种没有良心的贸易自由代替了无数特许的和自力挣得的自由。"⑥ "各种劳动不再有什么差别，全都化为相同的人类劳动，抽象人类劳动。"⑦ 在资本主义社会，抽象劳动既是必要的也是可能的。从理论上来看，资本主义以普遍的交换为特征，抽象劳动标志着不同有用性质的商品之间的社会等同性，从而解决了交换中的比例确认等难题；从现实来看，私人的特殊劳动"只有在交换过程中扬弃了自己原有性质后才证明为一般社会劳动"⑧，才能得到社会的承认，劳

---

① 《马克思恩格斯文集》第 5 卷，人民出版社，2009，第 269 页。
② 《马克思恩格斯文集》第 7 卷，人民出版社，2009，第 103 页。
③ 《马克思恩格斯文集》第 5 卷，人民出版社，2009，第 297 页。
④ 《马克思恩格斯文集》第 5 卷，人民出版社，2009，第 311 页。
⑤ 《马克思恩格斯文集》第 3 卷，人民出版社，2009，第 363 页。
⑥ 《马克思恩格斯文集》第 5 卷，人民出版社，2009，第 34 页。
⑦ 《马克思恩格斯文集》第 5 卷，人民出版社，2009，第 51 页。
⑧ 《马克思恩格斯全集》第 31 卷，人民出版社，1998，第 438 页。

动者创造的产品和各种关系才有可能回归人本身，劳动者才有可能实现解放。这也是马克思关注抽象劳动的原因。正如马克思所言，"商品中包含的劳动的这种二重性，是首先由我批判地证明的。这一点是理解政治经济学的枢纽。"①

资产阶级的繁荣不能消除无产阶级的贫困，反而加剧了资本对劳动的剥削。"不论是机器的改进，科学在生产上的应用，交通工具的改良，新的殖民地的开辟，向外移民，扩大市场，自由贸易，或者是所有这一切加在一起，都不能消除劳动群众的贫困；在现代这种邪恶的基础上，劳动生产力的任何新的发展，都不可避免地要加深社会对比和加强社会对抗。"② 资本主义机器大工业导致劳动对资本的从属程度逐步加深，使劳动者的主体性丧失殆尽。马克思将劳动对资本的从属状态区分为"形式上从属"和"实际上从属"。资本主义经历了简单协作、工场手工业和机器大工业三个阶段。在前两个阶段中，工人集中在手工工场中，在资本家的直接监督下劳动。工人由于具有独特的劳动技能甚至拥有部分生产工具的所有权，从而在劳动过程中具有一定的独立性。因此，这一时期劳动只是形式上从属于资本。但到机器大工业阶段，工人成为局部劳动者，基于机器大工业的分工协作，使得工人离开工厂后就不能独立生产。这意味着劳动不仅在生产关系形式上，而且在其技术基础上从属于资本。由生产的技术基础决定的这种劳动对资本的从属，被马克思称为实际上从属。"形式上从属"只是生产关系的变更，即由"奴隶制、农奴制、臣仆制、家长制"等的"政治的和社会上固定的统治和从属关系"③，变成为资本家和雇佣工人之间经济上的支配与从属，人身依附关系变为经济统治关系和买卖关系。"实际上从属"则表现为机器生产"更无耻地为了卑鄙的目的而浪费人力"，使工人成为机器的附属物。④

马克思批判资本逻辑只追求利润最大化这一所谓的经济理性，不关注人

---

① 《马克思恩格斯文集》第 5 卷，人民出版社，2009，第 54~55 页。
② 《马克思恩格斯文集》第 3 卷，人民出版社，2009，第 10 页。
③ 《马克思恩格斯文集》第 8 卷，人民出版社，2009，第 372、506 页。
④ 《马克思恩格斯全集》第 42 卷，人民出版社，2016，第 406 页。

类整体利益和长远利益，导致人与自然关系失衡，引发生态危机，阻碍劳动解放的持续进行。"我死后哪怕洪水滔天！这就是每个资本家和每个资本家国家的口号"①。资本主义生产方式将自然界降格为原材料供应地和垃圾倾销地。在资本逻辑支配下，资本家永不休止地从自然界掠夺资源，资本主义大工业滥用和破坏人的自然力，资本主义大农业滥用和破坏土地肥力，二者的"共振"最终在人与自然之间造成一个无法弥补的裂缝。另外，为了节约生产成本，生产过程中产生的垃圾等不经处理直接排放到环境中，严重污染生存环境和人的健康，居于"贫民窟"的无产阶级首当其冲。"工业的发展、资本的积累、城市的扩展"，给工人带来越来越严重的灾祸。② "挤满了工人的所谓'恶劣的街区'，是不时光顾我们城市的一切流行病的发源地。"③ 而出现这一切的原因都"应当到资本主义制度本身中去寻找"。④

马克思阐述了资本主义社会制度性的贫富差距，表明资本主义社会不可能实现劳动解放。在资本主义社会，资本家的高消费不单是为了满足个人的需要，"奢侈被列入资本的交际费用"，炫耀富有成为"取得信贷的手段"，甚至成了"'不幸的'资本家营业上的一种必要"⑤。可见，资本主义生产方式不仅能够而且要求资本家积累巨额财富。与资本家挥霍相反的是工人阶级的绝对贫困，而这种贫困是难以逆转的制度性贫困。资本主义不断提高的生产能力为社会带来巨大财富，可是这些与创造财富的工人无关。在资本主义制度内部，一切提高社会劳动生产率的方法都是靠牺牲工人的利益来实现的，"在一极是财富的积累，同时在另一极，即在把自己的产品作为资本来生产的阶级方面，是贫困、劳动折磨、受奴役、无知、粗野和道德堕落的积累"⑥。资本积累越迅速，工人的生活条件就会越残酷。

马克思揭示出资产阶级政权的虚伪性及其对劳动者的专制，阐述了无产

---

① 《马克思恩格斯文集》第5卷，人民出版社，2009，第311页。
② 《马克思恩格斯文集》第5卷，人民出版社，2009，第758页。
③ 《马克思恩格斯文集》第3卷，人民出版社，2009，第272页。
④ 《马克思恩格斯全集》第28卷，人民出版社，2018，第370页。
⑤ 《马克思恩格斯文集》第5卷，人民出版社，2009，第685页。
⑥ 《马克思恩格斯文集》第5卷，人民出版社，2009，第743~744页。

阶级劳动解放不能寄希望于资产阶级的国家机器，而必须进行彻底的革命。资产阶级法律宣称代表所有人的普遍利益，实质上只是资本家压榨劳动者的工具。资本家借助法律奴役工人，"罗马的奴隶是由锁链，雇佣工人则由看不见的线系在自己的所有者手里""他的独立性这种假象是由雇主的经常更换以及契约的法律拟制来保持的"。① 资本主义工厂制度的本质是资本对工人的专制，"这种法典只是对劳动过程实行社会调节，即对大规模协作和使用共同的劳动资料，特别是使用机器所必需的社会调节的一幅资本主义讽刺画。奴隶监督者的鞭子被监工的罚金簿代替了。自然，一切处罚都简化成罚款和扣工资"②。可见，资产阶级国家机器完全以为资本家谋求利益为目的，实现劳动解放必须要推翻资本主义政权。

　　资本逻辑与劳动者的发展背道而驰，使人与物的关系异变为"拜物教"，导致人性扭曲，使人陷入精神困境。一方面，资产阶级倡导所谓天赋人权、自由、平等、博爱；另一方面，"流通成了巨大的社会蒸馏器，一切东西抛到里面去，再出来时都成为货币的结晶"③。在高尚口号背后，资本家信奉的是最粗俗的个人主义和"拜物教"。"拜物教"彻底地颠倒了劳动主客体关系，造成人的本质极端异化。在商品世界中，物化在商品中的人与人的关系被颠倒地看成物与物的关系，这种颠倒赋予物以超自然的、支配人的命运的神秘性质，商品、货币和资本成为人"顶礼膜拜"的对象。资本主义的意识形态以拜物教为基础，制造出一系列发财致富的神话，消磨了劳动阶级的革命性。因此，马克思将对资本主义生产方式的批判与拜物教批判结合起来。

　　资本主义社会的困境还表现为资本主义生产方式自身就是矛盾体。一是生产和消费是矛盾的，引发生产过剩和经济危机；二是劳动过程和价值增殖过程是矛盾的，引发社会生产失序；三是生产社会化和生产资料私人占有是矛盾的，引发资本主义私有制的灭亡。

　　生产和消费在资本主义社会是矛盾的。在生产方面，资本的直接目的是

---

① 《马克思恩格斯文集》第 5 卷，人民出版社，2009，第 662 页。
② 《马克思恩格斯文集》第 5 卷，人民出版社，2009，第 488~489 页。
③ 《马克思恩格斯文集》第 5 卷，人民出版社，2009，第 155 页。

生产利润，而不是满足社会需要。其最理想的状态就是使生产规模和对工人的剥削达到极限。在消费方面，资本家存在这样的矛盾态度："对于每一个资本家来说，除了他自己的工人以外，所有其他的工人都不是工人而是消费者"，而"关于自己的工人，每一个资本家都知道，他同他的工人的关系不是生产者同消费者的关系，并且希望尽可能地限制工人的消费，即限制工人的交换能力，限制工人的工资。每一个资本家自然希望其他资本家的工人成为自己的商品的尽可能大的消费者"。① 单个资本家这种态度导致整个工人阶级的贫穷，工人缺乏购买力导致商品过剩，进而引发经济危机。

生产使用价值的劳动过程和生产剩余价值的价值增殖过程在本质上是矛盾的。这意味着资本主义生产过程本身就是矛盾体，这种矛盾关系容易引发社会生产失序和崩溃。从关注的对象来看，劳动过程是为了满足劳动者自身需要或者社会整体需要，面向的是具体的人；价值增殖是为了获得利润，所关注的是抽象的人，而忽视现实的人的生理和心理等具体层面的需要。从需要的满足来看，劳动过程生产使用价值，其目的是满足人的基本需要；价值增殖过程的目的是获取剩余价值，它要求生产更多的劳动产品，从而导致生产相对过剩。从自由时间的占有来看，劳动过程的最终目标是减少必要劳动时间，从而创造更多自由时间；价值增殖过程是要占有劳动者的剩余时间即自由时间，自由时间是其存在的前提。因此，价值增殖过程和劳动过程二者之间是矛盾的并且走向分离。生产力的发展和无产阶级革命必然会消除雇佣劳动的剥削属性，使劳动过程真正成为满足劳动者发展需要的过程。

在资本主义社会，劳动的社会化和生产资料私人占有之间的矛盾成为资本主义社会的基本矛盾。一方面，机器的使用使工人之间合作性增强，劳动过程的协作性增强，为共同计划社会生产准备了条件。② 资本积聚、集中和信用使得生产社会化现象日益凸显，资本也具有了国际性，"一切生产资料因作为结合的、社会的劳动的生产资料使用而日益节省，各国人民日益被卷

---

① 《马克思恩格斯全集》第 30 卷，人民出版社，1995，第 400、403 页。
② 《马克思恩格斯文集》第 5 卷，人民出版社，2009，第 443 页。

入世界市场网，从而资本主义制度日益具有国际的性质"①，在这一时期，共同生产和共同监督不仅成为可能，而且成为必要。另一方面，社会化生产服从于生产资料的资本家私人占有，生产出来的产品必须拿到市场上去交换才能实现价值。这一矛盾，已经包含着现代的一切冲突的萌芽，"资本主义私有制的丧钟就要响了。剥夺者就要被剥夺了"。②

总之，马克思认为，虽然在资本主义社会生产力已经提高到可以让物来代替人劳动的地步，但资本的形成原理、本质属性和增殖方式等决定了资本只有牺牲劳动者的利益、吸收劳动者的剩余劳动才能生存和发展。而且，资本主义生产方式本身是矛盾的，"资本主义生产的真正限制是资本自身"。③资本主义危机证明，如果对资本不加以控制，资本主义就必然走向毁灭。在工人阶级斗争的压力下，国家为维护再生产的顺利进行，颁布了"工厂法"等法律以对资本生产进行一定程度的干预；生产过程中也通过"股份制"调整资本的组织形式，为资本主义社会注入活力。马克思肯定了"工厂法"和"股份制"等在维护劳动者利益方面的作用，但是明确指出这些措施只是资本主义的自我调整，在资本主义生产关系的框架内，劳动者注定是被奴役的。因此，通过无产阶级革命消灭资本主义私有制，调整产品生产和分配的内在关系，建立起充分激发劳动者创造性的劳动组织和社会制度等，成为资本主义国家面临的共同任务。

二　主要资本主义国家劳动解放任务的异同

英国、法国、德国、美国等资本主义国家是马克思的重点关注对象。马克思既看到这些国家劳动问题和劳动解放根本任务的一致性，又意识到各个国家面临的劳动解放任务不尽相同。这种差异与各个国家的地理环境、风俗习惯、历史背景等因素相关，但更为重要的原因在于，这些国家分别处于资

---

① 《马克思恩格斯文集》第 5 卷，人民出版社，2009，第 874 页。
② 《马克思恩格斯文集》第 5 卷，人民出版社，2009，第 874 页。
③ 《马克思恩格斯文集》第 7 卷，人民出版社，2009，第 278 页。

本主义社会的不同发展阶段。

由于率先开展工业革命和建立资产阶级统治，英国"是资本专横和劳动被奴役达到了顶点的国家"①。英国资产阶级和无产阶级之间的对立最为清晰，"这里不再有大陆各国那样的几乎在同等程度上依靠自己的财产和自己的劳动的人数众多的农民和手工业者阶级"②。在英国，"财产和劳动已经完全分离"，构成现代社会的两个阶级之间的斗争规模巨大，呈现出其他任何国家所没有的清晰可见的轮廓。"在所有的国家里，英国的无产阶级和资产阶级之间的对立最为尖锐。因此，英国无产者对英国资产阶级的胜利对于一切被压迫者战胜他们的压迫者具有决定意义。"③

相较于其他国家的工人阶级，英国工人阶级能够清楚地认识自身的地位和使命，在数量上、经验上和精神力量上都具有极大的优势，"大不列颠的工人阶级最先具有足够能力并且最先负有使命来领导最终必然使劳动得到彻底解放的伟大运动"④。因此，马克思在给英国工人议会的信中阐述了实现劳动解放的两个条件。马克思指出，英国工人通过现代工业把自然界的破坏力变成人类的生产力，实现了解放劳动的第一个条件，"现在它应当实现劳动解放的另一个条件。它应当把这些生产财富的力量从垄断组织的无耻的枷锁下解放出来，使它们受生产者共同监督"⑤。

在农民和小资产阶级、大资产阶级、金融资产阶级等相互之间矛盾和冲突聚合的法国社会，其阶级形式相较于英国是非常复杂的，各种矛盾冲突纠缠在了一起。"工业资产阶级并没有统治法国"，"法国的工业，甚至对于国内市场，也大都是依靠变相的禁止性关税制度才掌握得住"⑥。无产阶级在巴黎拥有实际的力量和影响，但是在巴黎之外的各地，工人阶级并没有形成规模，而是比较零散地存在于个别的工业中心，并且被湮没在了数以万计的农

---

① 《马克思恩格斯全集》第 13 卷，人民出版社，1998，第 136 页。
② 《马克思恩格斯全集》第 13 卷，人民出版社，1998，第 133 页。
③ 《马克思恩格斯文集》第 1 卷，人民出版社，2009，第 695 页。
④ 《马克思恩格斯全集》第 13 卷，人民出版社，1998，第 134 页。
⑤ 《马克思恩格斯全集》第 13 卷，人民出版社，1998，第 134 页。
⑥ 《马克思恩格斯文集》第 2 卷，人民出版社，2009，第 89 页。

民和小资产阶级之中。纯粹的工业上的雇佣劳动者反抗工业资产阶级的斗争，"充分发展的和达到转折点的反资本斗争，即工业雇佣工人反对工业资产者的斗争，在法国只是局部现象"①。

在马克思看来，法国的无产阶级应该而且必须始终明确自己的利益和资产阶级的利益是对立的，不能将希望寄托于资产阶级统治的国家，因为随着资产阶级统治的扩大，会有越来越多的人沦为无产阶级，无论什么形式的资本家，或者说无论是以地主为代表的大土地资本家、以银行为代表的金融资本家，还是纯粹开办工厂的工业资本家，无论他们所宣扬的理念多么先进和公平，他们的最终目标都是压迫和剥削劳动，资本的扩张意味着无产阶级生活状况日益恶化、发展空间变得越来越狭隘。因此，无产阶级必须明确自己的革命对象是所有形式的资产阶级。马克思分析指出，"里昂的工人以为自己追求的只是政治的目的，以为自己只是共和国的战士，而事实上他们是社会主义的战士"，"于是他们的政治理智弄得他们认不清社会贫困的根源，歪曲了他们对自己真正目的的认识"。② 因此，在马克思看来，法国无产阶级的劳动解放要联合所有处于资本统治下的劳动者阶级，他们的任务就是建立工农联盟，"解放那些由旧的正在崩溃的资产阶级社会本身孕育着的新社会因素"③。

相较于英、法两国，德国属于后发资本主义国家，工人阶级对内面临着推翻资产阶级和封建专制双重剥削的解放目标，对外面临通过解决民族矛盾进而实现自身解放的任务。德国是个分裂的"诸侯联邦"，当英法等国资本主义经济已经得到迅速发展时，德国才开始进行反对封建专制的资产阶级革命，并且容克贵族直接转变成容克资产阶级，因此德国资产阶级对封建专制的反抗是不彻底的。德国劳动者阶级遭受封建专制和资产阶级双重剥削，并且英、法等发达资本主义国家对德国经济形成冲击，因此社会矛盾十分尖锐。马克思认为德国工人阶级这个"被彻底的锁链束缚着的阶级"是最有可

① 《马克思恩格斯全集》第 10 卷，人民出版社，1998，第 368 页。
② 《马克思恩格斯全集》第 3 卷，人民出版社，2002，第 393 页。
③ 《马克思恩格斯文集》第 3 卷，人民出版社，2009，第 159 页。

能采取激进手段的。德国工人拥有强大的哲学和社会主义思想等"批判的武器"，"德国无产阶级是欧洲无产阶级的理论家，正如同英国无产阶级是它的国民经济学家，法国无产阶级是它的政治家一样。必须承认，德国对社会革命是最能胜任的"①。

德国工人阶级在解决民族矛盾中走向革命道路。这和德国的地理位置有着密切的关系。德国是欧洲大陆的交通枢纽，在东西南北各个方向具有许多接壤国家，而这些国家在发展阶段和政策策略方面是有着非常大的差异的，矛盾冲突和战争此起彼伏，因此德国社会长期处于分裂的状态，没有形成统一的德意志国家，只是以联邦的形式存在。在这种环境之中，德国的工人阶级不但要经受着资产阶级的统治，而且忍受着民族矛盾下的复杂斗争，所以在德国，民族矛盾时常会和阶级矛盾并立，有时甚至会超越阶级矛盾。这也是马克思所提倡的阶级矛盾高于民族矛盾这一理念在德国并未很好地体现的现实原因，甚至在资本主义进入垄断阶段和世界大战爆发后，德国的工人阶级和德国政府联合起来对其他民族开展斗争。

美国的劳动解放斗争引起大洋彼岸的马克思的关注。与法国、德国等国家不同形式的劳动和阶级力量杂糅在一起不同，美国的劳动形式存在明显的地区差异。"五月花"号轮船将资本主义生产关系输送到北美地区，因此，在美国封建社会的统治力量并不强大，存在进行粗暴原始积累的奴隶制和资本主义生产方式两种制度。美国的社会形态也并非完全按照从奴隶社会到封建社会再到资本主义社会的规律演变，这恰恰证明了马克思关于社会形态复杂性论述的重要意义。美国社会的劳动解放具有跨越性。在美国，奴隶制和雇佣劳动制这两种形态在空间上并存。劳动解放任务既有用资本主义雇佣劳动替代奴隶劳动，又存在劳动者阶级与资本家阶级的斗争。

在马克思生活的年代，美国社会存在着奴隶制和雇佣劳动制两种劳动形式，这两种截然对立的劳动方式和社会制度分属于南方的奴隶主和北方的资本家。1861 年爆发的美国南北战争引起马克思和恩格斯的极大关注，他们认

---

① 《马克思恩格斯全集》第 3 卷，人民出版社，2002，第 390 页。

为这场战争是具有世界意义的事件。1861~1862 年，他们先后在《纽约每日论坛报》等报刊发表《美国内战》《评美国局势》等数十篇关于美国内战的评论文章。马克思指出："南部与北部之间的斗争不是别的，而是两种社会制度即奴隶制度与自由劳动制度之间的斗争。这个斗争之所以爆发，是因为这两种制度再也不能在北美大陆上一起和平相处。它只能以其中一个制度的胜利而结束。"① 马克思赞扬这场战争是"现代历史上第一个伟大的战争"，是"迄今为止最高形式的人民自治向有史以来最卑鄙、最无耻的奴役人类的形式作战"。② 1864 年 11 月，马克思及国际工人协会中央委员会其他成员致信美国总统亚伯拉罕·林肯，"欧洲的工人坚信，正如美国独立战争开创了资产阶级统治的新纪元一样，美国的反奴隶制战争将开创工人阶级统治的新纪元。他们认为，由工人阶级忠诚的儿子阿伯拉罕·林肯来领导他的国家进行解放被奴役种族和改造社会制度的史无先例的战斗，是即将到来的时代的先声"③。

此外，马克思还分析了波兰等未完成民族独立的欧洲国家所面临的劳动解放任务。马克思指出，1846 年波兰人民在俄罗斯、奥地利和普鲁士共管的克拉科夫开展的武装起义革命既是谋取民族解放的革命，也是共产主义革命，因为"这一革命要粉碎封建的锁链，解放封建劳役的所有制，使它变成自由的所有制，现代的所有制"④。马克思结合当地的社会环境、历史背景和阶级力量，全面考察了民族斗争和阶级斗争二者的关系，以及二者在劳动解放方面的不同作用，揭示了资本主义生产资料私有制是产生民族压迫的社会根源，消灭私有制是消灭民族压迫的根本途径。此外，马克思指出无产阶级革命和各民族的解放斗争不可分割，波兰的民族民主革命必然会成为欧洲整个无产阶级革命的直接序幕。

资本主义不仅剥削欧美等资本主义国家的工人，而且将资本的触角延伸

---

① 《马克思恩格斯全集》第 15 卷，人民出版社，1963，第 365 页。
② 《马克思恩格斯全集》第 15 卷，人民出版社，1963，第 344 页。
③ 《马克思恩格斯全集》第 21 卷，人民出版社，2003，第 25 页。
④ 《马克思恩格斯全集》第 4 卷，人民出版社，1958，第 535 页。

至全世界，使得一国内的劳动和资本的矛盾转化为全世界范围内的矛盾，构建出具有极强掠夺性的全球殖民体系。资本主义在全球范围内进行原始积累，为资本主义国家提供了持续不断的生产力基础。但是这也引发殖民地劳动人民的强烈反抗。在垄断时期的资本主义社会，资本家不仅把商品倾销至殖民地，而且把资本和劳动的关系输送至殖民地，在那里开办工厂和开设银行，从而将资本主义的生产机制和训练工人的纪律强加于殖民地的劳动阶级，加剧了殖民地劳动人民的奴役和贫困状况。在这种情况下，殖民地劳动人民的革命性是最为强烈的。随着劳资矛盾的全球化和世界无产阶级的觉醒，世界范围内就会形成无产阶级革命斗争形势，民族矛盾转化为阶级矛盾，并且二者纠缠起来。马克思揭示了民族解放和阶级解放的一致性，"人对人的剥削一消灭，民族对民族的剥削就会随之消灭"，"民族内部的阶级对立一消失，民族之间的敌对关系就会随之消失"。①

通过以上分析可以看出，资本主义经济的发展会使矛盾简单化。如在英国，阶级矛盾最为简单，即主要是工人与资本家的矛盾，劳动解放的任务是推翻资产阶级统治；在法国，资本主义经济处于过渡的阶段，封建领主逐渐发展为资产阶级，而农民等小私有制则随之转化为无产阶级，劳动解放的任务是将资本和劳动之间的根本对立向社会明确地表达出来，争取各种力量对抗资本主义；在德国，资本主义处于后发阶段，并且受容克贵族的束缚，也没有形成一个完整的国家，因此德国的劳动解放任务是多重的，交织着反资本主义、反封建主义、反国家各联邦的分裂等；在美国，劳动形态具有跨越性，劳动解放的任务直接演变为用雇佣劳动代替奴隶劳动。在波兰等欧洲不发达的资本主义国家，劳动解放的任务则是推翻英、法、德等发达资本主义国家的现实的和潜在的民族压迫，民族解放运动和民主运动共同推进着。而在广大亚非拉等的殖民地国家，劳动解放的任务更为复杂，即争取民族独立以使自己获得独立的生存空间，反对本国封建统治者的统治、建立独立的经济关系等。换言之，矛盾冲突越是多重，越表明资本在当地不能形成"一统

① 《马克思恩格斯文集》第2卷，人民出版社，2009，第50页。

天下"的局面，这种情况较有利于无产阶级联合各种反封建和反资本主义斗争的力量，展开全面的社会革命。因此，劳动阶级应综合分析本地区的优势与不足，制定最为有利的斗争策略。

第二节　劳动权：无产阶级劳动解放任务的总体性表达

破解资本主义社会劳动解放困境要求消灭资本对劳动及其产品的支配权，建立劳动在整个社会中的统治权。"同那个经济贫困和政治昏聩的旧社会相对立，正在诞生一个新社会，而这个新社会的国际原则将是和平，因为每一个民族都将有同一个统治者——劳动"①。马克思以"劳动权"概念概括了"无产阶级各种革命要求"。"劳动权就是支配资本的权力，支配资本的权力就是占有生产资料，使生产资料受联合起来的工人阶级支配，也就是消灭雇佣劳动、资本及其相互间的关系"②。恩格斯对"劳动权"给予高度评价，"这里第一次表述了一个使现代工人社会主义既与封建的、资产阶级的、小资产阶级的等形形色色的社会主义截然不同，又与空想的以及自发的工人共产主义所提出的模糊的财产公有截然不同的原理。如果说马克思后来把这个公式也扩大到占有交换手段上，那么这种扩大不过是从基本原理中得出的结论罢了"③。可以看出，"劳动权"是资本主义社会劳动解放目标的总体性表达，也是指导社会主义革命和建设的基本原理。根据马克思和恩格斯的论述，可以从以下层面，即生产资料公有制与生产关系的重构、按劳分配与社会公平的实现、无产阶级专政与政权建设等，来理解"劳动权"的内涵。

一　生产资料公有制与生产关系的重构

生产资料公有制是劳动解放的基础。对每种统治形式而言，支配他人劳动总是具有基础性意义，"整个的人类奴役制就包含在工人对生产的关系中，

---

① 《马克思恩格斯文集》第3卷，人民出版社，2009，第117页。
② 《马克思恩格斯文集》第2卷，人民出版社，2009，第113页。
③ 《马克思恩格斯文集》第4卷，人民出版社，2009，第537页。

而一切奴役关系只不过是这种关系的变形和后果"①。资本是"支配他人劳动的权力",要实现劳动解放就必须消灭资本对劳动的支配,由劳动者共同占有生产资料。"共产主义并不剥夺任何人占有社会产品的权力,它只剥夺利用这种占有去奴役他人劳动的权力"②。不过,劳动解放并不是简单地将生产资料由私有置换为公有,而是要重构生产关系,使"受联合起来的工人阶级支配"的生产资料真正成为劳动者自我创造和自我提升的手段。"共产主义和所有过去的运动不同的地方在于:它推翻一切旧的生产关系和交往关系的基础,并且第一次自觉地把一切自发形成的前提看做是前人的创造,消除这些前提的自发性,使这些前提受联合起来的个人的支配。"③在社会主义经济中,生产资料公有制彻底改变劳动和资本的关系,"一切生产部门将用最合理的方式逐渐组织起来。生产资料的全国性的集中将成为由自由平等的生产者的各联合体所构成的社会的全国性的基础,这些生产者将按照共同的合理的计划进行社会劳动。这就是19世纪的伟大经济运动所追求的人道目标"④。

以共同占有、共同生产和共同监督为特征的劳动过程能够真正调动劳动者的积极性,解决私有制导致的人的本质的异化,"结束无时不在的无政府状态和周期性的动荡这样一些资本主义生产难以逃脱的劫难"⑤。马克思以英国为典型,阐述了实现劳动解放的两个条件:"把自然界的破坏力变成了人类的生产力"是劳动解放的第一个条件,"把这些生产财富的力量从垄断组织的无耻的枷锁下解放出来,使它们受生产者共同监督"是劳动解放的第二个条件。⑥由于共同占有生产资料,劳动者以生产资料所有者的身份进入生产过程,成为生产过程的主体,占有和享用自己的劳动产品。在这样的社会条件下,劳动不再是外在的、强制的活动,而是回归人的本质。由于共同组

---

① 《马克思恩格斯文集》第1卷,人民出版社,2009,第167页。
② 《马克思恩格斯文集》第2卷,人民出版社,2009,第47页。
③ 《马克思恩格斯文集》第1卷,人民出版社,2009,第574页。
④ 《马克思恩格斯文集》第3卷,人民出版社,2009,第233页。
⑤ 《马克思恩格斯文集》第3卷,人民出版社,2009,第159页。
⑥ 《马克思恩格斯全集》第13卷,人民出版社,1998,第134页。

织生产，个人劳动与社会劳动之间的对立消失，社会能够合乎目的地分配总体时间，实现符合社会全部需要的生产，从而增加自由时间，"时间的节约，以及劳动时间在不同的生产部门之间有计划的分配，在共同生产的基础上仍然是首要的经济规律。这甚至在更加高得多的程度上成为规律"①。共同监督社会财富，能够确保劳动产品成为劳动者发展自身的保障，避免重新落入私有制的窠臼。

马克思认识到生产资料的全民公有制只有在生产力高度发达、阶级关系简单的条件下（如英国）才能迅速实现。在考察法国、德国等国家的阶级状况尤其是农民运动状况之后，马克思提出"集体所有制"的设想。"凡是农民作为私有者大批存在的地方，凡是像在西欧大陆各国那样农民甚至多少还占多数的地方，凡是农民没有消失，没有像在英国那样为农业短工取代的地方，就会发生下列情况：或者农民会阻碍和断送一切工人革命，就像法国迄今所发生的那样，或者无产阶级……将以政府的身份采取措施，直接改善农民的状况，从而把他们吸引到革命中来；这些措施，一开始就应当促进土地的私有制向集体所有制过渡，让农民自己通过经济的道路来实现这种过渡。"② 合作社是实现从私有制向全民公有制过渡的"中介"。正如恩格斯所言："我的建议要求把合作社推行到现存的生产中去。正像巴黎公社要求工人按合作方式经营被工厂主关闭的工厂那样，应该将土地交给合作社……至于在向完全的共产主义经济过渡时，我们必须大规模地采用合作生产作为中间环节，这一点马克思和我从来没有怀疑过。"③ 无论是集体所有制还是全民所有制，都是公有制的实现形式。马克思恩格斯关于公有制和公有制实现形式的区分体现了具体问题具体分析的唯物辩证法思想，这种区分可以避免实行单一的所有制形式，避免社会主义建设或无法调动劳动者积极性，或超出生产力发展水平，给无产阶级的劳动解放事业带来挫折。

马克思肯定了发达资本主义经济孕育着公有制因素，合作工厂和股份制

---

① 《马克思恩格斯文集》第 8 卷，人民出版社，2009，第 67 页。
② 《马克思恩格斯文集》第 3 卷，人民出版社，2009，第 403~404 页。
③ 《马克思恩格斯文集》第 10 卷，人民出版社，2009，第 547 页。

就体现出这种公有制萌芽。合作工厂是"在旧形式内对旧形式打开的第一个缺口",它证明工人可以不通过资本家顺利组织生产,资本家因而不具备存在的必要性,"资本和劳动之间的对立在这种工厂内已经被扬弃"①。马克思同时指出,合作劳动只有在全社会范围内推行,才能成为劳动解放的手段。"要解放劳动群众,合作劳动必须在全国范围内发展,因而也必须依靠全国的财力。但是土地巨头和资本巨头总是要利用他们的政治特权来维护和永久保持他们的经济垄断的。他们不仅不会促进劳动解放,会继续在它的道路上设置种种障碍。"② 股份制企业也是实现公有制的重要实践,是资本家在工人运动和社会化大生产的倒逼下做出的变革。"资本主义的股份企业,也和合作工厂一样,应当被看做是由资本主义生产方式转化为联合的生产方式的过渡形式,只不过在前者那里,对立是消极地扬弃的,而在后者那里,对立是积极地扬弃的。"③

无产阶级革命就是要采取各种手段"改造社会",改变工人与资本家、地主之间的关系,将社会生产乃至社会关系掌握在劳动者手中。在谈到无产阶级解放运动时,马克思指出:"让我们把整个问题简要地总括一下。工人阶级面对日益增长的财富仍然贫穷不堪,面对日益奢侈的世界仍然处境悲惨。他们在物质上的贫困使他们的肉体和精神都受到摧残。他们不能指望别人来解救。因此,他们就绝对有必要把自己的事业掌握在自己手中。他们必须改变他们与资本家、地主之间的关系。这就是说,他们必须改造社会。这就是每一个大家知道的工人组织的共同目的;土地和劳动同盟,工会和互助会,合作商店和合作生产,都不过是实现这一共同目的的手段。"④ 工人阶级可以借助国家政权保障公有制萌芽朝社会主义方向发展。

社会主义代替资本主义不是一蹴而就的,在社会改造的过程中应避免简单盲目地消灭资本,而要"一步一步地夺取资产阶级的全部资本,把一切生

---

① 《马克思恩格斯文集》第7卷,人民出版社,2009,第499页。
② 《马克思恩格斯文集》第3卷,人民出版社,2009,第13页。
③ 《马克思恩格斯文集》第7卷,人民出版社,2009,第499页。
④ 《马克思恩格斯文集》第3卷,人民出版社,2009,第612页。

产工具集中在国家即组织成为统治阶级的无产阶级手里，并且尽可能快地增加生产力的总量"①。之所以要理性对待资本，主要是因为资本本身是矛盾的。一方面，资本能够"摧毁一切阻碍发展生产力、扩大需要、使生产多样化、利用和交换自然力量和精神力量的限制"，"创造出社会成员对自然界和社会联系本身的普遍占有"，"由此产生了资本的伟大的文明作用"。另一方面，资本不可遏止地追求的普遍性，将使资本遭遇本身的限制。②"这些限制在资本发展到一定阶段时，会使人们认识到资本本身就是这种趋势的最大限制，因而驱使人们利用资本本身来消灭资本。"③ 因此，无产阶级在改造社会时，要充分利用资本主义这种社会关系在高效组织生产方面的积极经验，利用资本本身来消灭资本，创建既能充分发展生产力又能保障社会财富归劳动者所有的高效的、公平的生产关系，以此为基础，建立新的更适合人的发展和解放的劳动组织及与之相适应的经济政治文化制度。

二 按劳分配与社会公平的实现

劳动产品是人的本质力量的凝结，占有劳动产品是劳动解放的关键。马克思认为，在共同占有生产资料和共同组织生产的基础上，劳动者成为生产过程的主体，产品的分配必然要以劳动为依据，即按劳分配。按劳分配原则是建立在生产资料社会主义公有制的基础上，鼓励一切有劳动能力的人尽其所能地为社会劳动，在对社会总产品做出各种必要的扣除后，按每个劳动者向社会提供劳动的数量和质量分配个人消费品，多劳多得、不劳不得。按劳分配是共产主义社会第一阶段，即社会主义社会特有的个人消费品分配原则。

按劳分配原则体现了劳动者在社会生产中的主体性和在产品分配中的支配地位。马克思设想在与资本主义经济制度相对立的"自由人联合体"中，劳动者"用公共的生产资料进行劳动，并且自觉地把他们许多个人劳动力当做一个社会劳动力来使用……这个联合体的总产品是一个社会产品"。每个

---

① 《马克思恩格斯文集》第 2 卷，人民出版社，2009，第 52 页。
② 《马克思恩格斯文集》第 8 卷，人民出版社，2009，第 91、90 页。
③ 《马克思恩格斯文集》第 2 卷，人民出版社，2009，第 91 页。

生产者得到的份额由他的劳动时间来决定。这时，劳动时间就会起双重作用：一方面，劳动时间有计划的分配，调节着各种劳动职能同各种需要的比例；另一方面，劳动时间又是计量生产者在共同劳动中个人所占份额的尺度，因而也是计量生产者在共同产品的可消费部分中所占份额的尺度。[①]

按劳分配是实现劳动解放的关键环节。按劳分配的个人消费品实质上是做了各项必要的扣除之后剩余的社会总产品。扣除的内容主要包括社会再生产基金和社会消费基金两大部分。在按劳分配的原则下，"同资本主义社会相反，个人的劳动不再经过迂回曲折的道路，而是直接作为总劳动的组成部分存在着"。每一个生产者，"在作了各项扣除以后，从社会领回的，正好是他给予社会的。他给予社会的，就是他个人的劳动量"。劳动时间是实行按劳分配的直接尺度。"他从社会领得一张凭证，证明他提供了多少劳动（扣除他为公共基金而进行的劳动），他根据这张凭证从社会储存中领得一份耗费同等劳动量的消费资料。他以一种形式给予社会的劳动量，又以另一种形式领回来。"[②] 可见，通过按劳分配，劳动者创造的劳动产品和各种关系能够回归人本身。

按劳分配是符合劳动者利益、有助于发挥劳动者主体性的分配方式。劳动产品由劳动者创造，理应由劳动者占有，按照劳动时间进行分配。因此，按劳分配是符合公平正义原则的。资本主义社会等剥削社会之所以是不正义的，就在于少部分人占有他人劳动成果，进而挤压他人发展的空间。按劳分配原则是实现劳动解放的手段。但是，按劳分配原则并没实现彻底的公平。因为劳动时间抽象掉了个人具体的身体状况、家庭状况和天赋等，而这些因素又是影响劳动实践的重要因素。按劳分配以"平等的尺度"——劳动时间为依据进行分配，实际上却默认了劳动者的个人差异，带来的是劳动者富裕程度存在差异这一结果。"但是这些弊病，在经过长久阵痛刚刚从资本主义社会产生出来的共产主义社会第一阶段，是不可避免的。"[③] 只有在生产力高

---

① 《马克思恩格斯文集》第 5 卷，人民出版社，2009，第 96 页。
② 《马克思恩格斯文集》第 3 卷，人民出版社，2009，第 434 页。
③ 《马克思恩格斯文集》第 3 卷，人民出版社，2009，第 435 页。

度发达的"各尽所能，按需分配"的共产主义高级阶段才能消除各种差异，实现彻底的公平与正义。

鉴于按劳分配会在现实运行中造成人与人之间的贫富分化，甚至使剥削因素死灰复燃，马克思提出了社会保障思想。在集体劳动所得的社会总产品分配之前，一方面需要扣除用来补偿消耗掉的生产资料的部分、用来扩大生产的追加部分、用来应付不幸事故包括自然灾害等的后备基金或保险基金，以保证社会再生产的顺利进行；另一方面，还需要扣除同生产没有直接关系的一般管理费用、用来满足共同需要的部分（如学校、保健设施等）、为丧失劳动能力的人等设立的基金，以充分保障劳动者的生存发展需要，实现社会公平。①

三 无产阶级专政与政权建设

无产阶级的劳动解放不仅要求打碎资产阶级国家机器，而且要通过无产阶级专政"解放劳动和改造社会"②。无产阶级革命的最终目的是消灭阶级，消灭阶级统治的工具即国家，但是它必须通过实现社会变革，打碎资产阶级的国家机器，建立无产阶级专政，在消灭私有制和阶级的基础上，实现国家自行消亡。"资本主义社会和共产主义社会之间，有一个从前者变为后者的革命转变时期。同这个时期相适应的也有一个政治上的过渡时期，这个时期的国家只能是无产阶级的革命专政。"③ 无产阶级专政的任务是对资本主义生产方式进行社会主义改造，建立和发展社会主义公有制度，尽快发展生产力，最大限度地满足人民群众的物质和精神生活需要。

资本对劳动的控制通过国家等各种上层建筑得以实现和巩固。"国家政权在性质上也越来越变成了资本借以压迫劳动的全国政权，变成了为进行社会奴役而组织起来的社会力量，变成了阶级专制的机器。"④ 因此，实现劳动

---

① 《马克思恩格斯文集》第 3 卷，人民出版社，2009，第 432~433 页。
② 《马克思恩格斯文集》第 3 卷，人民出版社，2009，第 207 页。
③ 《马克思恩格斯文集》第 3 卷，人民出版社，2009，第 445 页。
④ 《马克思恩格斯文集》第 3 卷，人民出版社，2009，第 152 页。

解放必须要消灭资本，建立劳动阶级管理的国家是无产阶级专政的基本原则。马克思以巴黎公社为样本，分析了无产阶级在取得政权之后如何构建保障劳动者解放的制度体系。马克思赞扬巴黎公社"是工人阶级的政府，是生产者阶级同占有者阶级斗争的产物"，既是"使劳动在经济上获得解放的政治形式"①，也是"社会解放的政治形式"。②巴黎公社是人民的政权，它所采取的各项措施，"只能显示出走向属于人民、由人民掌权的政府的趋势"③。

公社所采取的各项措施都要有益于劳动人民，而劳动群众只有参与到社会管理中才能充分彰显主人翁地位。在公社中，所有的公民都拥有民主选举的权利。公民通过直接选举投票选出"市政委员"。由于巴黎公社的成员都是工人阶级或者其他形式的劳动阶级，因此市政委员"大多数自然会是工人，或者是公认的工人阶级代表"④。公民不仅有选举的权利，而且还有监督权和罢免权，可以随时通过正规的形式对选举出来的市政委员进行监督甚至罢免。在这里，由于实行全民选举和全面监督，军事、行政、司法等真正成为全体劳动者共同管理的公共事业，从而实现个人利益和集体利益的直接统一，有效地避免官僚主义，防止政治权力异化为统治劳动者的工具。马克思将巴黎公社称为"劳动共和国"。"劳动共和国"消除了资本对劳动的剥削和压制，推动社会生产力的发展，"只有在劳动共和国里面，科学才能起它的真正的作用"，才能把"科学从阶级统治的工具变为人民的力量，把科学家本人从阶级偏见的兜售者、追逐名利的国家寄生虫、资本的同盟者，变成自由的思想家"。⑤

无产阶级专政是一个长期的过程，劳动解放不是一蹴而就的。"工人阶级并没有期望公社做出奇迹。他们不是要凭一纸人民法令去推行什么现成的乌托邦。他们知道，为了谋求自己的解放，并同时创造出现代社会在本身经

---

① 《马克思恩格斯文集》第3卷，人民出版社，2009，第158页。
② 《马克思恩格斯文集》第3卷，人民出版社，2009，第195页。
③ 《马克思恩格斯文集》第3卷，人民出版社，2009，第163页。
④ 《马克思恩格斯文集》第3卷，人民出版社，2009，第222页。
⑤ 《马克思恩格斯文集》第3卷，人民出版社，2009，第204页。

济因素作用下不可遏止地向其趋归的那种更高形式，他们必须经过长期的斗争，必须经过一系列将把环境和人都加以改造的历史过程。"① 在这一历史进程中，无产阶级必将遭到反动阶级的反抗，因而必须坚持阶级斗争，坚持无产阶级专政。马克思指出："公社并不取消阶级斗争，工人阶级正是通过阶级斗争致力于消灭一切阶级，从而消灭一切阶级统治。"②

无产阶级专政要求国家用统一的、系统的分工和集中调配来代替资本主义社会的无政府状态。在无政府状态之中，各种势力和个人利益互相冲突。自马克思提出计划生产和宏观调控之后，资产阶级学者为了捍卫自身的统治，恶意地攻击集中调配为抛弃自由。这除了源于阶级立场迥异，也和他们没有正确理解个人和社会的辩证关系有关。人既有个性也有社会性，而且只有在社会中人才能生存，才能真正展开自身。所以，合理的宏观调控和计划生产不是消灭个人自由，相反却是保障自由真正实现。资产阶级学者将二者分裂，体现出他们研究视野的狭隘，而这种狭隘无疑体现了资本主义生产本身的狭隘性。个人发展和社会发展之间的分离是资本主义社会难以克服的问题，也是资本主义走向灭亡的重要原因。

无产阶级专政不仅要求进行政治改造，即消灭阶级统治，建立符合无产阶级根本利益的政治制度；还要求进行经济关系领域的改造，逐渐消除生产资料和生产过程的资本主义性质，并且把资本主义社会中存在的有组织的劳动和日渐集中的生产资料之中的积极因素解放出来，"把全部资本、全部农业、全部工业、全部运输业和全部交换都越来越多地集中在国家手里"③，使之成为推动劳动解放的生长点。在全部生产和交换等集中到国家手中的时候，私有制自然就不存在了。劳动和社会劳动的矛盾随之消失，到那时人们已经没有交换商品的必要，金钱已经不再具有支配人的命运的功能了，"劳动券"等也不过是表征社会产品而非商品交换的尺度。这时，人和人之间曾经的狭隘关系就消失了，人拥有更多的自由。因此，在无产阶级夺取政权

---

① 《马克思恩格斯文集》第3卷，人民出版社，2009，第159页。
② 《马克思恩格斯文集》第3卷，人民出版社，2009，第198页。
③ 《马克思恩格斯文集》第1卷，人民出版社，2009，第686~687页。

后，运用国家力量消灭资本统治并且有效地开展社会管理是十分必要的。

无产阶级的政权建设不仅包括政治上层建筑，还包括精神层面的上层建筑。教育是传播统治阶级意识和行为规范的重要途径。资本主义教育的本质是把人训练成机器，这种教育不可能为个人完善品德修养、满足自身精神需求服务。在未来社会，教育的目的是培养共产主义社会的建设者，增强劳动者的主体性，促进人的全面发展。在马克思看来，每个儿童或者成人都应该接受实现教育和生产劳动结合的劳动教育，这种教育不是资本主义社会的那种只教授某种生产技能的"入职培训"，也不是机械地规定一天中有几个小时要学习，有几个小时要劳动，而是说要使教育的内容符合生产的当前或者进一步发展的需要，并且使教育的内容运用于生产实践之中。并且，劳动教育应该是免费的教育，因为这是社会为了提升生产力而做出的必要的投资。

伦理道德也属于上层建筑范畴，形成劳动光荣的社会伦理能够遏制剥削逻辑"死灰复燃"。劳动创造了人和人类社会，因此劳动理应而且必须成为道德的制高点。资本主义制度之所以是不道德的，是因为资本不参与劳动而以侵占他人的劳动成果为生存条件。在剥削社会，买卖劳动力、阶级压迫、掠取劳动者的剩余劳动被认为是合理的，而共产主义社会的道德观与剥削社会道德观的差别就在于彻底否定剥削，强调劳动是人的权利，每个人都应该拥有劳动的自由，都有机会和条件开展有助于个体和社会发展的劳动，一切剥夺他人劳动权利和破坏他人劳动条件的行为都是不道德的；劳动又是人的义务，每个人都应该向社会提供劳动，都应该不断提高和充分发挥自己的劳动技能，同时与各种侵害公有制和民主制的行为进行斗争。在劳动人民为主体的社会里，评价个人价值的主要标准在于他是否为社会提供有价值的劳动。劳动光荣、好逸恶劳可耻这样一种道德评价的标准，既是对个人的约束与身份的确认，又符合社会的整体利益。在马克思看来，当劳动者在劳动中真正承担起对社会和他人的义务，并得到社会评价体系的承认时，他就会产生一种幸福感，劳动成为人的"第一需要"在这个层面上得以体现。

第三节　劳动解放的实践主体和策略

在空想社会主义者看来，劳动者仅仅是受苦受难的弱势群体，而马克思不仅从唯物史观和剩余价值生产的角度赋予无产阶级以历史主体和正义属性，而且将实现整个人类解放的使命赋予无产阶级。无产阶级的阶级意识是在同封建专制和资本统治斗争的过程中逐步形成的，具有一定的组织形态；而无产阶级的斗争也从毁坏机器的自发斗争转变为推翻雇佣劳动制度的联合起来的自觉斗争。无产阶级在资本主义世界体系中具有国际性，因而无产阶级必须摆脱资产阶级所灌输的狭隘民族意识，依托科学社会主义，在无产阶级政党的领导下组织起来，并建立最广泛的劳动解放统一战线，使全世界被压迫的劳动者联合起来。从个体、阶级、政党再到劳动解放统一战线，是劳动解放实践逐步推进的结果，也体现出劳动解放归根结底是全人类的共同事业。

一　无产阶级的组织化与国际性

马克思科学地揭示了"无产阶级"的内涵，阐述了"无产阶级"成为劳动解放主体的原因。无产阶级是资本主义生产方式塑造社会结构的产物，"无产阶级或无产者阶级就是 19 世纪的劳动阶级"[①]。在经济学意义上，无产阶级表现为生产和增殖资本的雇佣工人，即工人阶级，"无产阶级是完全靠出卖自己的劳动而不是靠某一种资本的利润来获得生活资料的社会阶级"[②]。因此，这个阶级的生存和发展不是由劳动者自己的需要来决定，而是由资本对劳动的需要来决定。无产阶级之所以成为劳动解放的主体，一方面是因为社会物质财富归根结底是由无产阶级或者说劳动阶级创造的，并且劳动阶级始终与最先进的劳动资料结合在一起，所以无产阶级始终代表着生产

[①] 《马克思恩格斯全集》第 4 卷，人民出版社，1958，第 357 页。
[②] 《马克思恩格斯文集》第 1 卷，人民出版社，2009，第 676 页。

力的发展水平和方向，"在一切生产工具中，最强大的一种生产力是革命阶级本身"①。另一方面，由于无产阶级处于整个社会最低端，体现着极端异化的人的类本质，不实现全人类的解放就无法实现他自身的解放。可见，无产阶级是推动世界历史进步的历史主体，是作为资本主义的掘墓人而出现在历史进程之中的。

无产阶级的革命性根源于资本主义生产方式所导致的剥削压迫。机器生产是生产力解放的体现，更是劳动解放的支撑，但在资本主义私有制基础上异化成为聚敛财富的手段，它将劳动者家族中的一切成员尽数置于资本的直接支配下，最大限度地延长剩余劳动时间。并且，资本的扩张相应地扩大无产阶级的存在，"由于现代工业，由于运用机器，英国一切被压迫阶级已经汇合成为一个具有共同利益的庞大阶级，即无产阶级"②。以私有制为基础的资本主义社会大生产内在地决定资产阶级与无产阶级的矛盾，"资本家和雇佣工人之间的斗争是同资本关系本身一起开始的"③。对于这种颠倒的状态，马克思认为"工人阶级征服了自然，而现在它应当去征服人了"④。

抗争是延绵不断的，也是随着无产阶级的阶级自觉程度的提高而演变的。在工场手工业阶段，工人与资本家的斗争主要围绕提高工资和改善劳动条件展开。而"随着机器的出现，才第一次发生工人对劳动资料的粗暴的反抗"，"工人才开始反对劳动资料本身，即反对资本的物质存在方式"。⑤ 对此，马克思指出，"工人要学会把机器和机器的资本主义应用区别开来，从而学会把自己的攻击从物质生产资料本身转向物质生产资料的社会使用形式，是需要时间和经验的"⑥。这毕竟是无产阶级不可逾越的成长过程，因为"工人起义的形式都是与劳动发展的每一个阶段以及由此决定的所有制形式

① 《马克思恩格斯文集》第1卷，人民出版社，2009，第655页。
② 《马克思恩格斯文集》第1卷，人民出版社，2009，第696页。
③ 《马克思恩格斯文集》第5卷，人民出版社，2009，第492页。
④ 《马克思恩格斯全集》第13卷，人民出版社，1998，第134页。
⑤ 《马克思恩格斯文集》第5卷，人民出版社，2009，第497、492页。
⑥ 《马克思恩格斯文集》第5卷，人民出版社，2009，第493页。

联系在一起的"①。而随着机器生产的普遍化与社会贫富差距的尖锐化，工人阶级的阶级意识渐趋明显，特别是到 19 世纪三四十年代，欧洲三大工人运动席卷而来，表明资本主义社会阶级矛盾的尖锐化，标志着无产阶级作为独立的政治力量登上历史舞台。

在回顾无产阶级革命运动历史的基础上，马克思认为必须提升无产阶级的组织化程度。在反对资本家的斗争中，单个工人逐渐结成"工会"或者"工联"等形式的同盟，"在一个共同的思想（反抗、组织同盟）下联合起来"②。这种同盟不仅是为争取工资，更是为了保障工人阶级的整体利益，"使英国经济学家异常吃惊的是，工人们献出相当大一部分工资支援经济学家认为只是为了工资而建立的联盟"③。这是对抗组织化的资产阶级的客观需要，"维护自己的联盟，就比维护工资更为重要"④。随着英国、法国、德国、美国、比利时等资本主义国家的机器生产导致工人阶级的贫困化日益严峻，"所有这些国家里的工人现在的共同利益，就是推翻压迫他们的阶级——资产阶级"⑤。马克思认为"工人不得不团结起来，建立协会以保障自己的工资和生活"⑥。

"国际工人协会"是对抗日益联合起来的资产阶级的组织形式。资本主义生产方式带来生活水平和贫困化的均衡，"既然各国工人的生活水平是相同的，既然他们的利益是相同的，他们的敌人也是相同的，那么他们就应当共同战斗，就应当以各国工人的兄弟联盟来对抗各国资产者的兄弟联盟"⑦。劳动解放是超出国家或民族单位的国际性事业，只有抛开民族矛盾加强国际合作，才能真正保障工人的整体利益。它与耽于幻想和互相争斗的宗派组织或利益集团不同，"国际是在反对资本家和土地占有者、反对他们的组织成

---

① 《马克思恩格斯全集》第 3 卷，人民出版社，1960，第 242 页。
② 《马克思恩格斯选集》第 1 卷，人民出版社，2012，第 273 页。
③ 《马克思恩格斯文集》第 1 卷，人民出版社，2009，第 654 页。
④ 《马克思恩格斯文集》第 1 卷，人民出版社，2009，第 654 页。
⑤ 《马克思恩格斯文集》第 1 卷，人民出版社，2009，第 697 页。
⑥ 《马克思恩格斯全集》第 21 卷，人民出版社，2003，第 299 页。
⑦ 《马克思恩格斯文集》第 1 卷，人民出版社，2009，第 697 页。

为国家的阶级统治的共同斗争中联合起来的全世界无产阶级的真正的、战斗的组织"①。"国际工人协会"摆脱资产阶级民族国家所限定的各种工人组织形态，"国际建立以前的所有各种组织，都是统治阶级中的激进分子为工人阶级建立的一些社团，而国际则是工人们为自己建立起来的"②。

因此，辩证地处理阶级矛盾与民族矛盾的关系是无产阶级国际性大联合的关键，更是"国际工人协会"发展的基本问题。国家或民族是资本主义国家机器的表现形态，民族或国家之间的矛盾掩盖了资本对各国工人的分化统治。以英国和爱尔兰工人之间的矛盾为例。英国无产者按照英国贵族和资本家的民族观点把爱尔兰无产者视为被统治的对象，把爱尔兰工人看作使自己生活水平降低的竞争者；而爱尔兰工人遂基于偏狭的民族意识和利益观点报复英国无产者。结果是，统治阶级通过书刊、教堂等一切工具人为地保持和加深这种对立，导致"英国工人阶级虽有自己的组织但没有力量"③。类似的"障眼法"大量存在，"爱尔兰同英国的关系，就像波兰同俄国的关系一样，是不平等的"，而这种对抗"至今还是横在争取工人阶级解放的一切运动的道路上的主要障碍"④。

由此，马克思认为既然政权掌握在资产阶级手中并成为分化、压迫无产阶级的机器，那么"工人没有祖国"，世界无产阶级必须联合起来，"无产阶级只有在世界历史意义上才能存在"⑤。也即各国或各民族的无产阶级必须识破资产阶级用民族矛盾或国家矛盾掩盖阶级矛盾的诡计，通过国际性的联合运动来保卫无产阶级的整体利益乃至建立世界无产阶级专政。在总结巴黎公社失败的教训时，马克思痛惜地指出，"巴黎公社之所以失败，就是因为在一切主要中心，如柏林、马德里以及其他地方，没有同时爆发同巴黎无产阶级斗争的高水平相适应的伟大的革命运动"⑥。在马克思恩格斯去世后，

---

① 《马克思恩格斯全集》第18卷，人民出版社，1964，第399页。
② 《马克思恩格斯文集》第3卷，人民出版社，2009，第618页。
③ 《马克思恩格斯文集》第10卷，人民出版社，2009，第328页。
④ 《马克思恩格斯全集》第18卷，人民出版社，1964，第87、711页。
⑤ 《马克思恩格斯文集》第1卷，人民出版社，2009，第539页。
⑥ 《马克思恩格斯全集》第18卷，人民出版社，1964，第180页。

"第二国际"放弃了国际的阶级联合，把民族矛盾置于阶级矛盾之上，给无产阶级劳动解放事业带来极大损害。

实现国际联合必须使无产阶级成为推动历史进步的自觉主体。资产阶级的思想家均为剥削存在的合理性著书立论，把资产阶级的特殊利益塑造成普遍利益，制造了种种发财致富的神话。马克思指出："如果他甘心接受资本家的愿望，接受资本家的命令，把它当做永久的经济规律，他就一定要受到奴隶所受的一切苦痛，而得不到奴隶所享有的生存保障。"① 马克思从劳动之于人类社会的根本作用出发，通过阐发唯物史观和剩余价值学说创立科学社会主义理论，分析了人类社会发展规律和现代资本主义社会运行规律，论证了资本主义必然灭亡、共产主义必然胜利。因此，劳动解放的任务是宣传科学社会主义理论，破除资本主义意识形态的遮蔽，使工人阶级"意识到当前专门为了增加工资、减少工作时间的运动，使他们置身于摆脱不掉的恶性循环，意识到祸根不是工资低，而是雇佣劳动制度本身"②。

不仅如此，马克思还注重批驳形形色色的所谓"社会主义思想"以及各种错误思想。恩格斯曾言他和马克思"一生中对冒牌社会主义者所作的斗争比对其他任何人所作的斗争都多"③。综观马克思的一生，马克思曾对黑格尔法哲学思想、"真正的社会主义"、蒲鲁东的小私有者社会主义思想、拉萨尔主义、巴枯宁主义等作出坚决的斗争，并在斗争中进一步明确劳动解放的原则和策略。无论是与形形色色的假社会主义和工人阶级内部各种谬误和偏差进行不调和斗争，还是对统治阶级代表人物的抨击，或是对资产阶级学者的理论批判，马克思总是揭露他们意识形态的偏见、私利或卑鄙动机，揭示其道德的虚伪性，对资本主义社会的道德等意识形态作出最彻底批判，极大地激发了劳动者革命的热情，劳动解放原则在工人阶级心中逐渐明晰起来，成为凝聚工人意志、推动工人运动展开的"圣经"。

马克思尤为重视发挥教育对于激活无产阶级主体意识的作用。马克思认

---

① 《马克思恩格斯文集》第 3 卷，人民出版社，2009，第 72 页。
② 《马克思恩格斯全集》第 25 卷，人民出版社，2001，第 501 页。
③ 《马克思恩格斯文集》第 10 卷，人民出版社，2009，第 486 页。

为资产阶级的教育是奴役劳动者的手段，使无产阶级承认"这种生产方式的要求是理所当然的自然规律"①。并且，由于"总体工人的各种职能有的比较简单，有的比较复杂"，"所以他的器官，即各个劳动力，需要极不相同的教育程度，从而具有极不相同的价值"，② 因此，资本主义依据生产需要决定工人受教育程度，依据受教育程度将劳动者划分为不同等级，与此相适应的是工资的等级制度，进而引发工人阶级之间的竞争与分化。对此，马克思强调"共产党一分钟也不忽略教育工人尽可能明确地意识到资产阶级和无产阶级的敌对的对立"③。无产阶级应该重视对自身和子女的教育，工人阶级的未来"取决于正在成长的工人一代的教育"④，而且必须通过全面的教育使人们能够全面地掌握生产系统，根据自己的兴趣爱好从一个生产部门转向另一个生产部门，从而摆脱现代分工为每一个人带来的片面性。

二 无产阶级政党的先进性建设

无产阶级政党是无产阶级的先锋队组织。随着无产阶级劳动解放运动的发展，"工人阶级在它反对有产阶级联合权力的斗争中，只有组织成为与有产阶级建立的一切旧政党对立的独立政党，才能作为一个阶级来行动"⑤。这要求建立一个用先进科学理论武装的、实行严格组织制度的无产阶级政党。恰如恩格斯所说："无产阶级要在决定关头强大到足以取得胜利，就必须（马克思和我从1847年以来就坚持这种立场）组成一个不同于其他所有政党并与它们对立的特殊政党，一个自觉的阶级政党"⑥。组织政党是无产阶级主体性建设的关键环节，既是无产阶级的阶级自觉性的表现，反映整个阶级对于劳动解放问题的共识程度，又是强化无产阶级之阶级自觉性的必要环节，有助于提升无产阶级的组织效率与加强意识形态建设。

---

① 《马克思恩格斯文集》第5卷，人民出版社，2009，第846页。
② 《马克思恩格斯文集》第5卷，人民出版社，2009，第405页。
③ 《马克思恩格斯文集》第2卷，人民出版社，2009，第66页。
④ 《马克思恩格斯全集》第16卷，人民出版社，1964，第217页。
⑤ 《马克思恩格斯全集》第44卷，人民出版社，1982，第732页。
⑥ 《马克思恩格斯文集》第10卷，人民出版社，2009，第578页。

无产阶级政党是无产阶级劳动解放运动的组织中枢与领导核心。在马克思看来，无产阶级政党应该"使自己的每一个支部都成为工人协会的中心和核心"①，通过制定科学的行动纲领和策略原则来发挥工人阶级的人数优势，"当群众组织起来并为知识所指导时，人数众多才能起决定胜负的作用"②，并且把当前斗争同劳动解放的远大目标即实现共产主义联系起来，"保证社会革命获得胜利和实现革命的最高目标——消灭阶级"③。同时，马克思反复提醒无产阶级政党必须警惕资产阶级思想的侵袭，避免充当"资产阶级民主派的随声附和的合唱队"④。可见，工人阶级政党是无产阶级劳动解放运动组织化能力的承载者，是催生无产阶级之阶级自觉与劳动解放运动的中枢系统。

马克思在积极参加无产阶级政党建设的过程中，提出了系统的无产阶级政党建设学说。按照马克思恩格斯的倡议，"正义者同盟"于1847年6月在伦敦召开第一次代表大会，改组为"共产主义者同盟"，讨论形成新的章程，把同盟的旧口号"人人皆兄弟"改为"全世界无产者联合起来"。之后，马克思恩格斯奔走于巴黎、伦敦等地，协助工人阶级建立"共产主义者同盟"各支部并提出科学的斗争策略。1847年11月底，马克思恩格斯参加共产主义者同盟第二次代表大会，并受大会委托以宣言的形式制定共产主义同盟纲领和章程。1848年2月《共产党宣言》正式出版，系统阐述了共产党的性质特点、基本纲领和策略原则，奠定了马克思主义建党学说的基础。在世界各地，多种语言版本的《共产党宣言》广泛传播，共产党、劳动党、工人党、共产主义联盟等组织如雨后春笋般出现，提高了无产阶级劳动解放的组织科学化水平。

共产党的先进性在于其代表无产阶级根本利益的彻底性。首先，共产党是工人阶级的先锋队组织，"共产党人不是同其他工人政党相对立的特殊政

---

① 《马克思恩格斯文集》第2卷，人民出版社，2009，第193页。
② 《马克思恩格斯全集》第21卷，人民出版社，2003，第14页。
③ 《马克思恩格斯文集》第3卷，人民出版社，2009，第228页。
④ 《马克思恩格斯文集》第2卷，人民出版社，2009，第193页。

党。他们没有任何同整个无产阶级的利益不同的利益"①。共产党突破了民族或国家等资产阶级思想所设定的边界，具有代表整个世界无产阶级利益的国际性，"共产党人强调和坚持整个无产阶级共同的不分民族的利益"②。其次，共产党是工人阶级长远利益乃至最高理想的代表，具有一以贯之地推进无产阶级劳动解放的革命性。③ 最后，共产党能够科学理性地区别资本主义所有制和资本主义所带来的生产力发展成果，避免工人阶级在社会革命中盲目的冒进行为，利用无产阶级专政一步一步地夺取资产阶级的全部资本，并且尽可能快地增加生产力总量，"共产主义的特征并不是要废除一般的所有制，而是要废除资产阶级的所有制"④。

共产党的先进性在于其能够制定科学的行动纲领。"工人阶级的共同愿望和意向是从它所处的现实条件中产生的"，然而这种共同愿望在工人阶级个体中的表现则不尽相同，并不全部地反映客观现实，"只有最能理解我们眼前进行的阶级斗争的内在含义的人即共产党人，才会最少犯赞同或鼓励宗派主义的错误"⑤。因此，马克思指出工人阶级政党的纲领"是一面公开树立起来的旗帜"⑥。在这一问题上，马克思认为共产党必须先以科学的理论武装自己，"共产党人的理论原理，决不是以这个或那个世界改革家所发明或发现的思想、原则为根据的。这些原理不过是现存的阶级斗争、我们眼前的历史运动的真实关系的一般表述"⑦。同时，随时随地都要以当时的历史条件为转移，"党的纲领应当避免对于个别作者或著作的明显的依赖性"⑧。马克思批判了有些地区的党组织不结合当地斗争实际教条地从他的著作中寻章摘句的行为，如他在1881年致英国社会民主联盟的领导人亨利·迈尔斯·海

---

① 《马克思恩格斯文集》第4卷，人民出版社，2009，第3页。
② 《马克思恩格斯文集》第2卷，人民出版社，2009，第44页。
③ 《马克思恩格斯文集》第2卷，人民出版社，2009，第44页。
④ 《马克思恩格斯文集》第2卷，人民出版社，2009，第45页。
⑤ 《马克思恩格斯全集》第32卷，人民出版社，1974，第658~659页。
⑥ 《马克思恩格斯文集》第3卷，人民出版社，2009，第415页。
⑦ 《马克思恩格斯文集》第2卷，人民出版社，2009，第44~45页。
⑧ 《马克思恩格斯全集》第35卷，人民出版社，1971，第195页。

德门的信中指出，"对于您从《资本论》中借用来的那类新的科学发现，党的纲领也是个不合适的地方；把这些新发现放在一个明确宣布的目的与这些新发现毫无共同之处的纲领的说明中，是完全不妥当的"①。因此，运用理论必须结合实际，制定符合无产阶级整体利益的纲领、政策与策略。

共产党的先进性在于依托组织建设逐步实现劳动解放的目标。其一，党要积极培育、考察、吸收工人阶级中的先进分子，"每一个承认并维护国际工人协会原则的人，均可成为国际工人协会的会员"②。其二，共产党内部的矛盾要靠斗争来解决，"国际的历史就是总委员会对那些力图在国际内部巩固起来以抗拒真正工人阶级运动的各个宗派和各种浅薄尝试所进行的不断的斗争"③。马克思批判了拉萨尔主义者所提出的把党变成一个"一切富有真正仁爱精神的人"的"全面的党"，指出无产阶级的政党必须是战斗的无产阶级组织。④ 其三，党的纪律和权威是胜利的重要保证。团结是党的一个基本原则，但以牺牲党的纪律和原则而实现所谓"合并"是绝不允许的，如果以团结为借口不敢反对党内腐朽分子和虚荣分子，则这样的党是没有前途的；各支部可以根据斗争需要进行改组，但是"成立任何真正的秘密团体都是绝不许可的"⑤。其四，要充分发挥支部在劳动解放运动中的作用，共产党在英国、欧洲大陆和美国"所有支部的专门任务，毫无疑问是不仅要成为工人阶级斗争的组织中心，而且要支持上述各国的任何一种有助于达到我们的最终目标——工人阶级的经济解放——的政治运动"⑥。

三　建立劳动解放的统一战线

资本主义生产方式在全世界范围的扩张使无产阶级的队伍在各个区域得到壮大，劳动解放依靠各个阶级、阶层、政党、民族和国家建立统一战线才

---

① 《马克思恩格斯全集》第35卷，人民出版社，1971，第195页。
② 《马克思恩格斯文集》第3卷，人民出版社，2009，第229页。
③ 《马克思恩格斯文集》第10卷，人民出版社，2009，第367页。
④ 《马克思恩格斯文集》第3卷，人民出版社，2009，第479页。
⑤ 《马克思恩格斯全集》第17卷，人民出版社，1963，第456页。
⑥ 《马克思恩格斯全集》第44卷，人民出版社，1982，第731页。

能完成。马克思批判了"劳动的解放应当是工人阶级的事情，对它说来，其他一切阶级只是反动的一帮"① 这类消极、机械的划分观点，他指出随着资本主义生产方式的发展，农民、小商人、手工业者甚至小企业主等"中间等级"也被抛入无产阶级革命的队伍，成为劳动解放的主体。生产资本的增殖促使工业资本家不断增加生产资料，从而使一些小企业主破产，把他们抛入无产阶级队伍，生产愈益超过了消费，供应日益大过需求，由于这一切，危机的发生也就愈益频繁而且愈益猛烈。每一次危机又加速了资本的集中，扩大了无产阶级的队伍，而"中间等级，即小工业家、小商人、手工业者、农民，他们同资产阶级作斗争，都是为了维护他们这种中间等级的生存，以免于灭亡"②。在联合的反革命的资产阶级面前，小资产阶级和农民阶级中一切已经革命化的成分，自然必定要与革命利益的主要代表者，即与革命无产阶级联合起来。忽视或否定"中间等级"的革命性必然会导致对革命形式和革命对象的错误判断。

劳动解放需要建立工农联盟，农民是无产阶级最可靠的同盟军，无产阶级不把农民发动起来就不可能触动资本主义制度。在马克思看来，农民阶级是具有两重性的阶级，资产阶级为了压迫无产阶级，总是设法离间工人和农民的关系，鼓动农民阶级去反对工人阶级，从而使工人陷入孤立无援的境地。无产阶级是否与农民结成联盟直接关系到革命的成败。无产阶级革命有了农民的支持，"就会形成一种合唱，若没有这种合唱，它在一切农民国度中的独唱是不免要变成孤鸿哀鸣的"③。譬如，在分析 1848 年法国工人六月起义时，马克思指出，"在革命进程把站在无产阶级与资产阶级之间的国民大众即农民和小资产者发动起来反对资产阶级制度，反对资本统治以前，在革命进程迫使他们承认无产阶级是自己的先锋队而靠拢它以前，法国的工人们是不能前进一步，不能丝毫触动资产阶级制度的"④。马克思在分析德国革

---

① 《马克思恩格斯文集》第 3 卷，人民出版社，2009，第 437 页。
② 《马克思恩格斯文集》第 2 卷，人民出版社，2009，第 42 页。
③ 《马克思恩格斯文集》第 2 卷，人民出版社，2009，第 573 页。
④ 《马克思恩格斯文集》第 2 卷，人民出版社，2009，第 89 页。

命问题时，同样强调了工农联盟对于无产阶级革命的重要性，他指出，"德国的全部问题将取决于是否有可能由某种再版的农民战争来支持无产阶级革命"①。可见，建立工农联盟是无产阶级进行有成效的革命的前提条件。

马克思依据革命形势带来的阶级变化论证了建立工农联盟的可行性，并明确工人阶级在工农联盟中的领导地位。农民阶级之所以能和工人阶级联合，首先，是因为二者都是劳动阶级，都受到资本逻辑的统治。在1848年欧洲革命中，资产阶级对自己的天然同盟军农民阶级的背叛和出卖，已经证明资产阶级再也不能成为农民的同盟者。资本主义生产方式使小块土地日益成为大资本吞噬的对象，"农民所受的剥削和工业无产阶级所受的剥削，只是在形式上不同罢了。剥削者是同一个：资本"②。其次，农民阶级是潜在的雇佣工人，也受到资本主义大农业的侵蚀。在资本逻辑统治下，农民阶级被迫与土地分离，沦为自由且一无所有的雇佣工人。作为潜在的并且极有可能转化为雇佣工人的群体，农民阶级和工业无产阶级有共同的敌人、共同的利益和要求，"只有资本的瓦解，才能使农民地位提高；只有反资本主义的无产阶级的政府，才能结束农民经济上的贫困和社会地位的低落"③。此外，农民阶级由于生产方式的落后性和分散性，无法形成强大的力量保护自己的阶级利益，而无产阶级在同资产阶级斗争中展现出来的磅礴力量使农民阶级认识到只有无产阶级才是代表他们利益的彻底的革命阶级，这样"农民就把负有推翻资产阶级制度使命的城市无产阶级看做自己的天然同盟者和领导者"④。

除农民阶级等被压迫阶级之外，无产阶级也应根据革命形势和阶段目标联合小资产阶级民主派和资产阶级民主政党。在德国、法国等资本主义国家仍存在反对封建专制统治或者复辟的任务时，无产阶级所面临的首要敌人不是资产阶级，而是比资产阶级落后、反动的封建阶级。马克思根据当时社会

① 《马克思恩格斯文集》第10卷，人民出版社，2009，第131页。
② 《马克思恩格斯文集》第2卷，人民出版社，2009，第160页。
③ 《马克思恩格斯文集》第2卷，人民出版社，2009，第160~161页。
④ 《马克思恩格斯文集》第2卷，人民出版社，2009，第570页。

阶级状况认为资产阶级革命是无产阶级革命的直接序幕，如果不首先完成资产阶级革命，推翻封建制度，就不可能实现无产阶级革命。因此，"共产党人到处都支持一切反对现存的社会制度和政治制度的革命运动"。无产阶级应毫不犹豫地支持资产阶级反对封建主义的斗争，"只要资产阶级采取革命的行动，共产党就同它一起去反对专制君主制、封建土地所有制和小资产阶级"。① 马克思根据"共产党人到处都努力争取全世界民主政党之间的团结和协调"这个原则，结合当时欧洲的无产阶级革命同资产阶级的民族民主革命交织在一起的实际情况，阐明了在不同国家、不同条件下，共产党人对其他民主政党应该采取的方针政策，如"在法国，共产党人同社会主义民主党联合起来反对保守的和激进的资产阶级"，"在瑞士，共产党人支持激进派""在波兰人中间，共产党人支持那个把土地革命当做民族解放的条件的政党，即发动过 1846 年克拉科夫起义的政党"等。②

马克思注意到随着阶级斗争的开展，统治阶级内部也发生瓦解，"统治阶级中的一小部分人脱离统治阶级而归附于革命的阶级，即掌握着未来的阶级"，因此要积极争取这一部分先进分子，加速资本主义制度的瓦解。正像资产阶级革命时贵族中有一部分人转到资产阶级方面一样，"现在资产阶级中也有一部分人，特别是已经提高到能从理论上认识整个历史运动的一部分资产阶级思想家，转到无产阶级方面来了"。③ 这些先进分子是无产阶级联合的重点对象。与统治阶级中的先进分子联合既体现出无产阶级革命运动是合乎历史发展规律和人的本性的运动，也表明无产阶级代表着劳动解放的发展方向，在革命活动中应扩大宣传范围，使更多的人了解到资本主义生产方式只能加剧人民生存危机，并且因为存在不可克服的矛盾而无可避免地走向灭亡，只有无产阶级劳动解放运动才符合人民的长远利益和历史发展的方向，"这样，他们就不是维护他们目前的利益，而是维护他们将来的利益，他们

---

① 《马克思恩格斯文集》第 2 卷，人民出版社，2009，第 66 页。
② 《马克思恩格斯文集》第 2 卷，人民出版社，2009，第 65 页。
③ 《马克思恩格斯文集》第 2 卷，人民出版社，2009，第 41 页。

就离开自己原来的立场，而站到无产阶级的立场上来"①。

概而言之，马克思关于建立劳动解放统一战线的思想有两个基本点。一方面，要根据革命形势如不同的社会历史条件和阶级状况等尽可能地建立无产阶级同盟军，没有革命的联合，无产阶级劳动解放的目标就难以实现。另一方面，在各种联合中，无产阶级及其政党必须坚持领导权，保持自身独立性，"任何一个工人政党每当背离这个策略纲领的时候，都因此而受到了惩罚"②。马克思坚决反对可能损害无产阶级独立性、丧失原则的联合，无产阶级与其他阶级、集团、政党的联合是有条件的，一旦这些条件遭到破坏，联盟就应该立即解体。

四 暴力革命与合法斗争的辩证统一

无产阶级革命的直接目的和途径是通过暴力革命推翻资本主义制度，建立无产阶级专政。暴力革命是流血牺牲的政治变革，"共产党人不屑于隐瞒自己的观点和意图。他们公开宣布：他们的目的只有用暴力推翻全部现存的社会制度才能达到"③。暴力革命不是劳动阶级刻意展示革命激情，不仅仅是为了争取在政治上的统治地位，其真正的根源在于落后的生产关系严重阻碍了新的生产力发展。历史上虽然王朝更迭没有真正改变生产的方式或经济形态，但是每次革命的爆发都是因为既有的统治阻碍了经济的发展。"经济凋敝""民不聊生"往往成为劳动人民举行起义的原因，同样的，新的王朝建立初期，总是致力于"休养生息""恢复经济"。这就要求通过革命改变旧的生产关系以及维护这种生产关系的旧的上层建筑，解放被束缚的生产力，推动社会进一步向前发展，因此，"暴力也是一种经济力"。马克思将暴力革命比喻为"每一个孕育着新社会的旧社会的助产婆"④，认为"它是社会运动借以为自己开辟道路并摧毁僵化的垂死的政治

---

① 《马克思恩格斯文集》第 2 卷，人民出版社，2009，第 42 页。
② 《马克思恩格斯文集》第 4 卷，人民出版社，2009，第 4 页。
③ 《马克思恩格斯文集》第 2 卷，人民出版社，2009，第 66 页。
④ 《马克思恩格斯文集》第 5 卷，人民出版社，2009，第 861 页。

形式的工具"。① 暴力革命并不是简单地把国家机器从资产阶级手中转到无产阶级手中，而是创建适合新的劳动方式的政治秩序，创造"真正的人民革命的先决条件"②。

暴力革命是实现劳动解放的重要手段，并不意味着要否定合法斗争的作用。暴力革命和合法斗争具有内在统一性，二者的目的均是使工人阶级获得政治统治地位。暴力革命是以激烈的不可调和的形式展开的革命，其目的在于摧毁旧的政权，不可避免地伴随着流血与牺牲；合法斗争是在既有制度范围内，以既有制度所包含的有利于自身的因素或者政策为工具，为自己争取最大化的利益，最终取代统治阶级，实现自身的解放。暴力革命与合法斗争并不矛盾更谈不上冲突，前者为后者提供实力的保障，后者为前者积蓄必要的力量。马克思从来没有提出过要放弃合法斗争，更没有提出过要放弃暴力革命，而是多次向工人阶级说明二者的配合关系。在马克思看来，若不进行推翻资本主义制度的暴力革命，就难以彻底地破除既有生产关系所蕴含的弊端，而这些弊端会在以后的劳动活动中逐渐展开甚至是扩大，阻碍劳动解放事业的进一步发展。一些曾经的殖民地国家由于没有展开彻底的暴力革命推翻资本主义统治和封建统治，劳动解放事业难以顺利展开。当然，若将所有的斗争均诉诸暴力革命而忽视合法斗争，则会出现暴力革命泛化等问题。1872 年，马克思在《关于海牙代表大会》的演说中郑重指出："工人总有一天必须夺取政权……但是，我们从来没有断言，为了达到这一目的，到处都应该采取同样的手段。我们知道，必须考虑到各国的制度、风俗和传统；我们也不否认，有些国家，像美国、英国，——如果我对你们的制度有更好的了解，也许还可以加上荷兰，工人可能用和平手段达到自己的目的。但是，即使如此，我们也必须承认，在大陆上的大多数国家中，暴力应当是我们革命的杠杆。"③

---

① 《马克思恩格斯文集》第 9 卷，人民出版社，2009，第 191～192 页。
② 《马克思恩格斯文集》第 10 卷，人民出版社，2009，第 352 页。
③ 《马克思恩格斯全集》第 18 卷，人民出版社，1964，第 179 页。

无论是暴力革命还是合法斗争，都是实现劳动解放的手段。工人必须夺取政权以便建立一个新的劳动组织，但是"我们从来没有断言，为了达到这一目的，到处都应该采取同样的手段"，至于应该采取何种方式，"须考虑到各国的制度、风俗和传统"，① 根据当时当地的阶级力量来决定，"在我们有可能用和平方式的地方，我们将用和平方式反对你们，在必须用武器的时候，则用武器"②。合法斗争与暴力革命都必须服从和服务于无产阶级的根本利益。不过，马克思也强调暴力革命是无产阶级革命的必经途径，"暴力应当是我们革命的杠杆；为了最终地建立劳动的统治，总有一天正是必须采取暴力"③。因为合法斗争只是在既有制度内进行，而现代社会劳动解放的任务是推翻既有制度，建立新的社会制度。即使在论述俄国农村公社能否直接过渡到共产主义时，马克思根据俄国实际明确提出，"要挽救俄国公社，就必须有俄国革命"④，"假如俄国革命将成为西方无产阶级革命的信号而双方互相补充的话，那么现今的俄国土地公有制便能成为共产主义发展的起点"⑤。

在马克思看来，资本主义社会之所以不可能彻底实现劳动解放，是因为资本以剥削劳动为存在方式，资本主义生产过程与无产阶级的发展相悖。因此，资本主义国家劳动问题的解决方案就在于推翻资本统治，重构劳动组织形式和分配方式，构建出以"劳动权"为核心的社会主义制度环境。马克思运用普遍性和特殊性相结合的分析方法，既明确了推翻资本主义统治是所有资本主义国家无产阶级的基本任务，又考察各国劳动解放任务的差异，要求无产阶级综合分析本地区劳动解放的优势与不足，根据自身状况制定最为有利的斗争策略。马克思阐述了暴力革命与合法斗争均是实现劳动解

① 《马克思恩格斯全集》第 18 卷，人民出版社，1964，第 179 页。
② 《马克思恩格斯全集》第 17 卷，人民出版社，1963，第 700 页。
③ 《马克思恩格斯全集》第 18 卷，人民出版社，1964，第 179 页。
④ 《马克思恩格斯文集》第 3 卷，人民出版社，2009，第 579 页。
⑤ 《马克思恩格斯文集》第 2 卷，人民出版社，2009，第 8 页。

放的手段，明确无产阶级是劳动解放的主体，无产阶级政党作为无产阶级的先锋组织，能够代表无产阶级的根本利益，能够组织起最广泛、最有力的劳动解放统一战线等。马克思对资本主义社会劳动解放问题的论述既是对劳动解放论基本原理的具体运用，又根据社会实践和斗争经验不断更新、丰富劳动解放论。

第四章 马克思对"东方社会"劳动解放问题的研究

马克思对于劳动解放问题的研究是着眼于全世界和全人类的。在探索欧美资本主义国家劳动解放方案外，马克思还科学剖析了"东方社会"的劳动解放问题。一方面，资本借助世界市场扩展至全球，将"东方社会"纳入资本统治之中，导致民族矛盾与阶级矛盾并存，传统劳动形式和现代劳动形式交织，从而使这些国家或地区的劳动解放任务更为复杂。另一方面，以俄国、中国、印度等为代表的"东方国家"，由于存在延续数千年的土地公有制和集体劳动形式，有可能跨越资本主义发展阶段而直接过渡到共产主义。马克思考察了中国的劳动解放问题，既分析了中国革命与欧美革命的共振关系，说明劳动解放需要全世界的"共同胜利"；又认识到中国劳动解放道路的独特性，提出"中国社会主义""中华共和国"等概念。马克思关于"东方社会"劳动解放问题的研究体现出他"一切从实际出发"的理论品质和对劳动解放论基本原理的灵活运用。

第一节 "东方社会"劳动解放问题的复杂性

资本借助世界市场打破民族国家的限制向全球空间扩展。发达资本主义国家和落后的殖民地半殖民地国家之间的关系实质上演变为劳动和资本的关系，殖民地成为资本原材料和劳动力的供应地与产品的倾销市场，"东方从属于西方"①，经济落后的"东方社会"实质上处于世界无产阶级的地位。在遭受资本统治的"东方社会"中，民族矛盾与阶级矛盾并存，传统劳动形式和现代劳动形式交织，劳动解放任务更为复杂。因此，要实现劳动解放就必须首先开展反殖民斗争。马克思的"东方社会"理论的一个重要内容，就是阐述近现代"东方社会"反殖民主义革命斗争和民族解放运动。这一理论集中反映了马克思对东方各个被奴役的殖民地半殖民地劳动人民命运的关注和对"东方社会"劳动解放事业和国家前途的科学探索。

一　世界历史与资本的跨国剥削

资本主义通过世界市场打破地域和民族国家的阻碍，将资本逻辑推向全球空间，"不断扩大产品销路的需要，驱使资产阶级奔走于全球各地。它必须到处落户，到处开发，到处建立联系"②。地理大发现使人们不仅认识到整个世界的地理范围，而且树立起了全球化的思维方式，开始用世界历史眼光审视劳动解放问题。因此，世界市场的出现不仅具有地理学上的意义，更具有历史意义和经济学意义。在19世纪中期至20世纪初期，资本主义市场基本扩展至全世界，资本主义经济也进入全球垄断阶段。世界无产阶级和资产阶级之间的斗争日趋激烈，一国的劳动问题扩展成全球性的劳动问题。

世界市场打开了各个民族国家的大门，劳动和资本的关系扩展至全球空间，劳动解放成为存在"现代社会生产关系"的地区共同面临的问题。因为资产阶级的统治不仅建立在剥削本国劳动群众的基础上，而且建立在对别国劳动群众尤其是整个被压迫民族的剥削掠夺之上，"现代英国工人阶级的贫困和穷苦却具有全国性意义，甚至具有世界历史意义"③。在资本主义国家内部出现经济危机和阶级斗争日益尖锐的形势下，资本主义国家以牺牲被压迫民族的正当权益为手段，谋取经济暴利，转移国内视线，企图以此来巩固资产阶级的政治统治。因此，推翻资本主义统治成为这些地区劳动解放的主要

---

① 《马克思恩格斯文集》第2卷，人民出版社，2009，第36页。
② 《马克思恩格斯文集》第2卷，人民出版社，2009，第35页。
③ 《马克思恩格斯文集》第1卷，人民出版社，2009，第93页。

任务。由于同处于无产阶级的地位，这些地区的革命斗争与欧洲无产阶级的革命斗争密切相连并相互促进。因此，实现二者的国际合作有助于世界劳动解放事业取得最终胜利。

经济落后的"东方社会"虽然处于世界无产阶级的地位，但是与欧洲无产阶级的处境并不完全相同。从产生缘由上看，欧美等资本主义地区和国家的资本主义生产方式多是内生的，即通过本国的资产阶级革命建立起来。而中国、印度等殖民地半殖民地虽然也存在资本主义的萌芽，但资本主义生产关系主要是由世界市场和殖民统治输入的。这导致在这些国家中，传统劳动形式和现代劳动形式交织、资本主义和封建主义既发生碰撞又相互勾结。"东方社会"资本主义生产关系形成的特殊性导致这些地区劳动解放问题的复杂性，即既要推翻殖民体系以解决民族矛盾，又要推翻资本主义和封建主义的共同统治以解决阶级矛盾，无产阶级革命和民族解放运动同时进行。

"东方社会"资本主义生产关系形成的特殊性也为这些地区劳动解放事业提供了新机遇。首先，这些国家所受到的殖民统治并不总是来源于一个国家，如中国就受到英国、法国、德国等十余个资本主义国家的侵略，这些殖民者之间为了争夺地盘展开激烈斗争。这说明利益各异的资产阶级国家难以实现国际联合。资本的跨国剥削既扩展了劳资矛盾的边界，也使资本在全世界的统治不是"铁板一块"，而是存在大量薄弱环节，存在爆发全球性危机的可能。因此，劳动者可以利用这些国家的矛盾开展劳动解放运动。另外，由于落后国家的矛盾更为复杂，斗争态势更为激烈，更容易形成彻底的推翻资本主义的劳动解放斗争。

总之，资本的跨国剥削使世界各国劳动解放事业不仅休戚相关而且"殊途同归"。无论是资本主义国家内部的劳资对立，还是国际范围内的民族解放斗争，均是为了推翻资本统治，保障劳动者的基本生活条件和主体地位。"工人没有祖国"[1]，面对具有世界性的资本统治，各个国家无产阶级既应该认识到本国劳动解放任务的复杂性和特殊性，厘清面临的机遇与挑战，又应

---

[1] 《马克思恩格斯文集》第2卷，人民出版社，2009，第50页。

该抛开所谓的民族矛盾寻求国际合作,推翻资本主义制度,获得世界意义上的劳动解放运动的"共同胜利"。这也是国际工人协会的任务和发展的目标。在马克思看来,国际工人协会不只是要推动英法等发达资本主义国家实现劳动解放,而且要推动所有国家尤其是沦为半殖民或者殖民地国家实现劳动解放。因为这些国家在世界经济体系中处于无产阶级的地位,若不实现这些落后国家的劳动解放,发达资本主义国家的劳动解放事业也不可能取得最终胜利。

二 殖民地半殖民地的劳动解放

殖民地半殖民地的劳动解放要求同时解决民族矛盾和阶级矛盾,实现民族解放和阶级解放。民族解放是指近代以来殖民地半殖民地和一切被压迫民族反对异族压迫和统治、为争取民族独立和民族自由所进行的正义斗争和运动。马克思恩格斯十分关注落后国家的民族解放问题,在他们看来,"一个民族当它还在压迫其他民族的时候,是不可能获得自由的"[1]。资本主义社会的民族矛盾实质上是由资本逻辑在全球空间的扩张导致的,劳动和资本的关系表现为被压迫民族和压迫民族之间的关系。因此,马克思指出,应"把民族问题和民主问题以及被压迫阶级的解放看作一回事"[2]。落后民族的独立和解放有赖于资产阶级国家内部无产阶级反对资产阶级斗争的胜利,甚至后一种斗争的胜利对前者独立解放运动的胜利具有决定意义。可见,民族解放是劳动解放在空间领域的表现,民族解放只有在解决劳动和资本的矛盾的过程中即劳动解放中才能实现。

民族矛盾和阶级矛盾互相推动。民族压迫和剥削是阶级压迫和剥削的必然产物。马克思指出,"旧社会中身居高位的人物和统治阶级只有靠民族斗争和民族矛盾才能继续执掌政权和剥削从事生产劳动的人民群众"[3]。对于剥削阶级尤其是以追求利润为生存基础的资产阶级来说,本民族劳动人民的剩

① 《马克思恩格斯文集》第1卷,人民出版社,2009,第696页。
② 《马克思恩格斯全集》第4卷,人民出版社,1958,第537页。
③ 《马克思恩格斯全集》第33卷,人民出版社,1973,第198页。

余劳动存在生理上和道德上的限制，本民族的自然资源、劳动者所创造出来的产品和提供的劳动力是难以满足他们的欲望的。因此，剥削阶级拥有强烈的"征服欲"，总设想并寻找任何机会去侵略其他民族，不仅掠夺被压迫民族的劳动产品，还在那些地区推行自己的生产方式，如在中国、印度等强制推行资本主义生产方式，开展资本的原始积累活动。

而对于被压迫民族，劳动阶级不仅遭受着本国统治阶级的压迫，而且遭受着宗主国的奴役与压迫。更为残酷的是，殖民者和殖民地中的统治阶级勾结，劳动者们忍受着国内和国外多层次的剥削和奴役。尤其是在资本主义社会，被压迫民族的劳动者既遭受着不成熟的本国资本剥削，又受到成熟的国际资本剥削，和发达资本主义国家的劳动者一样忍受着经济危机带来的社会危机。而本国经济体系和劳动保障制度的不完善使得被压迫民族的劳动者根本无处去为自己伸张正义。并且，即使在最不发达的殖民地，资本的原始积累状况同样存在。可见，被压迫民族的劳动者处于资本剥削的矛盾中心，生存权和发展权受到严重威胁，他们只有发动革命推翻所有压迫和剥削关系才能生存下去。因此，处于产业链最底端的被压迫民族的劳动者也最具有革命性。

殖民主义的根源在于资本逻辑的扩张。新航路开辟以后，欧洲资产阶级借助坚船利炮开始肆无忌惮地抢占殖民地，并对殖民地的黄金、原材料以及劳动工人实行极为血腥和贪婪的掠夺。这激起了亚洲、非洲、拉丁美洲人民的反殖民主义斗争。殖民主义不仅是民族问题，更是阶级问题，是资产阶级的私有制和资本逻辑在全世界范围内的扩张，是世界资产阶级对世界无产阶级的剥夺，"殖民制度宣布，赚钱是人类最终的和唯一的目的"①。在殖民主义推行初期，资本家主要是通过商品倾销和掠夺原材料的形式掠取殖民地的资源，以缓解本国生产过剩危机。随着资本主义进入垄断时期，宗主国利用资本输出和政治控制等方式，在当地开办工厂、修筑铁路和设立银行，控制被压迫民族的经济命脉，进一步加强了对殖民地半殖民地国家劳动者的掠夺

---

① 《马克思恩格斯文集》第 5 卷，人民出版社，2009，第 864 页。

与奴役。并且，资本家与反动势力勾结，共同剥削劳动人民，镇压劳动人民的反抗，使被压迫民族和资本主义国家之间的矛盾进一步激化，殖民地半殖民地的民族民主革命不可避免。

殖民地半殖民地劳动人民争取解放的斗争从未停止。一部资本主义国家的殖民扩张史，同样是一部被压迫民族劳动者反对民族压迫和阶级压迫的斗争史。马克思曾愤怒地谴责 19 世纪英国对中国倾销鸦片是"海盗式的侵略"①，"非法的鸦片贸易年年靠摧残人命和败坏道德来填满英国国库"②。中国人民的反侵略斗争是正义的，"这是'保卫社稷和家园'的战争，这是一场维护中华民族生存的人民战争"，他们运用的是"起来反抗的民族在人民战争中所采取的手段"。③ 与此同时，已经沦为英国殖民地的印度也爆发了多次革命运动，比较著名的是 1857 年爆发的民族大起义。马克思认为这场起义"不过是英国自己在建立其东方帝国时期以及在其长期统治的最近几十年当中在印度所作所为的集中反映"④。殖民地半殖民地劳动人民的革命斗争取得了卓越的成效。如在 19 世纪末 20 世纪初，亚洲、非洲和拉丁美洲的劳动者发动民族独立运动，迫使殖民统治者在日益强大的群众运动中做出让步，推翻殖民统治赢得自身独立成为可能。

马克思积极总结"东方社会"被压迫民族的斗争经验，分析了东西方劳动解放路径和策略的共通性。19 世纪 50 年代，欧洲革命陷入低潮，而亚洲、非洲、拉丁美洲的民族斗争进入蓬勃发展时期，马克思极为关注甚至带着兴奋之情去关注这些问题，先后撰写五六十篇评论文章，揭露西方国家的谎言，向欧洲的劳动群众展现出东方革命的气势，激励已经"低落下去"的欧洲工人阶级继续开展反资本主义斗争。马克思认识到殖民统治使资本逻辑扩展至全球，因此，他基于资本主义社会总结的劳动解放的原理和策略，也适用于"东方社会"的反殖民斗争。

---

① 《马克思恩格斯文集》第 2 卷，人民出版社，2009，第 672 页。
② 《马克思恩格斯文集》第 2 卷，人民出版社，2009，第 621 页。
③ 《马克思恩格斯文集》第 2 卷，人民出版社，2009，第 626 页。
④ 《马克思恩格斯全集》第 12 卷，人民出版社，1962，第 308 页。

另外，"东方社会"的劳动解放斗争相较于西方资本主义国家劳动者的解放事业更为复杂，因为它面临着殖民者和本国统治者联合起来的政治压迫、资本运行规律以及本国残余的落后生产方式的经济压迫。被压迫民族的劳动者处于剥削的最低端，处于现代社会和传统社会的交汇处、剩余价值生产和资本原始积累时期。因此，他们的任务也具有多重性，即民族解放、政治斗争和经济斗争相结合。不过，由于没有形成统一的发达的资本主义生产体系，因此"东方社会"处于资本链条上较为薄弱的环节，劳动者面临的资本统治虽然残暴但并没有欧洲社会那般隐蔽和精细，因此"东方社会"有可能率先摆脱资本的统治。

"东方社会"无产阶级领导的反殖民斗争是世界无产阶级革命的一部分，反殖民斗争和欧洲的无产阶级革命是互相补充的。从情感角度来看，这体现出马克思的国际主义情怀，他关注的是整个世界劳动者的命运。从科学角度来看，这是马克思全面把握资本运行规律所得出的结论，资本的逐利本性决定了它必然向全世界扩张，只有全世界范围内爆发资本主义社会危机和全面的社会革命，才有可能推翻资本主义制度，这也是马克思的"共同胜利"理论。亚非拉等地人民的反侵略斗争有力地打击了西方资产阶级，戳穿了他们所谓坚船利炮"不可战胜"的神话，直接反对英国殖民统治的印度民族起义和中国的鸦片战争，牵制了英国大量的武装力量，为欧洲的工人运动提供了有利时机。同样，欧洲的无产阶级劳动解放运动也为被压迫民族的革命斗争提供了理论支持和斗争经验。东西方劳动解放斗争的牵制，削弱了资本主义在全世界的统治。

第二节　"东方社会"劳动解放道路的特殊性

"东方社会"遭受资本的侵蚀并不意味着必然要走资本主义道路。中国、印度和俄国等"东方社会"存在延续千年的土地公有制和集体劳动形式，有可能跨越资本主义发展阶段而直接走向另一条劳动解放道路。马克思以世界历史的视野考察了"东方社会"的劳动解放问题。马克思在阅读人类学和历史学著作的基础上，对"东方社会"独特的发展道路进行探索，分析了其跨越式发展的条件。马克思十分关注中国的劳动解放问题，他认识到一方面，中国作为典型的"东方社会"国家，存在大面积公有制土地，具有跨越式发展的可能，并提出"中国社会主义"和"中华共和国"等概念；另一方面，中国作为半殖民地半封建国家，遭受着多个资本主义国家的压迫，革命态势更为激烈，可以与欧洲无产阶级革命实现同频共振。

一　"东方社会"的独特性与跨越式发展

在马克思的研究视域里，"东方社会"有两种含义：一是指在地理位置上与欧美等西方社会相对应的东方国家，主要指中国、印度和俄国等国家；二是指在经济形态上与西方资本主义国家相对应的非资本主义国家。相较于西方社会，"东方社会"表现出较强的独特性：在经济上实行土地公有制，在社会组织上实行自给自足的农村公社制，在政治上实行中央集权。这种不同于西方社会的独特性引起马克思的持续思考和关注。马克思指出，不存在土地私有制是"了解东方天国的一把真正的钥匙"[①]。

土地公有、农村公社和专制国家是"东方社会"的基本特征。公社共同占有土地分给其成员耕种，土地所有权掌握在国家或集体手中；专制君主作为最高的或者唯一的土地所有者高居在所有公社之上，以贡赋的形式获取剩余产品，并主管灌溉、交通等公共事务，而各个公社内部，基本上推行手工业和农业相结合的自给自足的自然经济。这种劳动组织和生产形态使得"东方社会"各国的社会结构非常稳定，这种稳定性具体表现为封闭性、平衡性、专一的中央集权和单一的国有化形式。虽然各国内部经历了多次王朝更迭，但是这种所有制形式和劳动形式并未发生实质性变革。

"东方社会"劳动解放道路独特性的基础在于存在大面积的公有制土地和在此基础上形成的集体行动的逻辑。"东方社会"的地理环境和社会结构与欧洲国家明显不同。欧洲国家的领土面积狭小且数量众多，这就导致大部分国家

[①]　《马克思恩格斯文集》第10卷，人民出版社，2009，第112页。

是"小国寡民"。因此，在欧洲长期以来占主导地位的是私有制。"小国寡民"的状态决定了欧洲社会难以形成大一统的帝国，即使是已经形成的诸如马其顿帝国、奥匈帝国等也并非真正能够实现各邦国之间利益一致与和平共处。

与欧洲的"小国寡民"状态不同，中国、印度等"东方国家"的典型特征就是大一统，不仅表现为拥有广袤的国土，并且拥有种类齐全的资源，更为重要的是，这些国家有着悠久的中央集权制度，并且在历史发展中构建起完整的、完善的公共基础设施。"利用水渠和水利工程的人工灌溉设施成了东方农业的基础。""亚洲的一切政府都不能不执行一种经济职能，即举办公共工程的职能。这种用人工方法提高土壤肥沃程度的设施归中央政府管理。"中央政府通过对供水的管理，统辖小生产有机体，维持社会稳定和国家统治。中央政府如果忽略灌溉或排水，这种设施立刻就会废置，"这就可以说明一件否则无法解释的事实，即大片先前耕种得很好的地区现在都荒芜不毛，例如巴尔米拉、佩特拉、也门废墟以及埃及、波斯和印度斯坦的广大地区就是这样。同时这也可以说明为什么一次毁灭性的战争就能够使一个国家在几百年内人烟萧条，并且使它失去自己的全部文明"①。最重要的是，这些国家长期以来都是土地公有制。土地公有制并不意味着土地归每个人所有，而是由国家占有，所谓"普天之下，莫非王土"。这种公有制和中央集权的特征使得这些国家，尤其是中国，能够在一定程度上抵御资本主义的入侵，使得中国并没有完全沦为殖民地。

存在土地公有制意味着"东方社会"并非必须走资本主义道路才可以实现劳动解放。"对这一点的最好证明，是资本主义生产在它最发达的欧美各国中所遭到的致命危机，而这种危机将随着资本主义的消灭，随着现代社会回复到古代类型的高级形式，回复到集体生产和集体占有而告终"②。建立公有制是资本主义社会劳动解放的目标，而"东方社会"恰恰存在公有制形式，因此没有必要破坏掉这个公有制的实现形式，退回到资本主义社会，然

---

① 《马克思恩格斯文集》第2卷，人民出版社，2009，第679~680页。
② 《马克思恩格斯文集》第3卷，人民出版社，2009，第579页。

后按照资本主义的运行节奏再转向共产主义。或者说,"东方社会"可以"跨越"资本主义社会发展阶段,直接发展这种公有制形式进而向共产主义过渡。由于"东方社会"的公有制并非完全的公有制,而是存在私有制因素,因此要保证跨越式发展顺利实现,就必须进行反对资本主义生产方式的斗争,全力保障和推动公有制因素的发展。

实现"东方社会"的跨越式发展,首先要保证土地公有制不会解体。土地公有制是理解"东方社会"劳动解放道路的钥匙。这里的公有制包含两种形态,即完全公有制、公有制和私有制并存。"东方社会"的土地公有制实质上属于公有制和私有制并存,土地的所有权归国家所有,即理论上归所有的个体所有,实际上国家将土地分给不同的成员去耕种,成员具有使用权,成员的劳动工具、劳动产品等归私人所有,而不是贡献至集体之中。因此,"东方社会"的公社中,实际上是公有制和私有制并存,但占主导地位的仍然是公有制因素。而在资本全球扩张的态势下,公社中的私有制因素日益增加而公有制因素不断减少。马克思指出:"农业公社固有的二重性使得它只能有两种选择:或者是它的私有制因素战胜集体因素,或者是后者战胜前者。一切都取决于它所处的历史环境。"①

实现"东方社会"的跨越式发展,还需要与欧洲无产阶级合作,保证公有制因素免遭私有制的侵蚀。随着生产力和交往的不断发展,私有制因素和资本主义生产方式在"东方社会"中日渐萌发。基于这一判断,马克思对"东方社会"劳动解放道路作出了如下分析,"如果俄国继续走它在1861年所开始走的道路,那它将会失去当时历史所能提供给一个民族的最好的机会,而遭受资本主义制度所带来的一切灾难性的波折"。②"这种农村公社是俄国社会新生的支点;可是要使它能发挥这种作用,首先必须排除从各方面向它袭来的破坏性影响,然后保证它具备自然发展的正常条件"③。因此,对内要明确反对在公社中进行资产阶级革命,对外要抵制资本主义生产关系的

---

① 《马克思恩格斯文集》第3卷,人民出版社,2009,第586页。
② 《马克思恩格斯文集》第3卷,人民出版社,2009,第464页。
③ 《马克思恩格斯文集》第3卷,人民出版社,2009,第590页。

输入，尽力维护公社中公有制因素的发展，使其始终占据主导地位，保障劳动者的整体利益。实现"东方社会"的跨越式发展，还需要世界无产阶级革命的配合。马克思始终从"东方社会"和资本主义社会相结合的视角分析劳动解放问题，资本主义全球扩张使世界各国，尤其是生产力发展水平较低的"东方社会"诸国家，更容易受到资本逻辑的侵蚀。因此，必须积极与欧洲的无产阶级劳动解放事业建立联系，以营造超越资本统治、保障劳动者利益的制度环境和社会环境。

实现"东方社会"的跨越式发展，要求大力发展生产力。"东方社会"的公有制形式是一种较为原始的形式，生产力水平还是比较低下的。并且，这种生产方式作为农业文明的产物，存在与现代社会的工业化难以协调的方面。"东方社会"这一缺陷可以通过借鉴资本主义社会的发展成果来克服，"和控制着世界市场的西方生产同时存在，就使俄国可以不通过资本主义制度的卡夫丁峡谷，而把资本主义制度所创造的一切积极的成果用到公社中来"①。因此，"东方社会"必须要充分利用资本主义社会的物质成果和生产经验，通过更丰富更高水平的社会生产，彰显出公有制的优势。实现"东方社会"的跨越式发展，既要吸收资本主义的先进生产力，也要超越其弊端，建立起真正有利于生产力发展的劳动制度。之所以要跨越资本主义发展阶段，原因在于它在劳动解放问题方面存在困境。因此，"东方社会"要充分发挥公有制和集体行为逻辑的优势，避免经济运行的失序和错位，这样既能尽量减少资本主义制度所造成的痛苦，又能最大限度地促进社会进步和改善人民生活。

马克思再三强调，跨越资本主义"卡夫丁峡谷"在理论上是可能的，而要将这种可能转变为现实，在"东方社会"内部必须发生革命，捍卫公有制的统治地位，"如果革命在适当的时刻发生，如果它能把自己的一切力量集中起来以保证农村公社的自由发展。那么，农村公社就会很快地变为俄国社会新生的因素，变为优于其他还处在资本主义制度奴役下的国家的因素"②。

---

① 《马克思恩格斯文集》第3卷，人民出版社，2009，第575页。
② 《马克思恩格斯文集》第3卷，人民出版社，2009，第582页。

跨越"卡夫丁峡谷"的设想,为"东方社会"不发达国家提供了与西欧不同的劳动解放道路。这一思想表明东方国家虽然在经济发展水平包括工业化程度上处于相对落后的位置,但并不意味着它们处于社会变革的末端,它们可以根据自身优势实现跨越式发展,这极大地增强了这些国家人们的民族自信心,激发了人们争取劳动解放的革命热情。同时,马克思对跨越"卡夫丁峡谷"条件的分析要求社会主义革命后大力发展生产力,这实质上是对马克思劳动解放论基本原则的运用。

二 对中国劳动解放事业的初步探索

对中国劳动解放事业的考察充分反映了马克思关于"东方社会"劳动解放问题的一般性观点,主要表现为:殖民统治激化国内矛盾,导致民族矛盾和阶级矛盾并存,要想实现劳动解放就必须开展反帝反封建的斗争;在中国存在大面积公有制土地和成熟的集体主义行动逻辑,可以实现跨越式发展;中国拥有独特的历史文化;中国革命和欧洲革命"两极相联"[1],中国劳动解放事业具有世界意义等。

马克思运用唯物史观原理分析了近代中国走向衰落以及在资本—帝国主义侵略中惨遭失败的原因。他首先从劳动的视角即劳动工具、劳动力和劳动关系等角度考察中国和资本主义国家的力量对比,"满族王朝的声威一遇到英国的枪炮就扫地以尽"[2]。"依靠小农业与家庭工业相结合而存在的中国社会经济结构"[3]只能维持较低的生产力水平,古老中国的"社会基础不动而夺取到政治上层建筑的人物和种族不断更迭"[4],"以手工劳动为基础的中国工业经不住机器的竞争。牢固的中华帝国遭受了社会危机。不再有税金收入,国家濒于破产,大批居民落得一贫如洗"[5]。因此,积贫积弱的中国没有

---

① 《马克思恩格斯文集》第 2 卷,人民出版社,2009,第 607 页。
② 《马克思恩格斯文集》第 2 卷,人民出版社,2009,第 608 页。
③ 《马克思恩格斯文集》第 2 卷,人民出版社,2009,第 672 页。
④ 《马克思恩格斯全集》第 15 卷,人民出版社,1963,第 545 页。
⑤ 《马克思恩格斯全集》第 10 卷,人民出版社,1998,第 277 页。

经济实力和军事实力抵御发达工业国家的侵略。

马克思从上层建筑层面揭示了中国失败的两个直接原因。一是清政府长期实行闭关锁国政策和愚民政策，不注重技术创新以发展生产力。马克思指出了这种政策的必然后果："与外界完全隔绝曾是保存旧中国的首要条件，而当这种隔绝状态通过英国而为暴力所打破的时候，接踵而来的必然是解体的过程"①。马克思感叹道："一个人口几乎占人类三分之一的大帝国，不顾时势，安于现状，人为地隔绝于世并因此竭力以天朝尽善尽美的幻想自欺。这样一个帝国注定最后要在一场殊死的决斗中被打垮：在这场决斗中，陈腐世界的代表是激于道义，而最现代的社会的代表却是为了获得贱买贵卖的特权——这真是任何诗人想也不敢想的一种奇异的对联式悲歌。"②

二是中国政治制度腐朽，各级行政机构中腐败问题严重，劳动者的权利和主体地位得不到保障，个人无法在国家中找到归属感，更难以实现自身发展。马克思指出，清政府"很腐败，无论是控制自己的人民，还是抵抗外国的侵略，一概无能为力"③。许多官员在国家危难之际不是心忧天下、克己奉公，而是乘机渔利、收受贿赂，资本逻辑又加剧了这种道德堕落状况，"帝国当局、海关人员和所有的官吏都被英国人弄得道德堕落"④。资本主义生产方式摧毁了近代中国的经济基础以及清政府的统治基础，"随着鸦片日益成为中国人的统治者，皇帝及其周围墨守成规的大官们也就日益丧失自己的统治权"⑤。既然统治中国的是这样一个腐败无能的中央政府和这样一支腐败无能的官僚队伍，那么，即便中国军队"决不缺勇气和锐气"，其也根本不可能改变战败的结局。

中国如果不发生彻底变革，不进行彻底的人民主导的社会革命，将很难再自立于世界民族之林。帝国主义的侵略和本国封建专制制度的压迫导致社

---

① 《马克思恩格斯文集》第2卷，人民出版社，2009，第609页。
② 《马克思恩格斯文集》第2卷，人民出版社，2009，第632页。
③ 《马克思恩格斯文集》第2卷，人民出版社，2009，第650页。
④ 《马克思恩格斯文集》第2卷，人民出版社，2009，第633页。
⑤ 《马克思恩格斯文集》第2卷，人民出版社，2009，第608页。

会矛盾极为尖锐。"以手工劳动为基础的中国工业经不住机器的竞争。牢固的中华帝国遭受了社会危机。"① 西方列强运来的"鸦片没有起催眠作用，反而起了惊醒作用"②，中国"这块活的化石"正面临着一场翻天覆地的革命。而这个古老的东方国家只能而且必将在人民革命中获得新生。马克思对中国人民反抗侵略和压迫的斗争表示高度支持和充分肯定。在19世纪中叶的中国，"压抑着的、鸦片战争时燃起的仇英火种，爆发成了任何和平和友好的表示都未必能扑灭的愤怒烈火"③，这就是反对殖民侵略的正义的劳动解放斗争。

中国革命是将民族解放和劳动解放结合起来的正义的人民战争。针对英国报刊连篇累牍的污蔑和诽谤，马克思和恩格斯阐明了中国人民斗争的正义性质，强调"这是一场维护中华民族生存的人民战争"④。中国的经济基础和上层建筑本已成为人和社会发展的严重障碍，西方社会资本逻辑的入侵激化了这些矛盾。"被迫付给英国的赔款、大量的非生产性的鸦片消费、鸦片贸易所引起的金银外流、外国竞争对本国工业的破坏性影响、国家行政机关的腐化"等，"所有这些同时影响着中国的财政、社会风尚、工业和政治结构的破坏性因素，到1840年在英国大炮的轰击之下得到了充分的发展"⑤。这些破坏性因素所带来的恶劣后果全部加诸劳动群众头上，只有经由彻底的反帝反封建革命，劳动人民才有可能生存下去，才有可能创立新的劳动形式使自身获得解放和发展。在此情况下，马克思断言革命的爆发是不可避免的事情。马克思密切关注中国各地自鸦片战争以来发生的反抗风潮，特别是太平天国运动，"中国的连绵不断的起义已经延续了约十年之久，现在汇合成了一场惊心动魄的革命"⑥。尽管这场运动带有明显的历史局限性，但它动摇了清王朝的封建专制统治，并打击了资本—帝国主义的统治。

---

① 《马克思恩格斯全集》第10卷，人民出版社，1998，第277页。
② 《马克思恩格斯全集》第15卷，人民出版社，1963，第545页。
③ 《马克思恩格斯文集》第2卷，人民出版社，2009，第621页。
④ 《马克思恩格斯文集》第2卷，人民出版社，2009，第626页。
⑤ 《马克思恩格斯文集》第2卷，人民出版社，2009，第609页。
⑥ 《马克思恩格斯文集》第2卷，人民出版社，2009，第607页。

在马克思看来，中国存在大面积的公有制土地及建立于其上的集体主义行为逻辑，是比较典型的"东方社会"国家，因此，中国也存在跨越式发展的可能性。马克思对中国的劳动解放事业充满信心，甚至将中国未来的名称定为"中华共和国"，并提出"中国社会主义"这个概念。马克思预言"过不了多少年，我们就会亲眼看到世界上最古老的帝国的垂死挣扎，看到整个亚洲新纪元的曙光"①。马克思指出中国革命的前途在于实现社会主义，而"中国社会主义"与欧洲的社会主义等并不完全相同，"中国社会主义之于欧洲社会主义，也许就像中国哲学与黑格尔哲学一样"②。在马克思看来，中国独特的经济社会条件和传统文化因素可以使中国走独特的劳动解放道路。

马克思以世界历史的视角分析中国解放问题，不仅考察了中国劳动解放道路的独特性，同时也敏锐地发现中国革命和欧洲革命的共振关系。资本主义国家的殖民统治是其国内劳动和资本之间矛盾的对外延伸，故而殖民地人民的反抗运动必然会对其国内经济产生影响，并且会激发国内矛盾。马克思曾敏锐地指出，"在中国革命刚刚开始的时候，我曾经提醒读者注意中国革命对大不列颠的社会状况可能发生的灾难性影响"③。"可以有把握地说，中国革命将把火星抛到现今工业体系这个火药装得足而又足的地雷上，把酝酿已久的普遍危机引爆，这个普遍危机——扩展到国外，紧接而来的将是欧洲大陆的政治革命"④。马克思超越空间距离，运用世界历史视野将相隔万里的中国和西方纳入矛盾关系中，使用"两极相联"⑤ 这个包含着辩证法精神的词语，生动地说明了东方被压迫民族的解放斗争与世界无产阶级革命事业之间具有不可分割的联系，说明了中国革命必将对世界现代文明进步产生深远影响并作出卓越贡献。

---

① 《马克思恩格斯文集》第2卷，人民出版社，2009，第628页。
② 《马克思恩格斯全集》第10卷，人民出版社，1998，第277页。
③ 《马克思恩格斯全集》第12卷，人民出版社，1998，第512~513页。
④ 《马克思恩格斯文集》第2卷，人民出版社，2009，第612页。
⑤ 《马克思恩格斯文集》第2卷，人民出版社，2009，第607页。

　　马克思关于"东方社会"劳动解放问题的分析体现出"一切从实际出发"的理论品质和对劳动解放论基本原理的灵活运用。资本逻辑驱动下的全球扩张将"东方社会"纳入资本统治之中，"东方社会"诸国家受到资本—帝国主义的侵蚀甚至沦为殖民地半殖民地。在这些国家，民族矛盾和阶级矛盾并存，传统劳动形式和现代劳动形式交织，劳动解放的任务更为复杂。但是遭受资本侵蚀并不意味着必然要走资本主义道路。在马克思看来，"东方社会"的资本主义生产关系多是由外部输入而非通过内部变革形成的，更为重要的是中国、印度和俄国等"东方社会"存在延续千年的土地公有制和集体劳动形式，有可能跨越资本主义发展阶段而走向另一条劳动解放道路。实现跨越式发展既要吸纳资本主义的先进技术以发展生产力，又要进行反抗资本主义的社会革命。马克思坚持普遍性和特殊性相结合的辩证观点，既以世界历史视野分析各国劳动解放事业的相互关系，又结合不同国家的独特国情制定具体的劳动解放方案。马克思关于"中国社会主义"独特性及其与欧美劳动解放事业的共振关系的论述就是灵活运用劳动解放论的典型表现。中国共产党领导的中国劳动解放事业的胜利体现出马克思关于"东方社会"特别是中国问题方面论述的科学性和前瞻性。

第五章　马克思劳动解放论的赓续与发展

马克思的劳动解放论在国际共产主义运动中发挥了重要指导作用，坚持和发展劳动解放论的基本原理关乎无产阶级解放与人类进步事业的发展。马克思恩格斯去世后，对马克思劳动解放论的继承与质疑并存，对劳动解放实践方案的探索持续推进。19世纪末20世纪初期，列宁在批判"第二国际"庸俗化马克思主义的过程中捍卫了劳动解放论，并建立了世界上第一个社会主义国家；卢卡奇等西方马克思主义者开启了从主体和阶级意识等层面探讨人的解放的研究，而随着工具理性和物化意识加剧，否弃劳动与解放的关系，主张仅从精神层面谋求解放等观点甚嚣尘上。与之并行的是中国共产党对劳动解放事业和理论的发展。21世纪以来，世界经济体系的深度融合强化了资本主义劳动问题的跨国互联特征，而资本主义社会及其理论无力解决劳动问题。中国特色社会主义理论与实践丰富、发展和完善了马克思关于社会主义劳动解放的理论，为世界劳动解放事业贡献出中国智慧。

第一节　劳动解放论在 20 世纪的发展脉络

马克思劳动解放论自问世以来就经历着各种理论的追问和社会实践的检验。如19世纪末20世纪初期，围绕伯恩斯坦、考茨基等"第二国际"修正主义者庸俗化甚至抛弃劳动解放的理论和事业的机会主义行为，列宁捍卫了马克思的劳动解放论，并创立第一个社会主义国家。卢卡奇等西方马克思主义者强调劳动者的主体性，丰富了社会革命和辩证法理论。20 世纪 40 年代以来，无产阶级革命运动的低潮和资本主义剥削形式的隐秘化使一些学者对马克思劳动解放论产生怀疑，并转向人学批判、交往理性批判、日常生活批判、消费主义批判等，这些探索虽然丰富了解放理论的内容，但也存在对马克思主义断章取义式的理解。在 20 世纪，中国共产党带领中国人民取得社会主义革命和建设的伟大胜利，验证、丰富和发展了马克思劳动解放论。

一　列宁对马克思劳动解放论的捍卫与发展

19 世纪与 20 世纪之交，资本主义经济、政治、文化等方面发生剧烈变化，资本主义由自由竞争向垄断过渡，出现了许多新的情况和新的特点。资产阶级对无产阶级的统治更加具有欺骗性，由以往直接暴力镇压工人运动转变为和平斗争，如表面让步甚至吸收一部分的工人领袖进入内阁，给予他们参政议政的权利。这在很大程度上蒙蔽了劳动群众，而且由于工人领袖被收买，无产阶级政党也由此被庸俗化了。普通的劳动大众又将希望寄托在了马克思反复批判和明确反对的资产阶级国家。马克思劳动解放论面临自诞生以来最为严峻的挑战。

伯恩斯坦、考茨基等利用新康德主义、庸俗进化论、折中主义等来修正马克思主义，避开生产资料所有制谈论阶级划分，抛弃劳动价值论和剩余价值论，认为社会主义的任务就是积极地"发展"资本主义民主、自由制度，完全没有必要去进行暴力革命，和平手段就可以达成建设社会主义的目标。暴力革命始终不可避免地要流血牺牲，害怕流血牺牲是普通人正常的心理现象，加之伯恩斯坦和考茨基都是党的领袖，和马克思恩格斯有过密切的联系，他们所宣传的"和平长入社会主义"和放弃暴力革命论等很快就得到一些工人群众的追随。

伯恩斯坦等人的反动理论被同样是社会民主党领袖的卢森堡、拉法格等深刻地揭露出来。卢森堡、拉法格等结合时代条件变化探讨了无产阶级解放的道路和奋斗目标，推进了社会主义革命学说的发展。俄国马克思主义先驱普列汉诺夫从哲学、政治经济学、社会主义理论等方面对伯恩施坦修正主义理论作了较为全面的批判，并创立了俄国第一个马克思主义团体——"劳动解放社"，积极参加反对沙皇制度的革命斗争。列宁对伯恩斯坦等人开展了深刻批判，称他们是"资产阶级在工人运动中的代理人"[①]。列宁对马克思的劳动解放论充满信心，认为应沿着马克思所论述的解放道路前进，否则"除了混乱和谬误之外，我们什么也得不到"[②]。

在坚定理论自信的基础上，列宁结合世界历史的变化，将马克思关于"东方社会"劳动解放独特道路的思考上升为对世界历史普遍规律的探索，阐述了俄国社会劳动解放任务的复杂性，从世界资本主义的角度指出俄国处于资本主义链条中最为薄弱的环节，创造性地论述了在俄国建立社会主义的必然性，实现了无产阶级劳动解放事业在一国率先取得胜利。"一国胜利论"并非是对"共同胜利"理论的否定，而是既以世界历史的整体视角审思"共同胜利"理论，又根据本国实际和利用革命机遇制定劳动解放的政策。这正是对马克思坚持"一切从实际出发"分析不同地区劳动解放问题的共性和个性这种理论品质的继承。

列宁践行马克思所提出的无产阶级革命思想，创立了世界上第一个社会主义国家，为充分发挥劳动者的主体性和"保证社会全体成员的充分福利和自由的全面发展"[③] 提供政治支持。列宁还探索了在资本主义向社会主义的过渡期间或者社会主义初期如何对待资本的问题。"新经济政策"就是列宁对马克思劳动解放论的创造性运用，这一理论创造性地凸显了在社会主义条件下如何利用资本和市场来消灭资本和市场，并且列宁提出了建设社会主义合作社的设想，丰富了马克思劳动解放论的相关论述。只是列宁的"新经济政策"和"合作社"思想未能充分发展起来，后来的苏联模式在实践中偏离了发挥劳动者主体性的思想。

---

① 《列宁全集》第 26 卷，人民出版社，2017，第 264 页。
② 《列宁专题文集：论辩证唯物主义和历史唯物主义》，人民出版社，2009，第 50 页。
③ 《列宁专题文集：论社会主义》，人民出版社，2009，第 381 页。

二　西方学者对马克思劳动解放论的探讨

20 世纪初，卢卡奇、柯尔施、葛兰西等西方马克思主义者也在批判庸俗化马克思主义的过程中开启对劳动解放问题和革命道路的探索。与列宁重点继承马克思阶级斗争理论和无产阶级政党理论、从物质生产领域发展马克思的劳动解放论不同，卢卡奇等西方马克思主义者指出"物化意识"使劳动者丧失主体性，应重视唤起劳动者的阶级意识，运用总体性革命去超越物化的资本主义社会，争取无产阶级的"文化领导权"。

卢卡奇强调劳动的核心作用，"在马克思那里，劳动到处都处于中心范畴，在劳动中，所有其他规定都已经概括地表现出来"[1]。他重点阐述了劳动的哲学意蕴，把劳动看作生命活动的对象化。卢卡奇认识到，建立在劳动对象化基础上的马克思辩证法是以"主体—客体"的辩证运动为核心的总体性方法，若不了解这一点就不能把现有的资本主义社会视为具体的总体，也就无法从无产阶级的主体性视角来考察资本主义世界。卢卡奇指出，不可能通过解决资本主义社会某一方面问题（特别是马克思强调的经济问题）来解决资本主义社会的所有问题，必须实现总体性革命，尤其是意识形态的革命。在卢卡奇看来，文化和艺术代表着这种总体性，并将此作为人类解放的一种途径。

柯尔施提出理论和实践相统一是马克思主义的理论品质，马克思对资本主义社会的批判从来都是对资本主义社会整体的批判，因而也是对这一社会的所有意识形式的批判。出于对庸俗化马克思主义"经济决定论"和苏俄国有化的批判，柯尔施更为注重对劳动者主体性的培育，并将劳动主体性思想运用于经济建设模式的理论设想中，提出以"工业自治"为核心的社会主义经济治理理论，主张劳动者自治和劳动社会化，强固无产阶级的主体性，规避无产阶级再度被剥削的问题，试图为实现无产阶级的劳动解放提供一种科

---

[1]　〔匈〕G. 卢卡奇：《关于社会存在的本体论 上卷 社会存在本体论引论》，白锡堃等译，重庆出版社，1993，第 642 页。

学的经济治理模式。①

和卢卡奇、柯尔施强调阶级意识和培育劳动者的主体性相似，葛兰西提出要争夺无产阶级"文化领导权"。"文化领导权"即意识形态的领导权，是指对学校、报刊、民间学术团体等的领导权，与警察、军队等国家层面的政治领导权相对应。葛兰西意识到垄断的资本主义形成了对经济、政治、文化等领域的控制，对无产阶级来说，夺取市民社会的文化领导权更为重要。无产阶级必须反对资产阶级意识形态，争取把无产阶级的伦理、文化和政治价值标准确立为主导性的社会规范，从而取得意识形态的"领导权"。葛兰西指出，"社会集团可以而且甚至应该在夺取到国家政权之先就以领导者的身分出现（这就是夺取政权本身的最重要的条件之一）"②。

卢卡奇的总体性辩证法思想、柯尔施的"工业自治"思想以及葛兰西的文化领导权思想，均彰显出其对马克思劳动范畴和原理的整体性理解，说明劳动解放并不仅仅是经济关系的变革，而且是包含精神文化领域解放的整体性革命。这些思想是对劳动解放是实现人的自由全面发展的社会革命这个原理的继承，但在具体论证中潜藏着"矫枉过正"的风险，故而未能真正带来无产阶级革命运动的复兴，其重视劳动者主体性的观点也被后来学者片面发展起来。

20世纪40年代以来，尤其是第二次世界大战结束后，无论是资产阶级还是无产阶级都渴望从战争的阴影里走出来，人们对政治斗争和暴力革命"敬而远之"。无论个人还是国家都将恢复经济作为自己的任务，资本主义社会由此进入相对稳定的发展期。并且，福特制等致力于最大限度地减少时间浪费的方式在生产中广泛应用，人成为流水线上的一个部件。生产效率提高之后，为了促进消费，资本家通过意识形态或者符号去操纵人们的消费欲望，甚至制造出虚假的消费欲望。可以说，这是资本对劳动者更为精细化和

---

① 参见〔德〕卡尔·柯尔施《什么是社会化》，陈国雄译，《马列主义研究资料》1983年第3辑，人民出版社，1983，第219~240页。

② 〔意〕安东尼奥·葛兰西：《狱中札记》，葆煦译，人民出版社，1983，第317页。

更为隐蔽的奴役与压迫。

在此条件下，许多学者认为劳动只是一种工具性活动，摆脱劳动去寻找解放途径成为国外很多学者的观点。以汉娜·阿伦特为例，阿伦特指出，劳动完全是一种工具性活动，在任何时候都无法摆脱必然性的强制而转化为目的本身，劳动和解放不可调和。她错误地认为，"马克思对待劳动的态度，始终有些混乱。劳动即是'自然所强加的永恒必然性'，又是最人性的和最富生产性的人类活动，可是在马克思看来，革命的任务却不是解放劳动者阶级，而是把人从劳动中解放出来；只有取消劳动，'自由王国'才能代替'必然王国'"①。这表明，阿伦特忽视了劳动的现实性和超越性的统一，只看到现实性，而没有看到劳动本身所具有的超越性和解放意义，所以她把劳动问题局限化了。由于没有正确理解马克思的劳动概念，虽然阿伦特真挚地赞美了马克思对劳动解放问题的论述，但她本人并没有将劳动解放和人类解放结合，没有从劳动问题出发去解决人类社会的问题。

阿伦特对马克思劳动概念的认识和否定劳动解放的思想代表了很多西方学者的观点。他们认为从劳动中获得解放是一种乌托邦主义，应该从精神和心理层面（弗洛姆、马尔库塞）、交往理性（哈贝马斯）、消费主义（列斐伏尔、鲍德里亚）等层面寻找解放途径。这些理论虽然扩展了解放的领域，丰富了马克思的解放思想，但是由于混淆了劳动和异化劳动，片面理解了劳动范畴、资本范畴及其地位，从而使其批判仅停留在理论层面，而不具有现实的可行性。

三　中国共产党对劳动解放事业的探索

实现劳动解放是马克思主义政党的实践目标和价值立场。在领导中国人民开展劳动解放实践的过程中，中国共产党始终面临着马克思劳动解放理论的一般原则与中国社会的具体实际之间的结合问题，不断地推进马克思主义中国化时代化。在革命、建设和改革的过程中，中国共产党探索形成具有中

---

① 〔美〕汉娜·阿伦特：《人的境况》，王寅丽译，上海人民出版社，2009，第75页。

国特色的劳动解放方案，丰富和发展了马克思关于社会主义劳动解放的理论预判。

（一）早期马克思主义者对劳动解放问题的思考

近代中国沦为半殖民地半封建社会，民族矛盾和阶级矛盾交织，"中国无产阶级身受三种压迫（帝国主义的压迫、资产阶级的压迫、封建势力的压迫），而这些压迫的严重性和残酷性，是世界各民族中少见的"①。辛亥革命虽然推翻了封建专制制度，建立资产阶级民主共和国，但是并未能将劳动者组织起来和实现劳动者的解放。第一次世界大战使中国人对西方资本主义世界的矛盾和弊端有了更深切的认识。与此同时，"十月革命"的胜利让中国人民充分感受到劳动者的力量。1917 年，中国成为第一次世界大战的协约国成员，有 15 万中国劳工在欧洲战场为协约国军队服务。1918 年 11 月 16日，北京大学校长蔡元培在庆祝协约国胜利大会上的演说中提出"劳工神圣"的口号，"此后的世界，全是劳工的世界呵！我说的劳工，不但是金工、木工等等，凡用自己的劳力作成有益他人的事业，不管他用的是体力、是脑力，都是劳工。……我们要自己认识劳工的价值。劳工神圣"②。李大钊提出了"尊劳主义"，"我觉得人生求乐的方法，最好莫过于尊重劳动。一切乐境，都可由劳动得来，一切苦境，都可由劳动解脱。……免苦的好法子，就是劳动。这叫作尊劳主义"③。"劳工神圣"和"尊劳主义"显示出革命主体——劳动者阶层的伟大力量，五四运动更是把劳动解放的斗争推向新的高潮。

陈独秀、李大钊等中国共产党早期领导人结合中国劳动问题的实际情况分析了在中国实施社会主义的可行性和必要性。在世界格局上，李大钊认识到先发国家资产阶级对后发国家的剥削压迫，"中国今日在世界经济上，实立于将为世界的无产阶级的地位"，"较各国直接受资本主义压迫的劳动阶级

---

① 《毛泽东选集》第 2 卷，人民出版社，1991，第 644 页。
② 《蔡元培全集》第 3 卷，浙江教育出版社，1997，第 464 页。
③ 《李大钊全集》第 2 卷，人民出版社，2013，第 439 页。

尤其苦痛"①。陈独秀也指出,"中国全民族对于欧美各国是站在劳动的地位,只有劳动阶级胜利,才能救济中国"②。在社会发展阶段上,中国可以"兼程并力"地进入社会主义。李大钊认为,"现在世界的经济组织,既已经资本主义以至社会主义",中国应顺应潮流;而且"资本主义之下,资本不能集中,劳力不能普及","中国非无资本,而苦于资本之散漫","中国实行社会主义,不愁缺乏资本,尤不愁缺乏劳力",因此必须"由纯粹生产者组织政府",③ 必须"创造一种'劳工神圣'的组织,改造现代游惰本位、掠夺主义的经济制度,把那劳工的生活,从这种制度下解放出来,使人人都须作工,作工的人都能吃饭"④。

在俄国"十月革命"的影响下,建立以马克思主义为指导的中国共产党成为陈独秀、李大钊、毛泽东等人的共识。俄国"十月革命"不仅表明落后国家也可以开展社会主义革命,而且展现了无产阶级政党高超的组织效率和坚定的理想信念,"有主义(布尔失委克斯姆),有时机(俄国战败),有预备,有真正可靠的党众,一呼而起"⑤。创立共产党对于改变中国民众一盘散沙状态进而组织和教育民众具有重要价值,正如蔡和森所总结的,共产党是"发动者、领袖者、先锋队、作战部,为无产阶级运动的神经中枢","成立一主义明确,方法得当和俄一致的党"。⑥ 经过各地早期共产主义组织的准备,中国共产党于1921年成立。中国共产党是实现知识分子与工农群众结合进而带领人民一致奋斗的领导中枢,中国劳动解放事业从此有了坚强的领导核心。

(二)新民主主义革命时期中国共产党对劳动解放事业的探索

实现劳动人民当家作主是中国共产党的首要任务。"为什么要革命?为

---

① 《李大钊全集》第3卷,人民出版社,2006,第149、277页。
② 《陈独秀文集》,人民出版社,2013,第126页。
③ 《李大钊全集》第3卷,人民出版社,2006,第277、272~273页。
④ 《李大钊全集》第3卷,人民出版社,2006,第12页。
⑤ 《毛泽东年谱(1893—1949)》(修订本)上卷,中央文献出版社,2013,第63页。
⑥ 《蔡和森文集》上卷,人民出版社,2013,第56、58页。

了使中华民族得到解放，为了实现人民的统治，为了使人民得到经济的幸福。"① 中共一大的纲领确立了消灭私有制等劳动解放的一般原理，并于1921年8月建立中国劳动组合书记部，建立了面向青年、妇女、农民等社会群体的组织系统。1922年7月，中共二大结合国情确立了民主革命的纲领，将劳动解放的任务细化，分解为联合资产阶级发展自己和以发展起来的自己反对资产阶级。② 1923年6月，党的三大正式确定建立国共合作统一战线的策略方针，为推动反帝反封建的国民革命提供强大的动力。在这个过程中，如何处理民族解放与阶级解放的关系、如何坚持中国共产党在民主革命中的领导权等，也成为中共亟须解决的理论问题。1927年国共合作破裂后，中国共产党独立自主地领导中国革命，建立苏维埃革命根据地，在新的基础上把工人、农民等劳动群众组织起来。中国共产党抓住土地革命这个中心任务，持续推进生产力的解放和发展。"为了提高农民的生产兴趣和农业劳动的生产率，我们就采取减租减息和组织劳动互助这样两个方针。减租提高了农民的生产兴趣，劳动互助提高了农业劳动的生产率。"广大劳动群众被吸引进来，形成坚固的工农联盟，"不但生产量大增，各种创造都出来了，政治也会进步，文化也会提高，卫生也会讲究，流氓也会改造，风俗也会改变"。③

以毛泽东同志为主要代表的中国共产党人在总结革命经验的过程中提出马克思主义中国化的命题和新民主主义理论。在毛泽东看来，"超过现实去追求理想的实现，与逃避现实，同是观念论。一切观念论中，大部分都是绝对主义。左倾幼稚病，是一种绝对主义，因为他们把理想看绝对了，不知理想要按照当前实况才能实现"④。1938年9月，毛泽东在党的六届六中全会上辩证地分析了三民主义民主革命政纲与社会主义、共产主义的关系，爱国主义的民族解放与国际主义的阶级革命的关系等。⑤ 新民主主义革命是劳动

---

① 《毛泽东文集》第1卷，人民出版社，1993，第21页。
② 《中共中央文件选集》第1册，中共中央党校出版社，1989，第65、66、115页。
③ 《毛泽东选集》第3卷，人民出版社，1991，第1016~1017页。
④ 《毛泽东哲学批注集》，中央文献出版社，1988，第195页。
⑤ 《中共中央文件选集》第11册，中共中央党校出版社，1991，第658~659页。

解放的第一步，社会主义革命是随之而来的第二步，这就解决了中国革命与社会主义劳动解放的关系问题。

中国共产党认识到解放和发展生产力是"最根本的问题"。"学过社会科学的同志都懂得这一条，最根本的问题是生产力向上发展的问题。我们搞了多少年政治和军事就是为了这件事。"[1] 以解放和发展生产力为标准，毛泽东分析了新民主主义革命的领导力量、任务、目标等。关于革命的领导力量，毛泽东指出："工业无产阶级人数虽不多，却是中国新的生产力的代表者，是近代中国最进步的阶级，做了革命运动的领导力量。"[2] 关于革命的任务，毛泽东指出："除了取消帝国主义在中国的特权以外，在国内，就是要消灭地主阶级和官僚资产阶级（大资产阶级）的剥削和压迫，改变买办的封建的生产关系，解放被束缚的生产力。"[3] 关于革命的目标，毛泽东指出："中国人民的生产力是应该发展的，中国应该发展成为近代化的国家、丰衣足食的国家、富强的国家。这就要解放生产力，破坏帝国主义和封建主义。"[4] 可见，毛泽东等中国共产党人将解放和发展生产力作为根本任务，扫清妨碍生产力发展的旧政治、旧军事，为实现劳动解放创造根本社会条件。

在以陕甘宁边区为代表的革命根据地，中国共产党积极探索劳动解放和创造美好生活的事业。在经济建设上，实行地主减租减息、农民交租交息的政策，组织人民群众展开大生产运动，"实行了奖励生产同时又保护工人的劳动政策"[5]。在政治建设上，中共提出"三三制"原则，即规定在政权机关人员配备上，共产党员占1/3，非党的左派进步分子占1/3，不左不右的中间派占1/3，把小资产阶级、民族资产阶级和开明绅士争取到抗日政权中来，并创造性地采用"豆选"这一基层政权的重要民主形式。在社会领域，积极展开冬学、识字班等社会教育，建设模范家庭，"提出建立模范家庭，

---

① 《毛泽东文集》第3卷，人民出版社，1996，第109页。
② 《毛泽东选集》第1卷，人民出版社，1991，第8页。
③ 《毛泽东选集》第4卷，人民出版社，1991，第1254页。
④ 《毛泽东文集》第3卷，人民出版社，1996，第432页。
⑤ 《毛泽东文集》第3卷，人民出版社，1996，第44页。

这是共产党的一大进步。我们主张家庭和睦，父慈子孝，兄爱弟敬，双方互相靠拢，和和气气过光景"①。新民主主义的革命和建设适应了半殖民地半封建社会的实际，提高了群众的积极性和政策的适应性。

（三）探索具有中国特色的社会主义劳动解放方案

新中国成立后，中国共产党在恢复国民经济的基础上逐步展开以"三大改造"为主要内容的社会主义革命，确立了社会主义劳动解放的制度环境。在经济领域，中国共产党创造性地采用"和平赎买"、国家资本主义等方式，最大化地保护了社会生产力，"在我国的条件下，用和平的方法，即用说服教育的方法，不但可以改变个体的所有制为社会主义的集体所有制，而且可以改变资本主义所有制为社会主义所有制"②。在政治领域，1954 年 9 月，第一届全国人民代表大会第一次会议通过《中华人民共和国宪法》，规定"中华人民共和国是工人阶级领导的、以工农联盟为基础的人民民主国家"，确立民族区域自治制度、人民代表大会制度等保证人民当家作主的制度体系，规定了劳动权、劳动休息权、受教育权等劳动权益，提出"劳动是中华人民共和国一切有劳动能力的公民的光荣的事情"③，等等。这些举措是在当时中国社会实际下把劳动解放的若干原则进行制度化、法律化的实践，表明"社会主义国家是完全新型的国家，是推翻了剥削阶级而由劳动人民掌握权力的国家"④。

社会主义制度建立之后，中国共产党开始"在新的生产关系下面保护和发展生产力"⑤。毛泽东指出："搞上层建筑、搞生产关系的目的就是解放生产力。现在生产关系是改变了，就要提高生产力。"⑥ "我们的根本任务已经由解放生产力变为在新的生产关系下面保护和发展生产力。"⑦ 中共八大指

① 《毛泽东文集》第 3 卷，人民出版社，1996，第 116 页。
② 《毛泽东文集》第 7 卷，人民出版社，1999，第 2 页。
③ 《建国以来重要文献选编》第 5 册，中央文献出版社，1993，第 522、524 页。
④ 《毛泽东文集》第 7 卷，人民出版社，1999，第 319 页。
⑤ 《三中全会以来重要文献选编》下卷，人民出版社，1982，第 802 页。
⑥ 《毛泽东文集》第 8 卷，人民出版社，1999，第 351 页。
⑦ 《毛泽东文集》第 7 卷，人民出版社，1999，第 218 页。

出："我们国内的主要矛盾，已经是人民对于建立先进的工业国的要求同落后的农业国的现实之间的矛盾，已经是人民对于经济文化迅速发展的需要同当前经济文化不能满足人民需要的状况之间的矛盾。这一矛盾的实质，在我国社会主义制度已经建立的情况下，也就是先进的社会主义制度同落后的社会生产力之间的矛盾"。党和全国人民的主要任务就是"把我国尽快地从落后的农业国变为先进的工业国"①。能够迅速解放和发展生产力是社会主义生产关系的优势。"所谓社会主义生产关系比较旧时代生产关系更能够适合生产力发展的性质，就是指能够容许生产力以旧社会所没有的速度迅速发展，因而生产不断扩大，因而使人民不断增长的需要能够逐步得到满足的这样一种情况。"② 与此同时，毛泽东清晰地看到物质生产落后的社会实际，"建立一个美好的社会主义社会要经过怎样的长时间的艰苦劳动"③。这一时期虽然在发展生产力方面出现一些曲折和失误，但整体来看仍为改革开放后发展生产力提供了宝贵经验、理论准备和物质基础。

进入改革开放和社会主义现代化建设新时期，中国共产党坚持以经济建设为中心，持续地改善人民生活，从衣食住行、人口规模、环境保护等方面部署了改善人民生活的要点。邓小平指出："党对于人民群众的领导作用，就是正确地给人民群众指出斗争的方向，帮助人民群众自己动手，争取和创造自己的幸福生活。"④ 在解放和发展生产力的同时，中国共产党坚持四项基本原则，在政治、经济、文化等方面保障社会公平。江泽民指出："不断提高工人、农民、知识分子和其他劳动群众以及全体人民的思想道德素质和科学文化素质，不断提高他们的劳动技能和创造才能，充分发挥他们的积极性、主动性、创造性。"⑤ 中国特色社会主义道路使劳动解放与生产力发展相协调，实现了社会主义劳动解放理想与中国社会实际的具体结合。胡锦涛指

① 《建国以来重要文献选编》第9册，中央文献出版社，1994，第341~342页。
② 《毛泽东文集》第7卷，人民出版社，1999，第214页。
③ 《毛泽东文集》第7卷，人民出版社，1999，第236页。
④ 《邓小平文选》第1卷，人民出版社，1994，第217页。
⑤ 《江泽民文选》第3卷，人民出版社，2006，第275页。

出："中国共产党执政，就是领导、支持、保证人民当家作主，维护和实现最广大人民根本利益。"①

这一时期，中国共产党对劳动解放实践经验进行了理论提升，形成了社会主义初级阶段理论、社会主义市场经济理论，这些理论是中国共产党对马克思劳动解放论的丰富和发展，反映了社会主义公有制内在的发展要求，体现出对资本逻辑的超越。在无产阶级取得政权后，科学认识资本主义"遗留"问题，通过社会主义的力量驾驭资本，创建既能保障劳动者利益又能展现劳动者主体性的制度是劳动解放的重要任务。其中，社会主义初级阶段理论明确了中国劳动解放事业所处的历史阶段和发展步骤；社会主义基本经济理论妥善地处理了公有制和私有制之间的关系，兼顾了提升劳动效率和保障社会公平两项任务。社会主义市场经济吸收了社会主义制度和市场经济的优势，以交换和市场为社会主义注入活力，提升劳动者的创造性，同时以社会主义公有制驾驭市场等要素，充分保障劳动者创造的财富归劳动者所有。

第二节　21 世纪劳动解放问题的新变化

进入 21 世纪以来，世界劳动解放问题发生深刻重塑，中国劳动解放的进展展示出科学社会主义的强大生命力。一方面，由于世界政治格局的变化、经济全球化以及信息技术、产业革命等因素综合作用，世界各国劳动解放问题的互联性显著增强，全球治理水平亟待提高；另一方面，中国实现了全面建成小康社会的目标，精准扶贫等政策展示了社会主义在解决劳动解放问题中的优越性。中国特色社会主义理论与实践系统地回应了社会主义条件下如何推动劳动解放的问题，从构建人类命运共同体的高度回应世界劳动解放问题，推动了马克思劳动解放论的创新发展。

---

① 《胡锦涛文选》第 2 卷，人民出版社，2016，第 231 页。

一　全球化与劳动问题的多重维度

世界经济体系的深度融合强化了资本主义劳动问题的跨国互联特征。21世纪以来，经济全球化不仅摆脱了"冷战"所造成的空间区隔和制度壁垒，而且随着世界各国的政治经济改革呈现出高度一体化的深度融合趋向。资本在全球范围内的自由流动使生产的每一环节均可被安排在能获得最大利润的地域，并经由跨国公司将各环节整合到全球生产链中。这种日益精细化的全球分工加剧了资本与处于不同地域和不同生产环节的工人之间的矛盾，表现为发达国家内部的劳资对立、发达国家资本家与发展中国家工人之间的对立、发达国家工人与发展中国家工人之间的对立。这在发生场域上构造出资本主义劳动问题的多重维度，强化了不同国家在劳动问题上的扭结和互动，甚至加剧了"逆全球化"的趋向。

其一，发达国家内部的劳资对立。发达国家将制造业转移至拥有大量廉价劳动力的发展中国家，导致本国制造业萎缩，工人失业率上升，再就业途径狭窄，先前发达的工业地区变成"铁锈地带"。与制造业萎缩相反，发达国家为保持全球竞争的优势，在国内优先发展金融业和高新技术产业，使得相关从业工人数量和收入水平有所上升，但由于知识技术的门槛限制，这并不能消化制造业流失带来的失业人口。这种产业结构的畸形发展不仅放大了工人失业问题，导致呼唤制造业回流的逆全球化思潮盛行；而且加剧了劳资双方财富收入的不平衡态势，资本家能够利用不平衡空间获得最大化利润，其财富呈几何级数增长，而劳动者收入水平并未随之同比例提升。更为严峻的是，产业转移使国内工人反抗本国资本家的合法性减弱，为民粹主义等思潮的滋生、膨胀提供了客观条件。

其二，发达国家资本家与发展中国家工人之间的对立。产业转移固然为发展中国家劳动者提供了工作机会，但实际上并不能持续改善其劳动待遇。这是由于发达国家资本家通过"全球劳动力套利"方式盈利，即产品以低廉成本在发展中国家生产，然后以高昂的价格在全球范围出售，但最终利润仅为发达国家获取。因此，"资本主义的良好发展依赖于对低工资国家工人的极端剥削"①。由于缺乏社会保障网络，工人的生存条件持续恶化，美国社会评论家迈克·戴维斯直言，"在非发达地区有数亿低收入工人聚集在贫民窟，其悲惨程度超出恩格斯描述的英国工人阶级状况"②。为保持对廉价劳动力的持续剥削，发达国家压制其自由流动，"民族国家在全球化中最重要的职能就是维护资本的利益，采取严格的边境控制措施来限制廉价劳动力流动"③。并且，发达国家通过技术移民和投资移民等方式在全球范围内攫取高端人力资源，导致不发达国家人才流失严重，难以实现经济结构的升级转型，对发达国家依赖性增强。

其三，发达国家工人与发展中国家工人之间的竞争。这种竞争不仅贯穿于发达国家向发展中国家转移产业的过程中，而且体现在后者向前者的移民过程中。美国社会学家伊曼纽尔·沃勒斯坦曾指出，南北国家的经济不平衡结构导致劳工移民持续进入发达国家，这强化了发达国家工人对劳工移民的排斥。④ 因为这在发达国家内部强化了本国工人与移民工人的就业竞争，加剧了本土劳动力过剩状况，本国低收入工人所受影响最为明显，反移民呼声随之高涨。同时，移民工人的劳动权利亦难以保障。数据显示，在美国，2000~2018年，美裔白人工资增长速度是黑人的四倍多，且移民工人被解雇的风险更高。⑤ 总的来看，资本激化了全球工人的恶性竞争，使之难以形成抗击资本的合力；资本客观上扩展了对劳动工人的剥削空间，即"资本可以利用种族差异来形成差异化的工资和分类化的工人阶级进而谋利"⑥，从而造成了资本自我调节能力不断提高的假象。

---

① John Smith, *Imperialism in Twenty-First Century：Globalization，Super-Exploitation，and Capitalism's Final Crisis*, New York：Monthly Review Press, 2016, p. 179.

② Mike Davis, *Planet of Slums*, London and New York：Verso, 2006, p. 14.

③ Ellen Meiksins Wood, *Empire of Capital*, London and New York：Verso, 2003, p. 137.

④ 参见〔美〕伊曼纽尔·沃勒斯坦《沃勒斯坦精粹》，黄光耀、洪霞译，南京大学出版社，2003，第542页。

⑤ Elise Gould, "Decades of Rising Economic Inequality in the U. S.", https://waysandmeans. house. gov/sites/democrats. waysandmeans. house. gov/files/documents/Gould-testimony-3-27-2019. pdf.

⑥ Massimiliano Tomba, "Marx's Temporal Bridges and Other Pathways", *Historical Materialism*, Vol. 23, No. 4, 2015, p. 81.

二　技术革新与劳动生产的新形态

21 世纪以来，互联网、大数据和人工智能等技术塑造出全新的以数字劳动为典型代表的劳动生产形态。在转化为生产力的过程中，高新技术不仅重塑了以车间、流水线、生产物质商品等要素为特征的传统劳动生产形态，而且催生出以互联网、流量数据、生产虚拟商品等要素为代表的数字劳动形态，使整个人类社会的生产生活方式发生深刻变革，推动全球经济生产进入数字化和智能化时代。互联网、大数据和人工智能等技术不仅意味着"劳动"内涵更加丰富多样化，拓展了资本的盈利方式和流动空间，带给劳动者更深层更隐秘的剥削和控制，而且改变了生产方式、产业结构和产品形态，使得资本主义劳动问题的经济结构发生着基础性变革。

数字劳动是一种基于互联网技术的虚拟劳动过程，但资本剥削的逻辑依然贯穿始终。英国马克思主义学者克里斯蒂安·福克斯指出，数字劳动是"基于大公司架构的互联网平台，在发展中必然会受制于这些大公司的资本积累模式，因此也就必然会对互联网使用者的劳动进行剥削"[①]。这不仅指互联网行业工人的劳动（如编写软件、装配硬件、在线客服等），而且包括社交媒体用户的无偿数字劳动（如发微博、上传视频、编辑维基百科等）。[②] 通过数据流量、信息变换、内容制作等方式，数字劳动为平台创造价值和剩余价值。互联网平台通过出售这些数据获得利润，"让生产率足够高、价格足够低，最后导致零边际成本模式的出现，因此数字劳动带来的最大革命是它可能带来零边际成本的经济增长模式"[③]。数字劳动使劳动场所从工厂转移到通信工具上，模糊了劳动时间和休闲时间的界限，为资本剥削提供了新的产业形式。

[①]　常江、史凯迪：《克里斯蒂安·福克斯：互联网没有改变资本主义的本质——马克思主义视野下的数字劳动》，《新闻界》2019 年第 4 期。

[②]　Christian Fuchs, *Digital Labour and Karl Marx*, New York：Routledge, 2013, pp. 155-275.

[③]　〔美〕杰里米·里夫金：《零边际成本社会》，赛迪研究院专家组译，中信出版社，2014，第 5 页。

数字劳动加快了资本的流通速度。数据可以通过提供价格信号和其他形式的信息来引导投资抉择、市场活动以及消费者的选择。这是因为"准确的和最新的信息现在成了一种具有很高价值的商品，接近和控制信息，加上及时分析数据的强大能力，已经成了集中协调广泛的企业利益的根本"，故而"对信息流通的控制和对流行趣味与文化的传播工具的控制，同样也成了竞争中的重要武器"。① 通过记录数据，数字劳动为资本循环积累提供了原材料，"我们的基本交往活动都被封装在电路中，作为资本积累的原材料，我们大多数人无法避免为资本主义生产"②。信息社会的剥削形式从对剩余劳动时间的榨取转换为获取由知识产权私有化或其他资源的垄断带来的租金，因而，当代资本主义较之以前具有更强的寄生性。③

在互联网空间，数字劳动者虽然可以进行自我表达和交流合作，但实质上只是构建出一种虚拟的共同体，真实的人际关系被数据掩盖，商品拜物教演化为"数字拜物教"。正如以色列学者尤瓦尔·赫拉利所说，"目前最耐人寻味的宗教正是'数据主义'，它崇拜的既不是神也不是人，而是数据"④。福克斯进一步分析了资本主义条件下数字劳动带给劳动者的三重异化：第一重是劳动者与自身异化，若不参与网络活动就会产生社交匮乏感；第二重是劳动者与生产资料异化，数字劳动的工具是网络平台，但平台归大公司私有；第三重是劳动者与劳动产品异化，即生产出的财富被资本家占有。⑤ 此外，资本通过记录人们在互联网上的数据，实现对消费欲望的操控，

---

① 〔美〕戴维·哈维：《后现代的状况：对文化变迁之缘起的探究》，阎嘉译，商务印书馆，2013，第205~206页。

② Jodi Dean, *Crowds and Party*, London and New York: Verso, 2016, p. 16.

③ Slavoj Žižek, "The Revolt of the Salaried Bourgeoisie: The New Proletariat", *London Review of Books*, Vol. 34, No. 2, 2012, pp. 9-10.

④ 〔以色列〕尤瓦尔·赫拉利：《未来简史：从智人到智神》，林俊宏译，中信出版集团，2017，第331页。

⑤ Fuchs C., "What is Digital Labour? What is Digital Work? What is Their Difference? And Why Do This Questions Matter for Understanding Social Media?", *Triple C.*, Vol. 11, No. 2, 2013, pp. 237-293.

完成对人的生命的彻底控制。① 出现这种现象是因为资本逻辑异化了技术与劳动解放的关系，使劳动者遭受更为隐秘的剥削。

随着数字技术的迅速发展，人工智能技术更新了产业格局和劳动力市场供给。在人工智能与劳动者就业问题上，人工智能对发展中国家影响更大，因为外包给这些国家的多是容易被自动化机器替代的重复性工作。而在发达国家，人工智能在替代低端劳动力的同时，也扩大了高端劳动力需求。世界银行数据显示，1999~2016年，取代重复性劳作的技术变革在欧洲创造了2300多万个工作岗位，占同期新增就业量的一半。② 因此，工人抵制人工智能的传统观念已经被不同国家劳动工人的复杂态度所取代，毕竟人工智能为劳动解放提供了全新的技术支撑。英国学者尼克·斯尔尼塞克指出工人群体对人工智能的认识存在代际差异，老一代被困在传统的工人主义理想中，而年轻一代对人工智能带来的劳动解放很感兴趣。③

在探讨人工智能与劳动解放问题时，必须明确区分人工智能和人工智能的运用问题。从技术方面看，机器是人类劳动的产物，但人工智能与机器人的发展，并不仅仅是个技术的问题，人工智能与机器人发展的目的、方向，以及与人的发展之间的关系，在很大程度上并不是由人工智能与机器人本身决定的，而是受制于社会生产关系的作用与影响。人工智能原本就是一种劳动工具，只是在资本的裹挟下，才变成异化劳动的"催化剂"。事实上，人工智能所具有的共享性、智能化特征，大大节约了人力，增加了人的自由活动时间，为实现劳动解放和建设共产主义提供了机遇。

三 阶级变迁与劳动解放的新主体

随着全球化和技术变革对资本主义生产方式、产业布局和生产形态的改

---

① Christine Lotz, *The Capitalist Schema：Time，Money and the Culture of Abstraction*，Lanham：Lexington Books，2014.

② 《2019年世界发展报告》，世界银行网站，http://www.worldbank.org。

③ Nick Srnicek，"Technology，Capitalism and the Future of the Left"，*Renewal*，Vol. 26，No. 1，2018，pp. 5-9.

变，劳动解放的主体结构更加丰富多元。在传统产业结构下劳动解放的主体是从事大工业生产的工人阶级，而在产业转移、全球分工、技术变革等因素的综合作用下，一方面传统工人阶级呈现出碎片化状态，失业后的工人难以联合起来开展斗争；另一方面，资本对劳动的剥削范围与劳动主体的增加范围同步延展，被资本剥削和压迫的新兴产业劳动者等群体成为劳动维权的重要参与者。在资本逻辑普遍化、细密化的政治经济背景下，如何应对劳动解放主体的分散化、多元化趋势成为探讨劳动解放问题的新内容。

产业转移和升级使得传统工人阶级日益碎片化。工作场域的分散导致工人难以聚合，"制造业的衰落使具有工人阶级组织传统的一些大的、以工厂为基地的工作场所急剧减少，代之而起的是一些规模较小的、以服务业为主的工作场所"①。并且，在结构性失业的压力下，"长期稳定地受剥削成为一种特权"。② 工人较多关注升职加薪和实现个人价值，较少关心政治和工会运动。英国学者戈兰·瑟伯恩甚至直言，20世纪的工人阶级将会从人们的记忆中消失，取代追求普遍解放方案的将是普遍追求中产阶级地位。③

在传统工人阶级日益碎片化的情况下，劳动解放的主体构成发生着同步变化。雅克·比岱指出，新自由主义全球化带来新型的世界统治阶级（资本家与精英的联盟）和新型大众阶级（全球既没有财产特权又没有知识特权的劳动者），因此，地方性斗争本身具有世界意义，人民大众只有依靠全球性制度资源才能实现解放。④ 在资本主义国家内部，数字劳动者、服务业者等新兴产业从业者成为劳动维权的参与者。齐泽克指出，工薪资产阶级（如白领工人）是新技术的产物，既通过出卖劳动力来分享新技术带来的工资特

---

① 〔英〕费尔·赫斯：《全球化与工人阶级主体危机》，徐孝千译，《国外理论动态》2011年第5期。

② Slavoj Žižek, "The Revolt of the Salaried Bourgeoisie: The New Proletariat", *London Review of Books*, Vol. 34, No. 2, 2012, p. 9.

③ Göran Therborn, "Class in the 21st Century", *New Left Review*, Iss. 78, Nov/Dec. 2012, pp. 5-29.

④ 〔法〕雅克·比岱：《新自由主义所面对着的主体，一种元结构方法的路径》，崔晨译，复旦大学当代国外马克思主义研究中心编《当代国外马克思主义评论》，人民出版社，2016。

权，又由于害怕失去工资特权和沦为无产阶级而成为当今社会运动的主体。①
劳动主体构成的变化并没有改变劳资对立的基本矛盾关系。美国学者麦克
尔·哈特和意大利学者安东尼奥·奈格里指出，所有受资本剥削的劳动者均
属于无产阶级，"'无产阶级'这一概念，并不仅仅指大工业化的工人阶级，
而是指附属和产生于资本的统治并为其所剥削的所有人"，"当资本更多地将
其生产关系全球化时，所有的劳动形式趋向于无产阶级化，无产阶级越来越
成为社会劳动的普遍角色"②。

面对资本剥削的普遍化、细密化，劳动主体的再组织化乃至建立广泛的
劳动者联合组织成为探讨热点。一方面，加强工会建设，实现工人阶级自身
的联合。"如果工人及其工会组织力量弱小，那么资本家就会加强对工人的
剥削强度和降低工人的社会保障等"③，因此，"争取工会和工人阶级斗争仍
然是我们今天寻求建立联盟这一长期战略与策略的中心任务"④。另一方面，
实现工人阶级与其他阶级的联合。阿根廷学者厄尼斯特·拉克劳指出，当代
资本主义存在生态危机、帝国主义剥削等多重矛盾对抗点，应以"多元主体
身份"取代"阶级主体"⑤。法国学者阿兰·巴迪欧用"新人民"的概念来
指称劳动解放的多元主体，试图实现多元主体的组织化，强调"新人民"是
具有反抗资本统治共识的人们构成的，这种"合体"能产生出战斗性的凝聚
"新人民"的先遣队（如政党）⑥。

总的来看，由于全球化和技术变革的持续作用，资本主义劳动问题在发

---

① Slavoj Žižek, "The Revolt of the Salaried Bourgeoisie：The New Proletariat", *London Review of Books*, Vol. 34, No. 2, 2012, pp. 9-10.

② 〔美〕麦克尔·哈特、〔意〕安东尼奥·奈格里：《帝国——全球化的政治秩序》，杨建国、范一亭译，江苏人民出版社，2008，第252页。

③ 陈红：《布兹加林的马克思主义再现实化思想述评》，《马克思主义研究》2012年第1期。

④ 〔英〕费尔·赫斯：《全球化与工人阶级主体危机》，徐孝千译，《国外理论动态》2011年第5期。

⑤ 〔阿根廷〕厄尼斯特·拉克劳：《为什么构建一个人民概念是激进政治的主要任务?》，闫培宇译，《山东社会科学》2017年第2期。

⑥ Alain Badiou, *Qu'est-ce qu'un peuple?* Paris：La Fabrique, 2015；Alain Badiou, *Logiques des Mondes*, Paris：Seuil, 2006.

生场域、劳动形态和劳动主体等方面具有了新的结构形态。全球经济体系把不同国家内部的劳资关系交织缠绕起来，使发达国家与发展中国家、资本家与工人等主体进入一个互联互动、交相作用的问题场域，强化了资本主义劳动问题的跨国互联性。与此同时，资本主义国家的劳动形态和劳动主体发生变化，尤其是技术变革深刻地塑造了劳动生产和劳动解放主体的面貌，资本统治的普遍化、细密化与抗争主体的多元化、分散化并存。资本主义劳动问题的重构倒逼着国外劳动解放理论的自我反思和调整。

21世纪资本主义劳动问题改变了劳动解放理论的问题语境，产生新的研究议题。新自由主义加重了资本主义劳动问题，其自身显然无力应对和破解这一困境。因此，新自由主义成为国外学者反思和调整的切入点。在这一过程中，国外学者围绕如何应对资本主义劳动问题展开探讨，形成了"全球化方案与劳动权利问题""数字技术、人工智能与劳动解放前景""生产、分配与劳动正义问题""精英、大众与劳动解放主体的组织问题"等新议题。国外学者在充分讨论资本主义劳动问题与政策变革的基础上，重新考察和反思了劳动解放的整体方案和目标路径。资本主义国家试图在资本主义制度框架内通过自我调节来疏解劳动问题，但左翼与右翼的思想理论缺乏整体分析能力，夸大了制度调整与技术因素在解决劳动问题上的积极作用。西方资本主义世界在解决劳动解放问题方面遭遇困境。国外学者对社会主义劳动解放路径的探讨趋热，尤其是关注中国特色社会主义在劳动解放实践方面的持续贡献。

第三节　中国特色社会主义与劳动解放的中国方案

习近平指出："人民对美好生活的向往，就是我们的奋斗目标。"[①] 这一科学论断不仅坚持了马克思劳动解放论的基本原理，而且蕴含着一系列新认识，即劳动创造美好生活，社会主义生产是人与自然的和谐发展；实现共建

[①] 《习近平谈治国理政》，外文出版社，2014，第4页。

共享，社会主义是以人民为中心的发展；中国特色社会主义是创造美好生活的必由之路，在应对全球劳动解放问题方面具有世界意义。这系统回答了在社会主义制度环境下如何科学推进劳动解放事业，丰富、发展和完善了马克思关于社会主义劳动解放的理论。

一 劳动创造美好生活

在马克思看来，劳动是推动人类社会进步的根本力量。劳动生产和劳动解放是相互促进的过程，实现劳动解放必须要大力发展生产力，并实现人与自然的和谐发展，保障人与自然物质变换的顺利进行。习近平强调劳动在创造美好生活中的基础意义，"劳动是人类的本质活动，劳动光荣、创造伟大"[①]。并且，习近平结合中华民族勤劳创造的传统指出，"劳动创造了中华民族"，"劳动是财富的源泉，也是幸福的源泉。人世间的美好梦想，只有通过诚实劳动才能实现"[②]。在此基础上，习近平辩证地分析了劳动解放与美好生活的关系，"必须牢固树立劳动最光荣、劳动最崇高、劳动最伟大、劳动最美丽的观念，让全体人民进一步焕发劳动热情"[③]。

创造社会主义美好生活是劳动生产与劳动解放相互促进的过程，能够发挥科学技术对于劳动解放的正向作用。马克思辩证地分析了劳动生产与劳动解放的关系，尤其指出科技进步对于劳动解放的加速作用，"现代工业通过机器、化学过程和其他方法，使工人的职能和劳动过程的社会结合不断地随着生产的技术基础发生变革"[④]。习近平阐述了解放社会主义生产力与创造人民美好生活的辩证关系，高度重视科学技术在解放生产力和变革社会关系方面的塑造作用，强调"加强人工智能同保障和改善民生的结合，从保障和改善民生、为人民创造美好生活的需要出发……创造更加智能的工作方式和生

---

① 习近平：《在庆祝"五一"国际劳动节暨表彰全国劳动模范和先进工作者大会上的讲话》，人民出版社，2015，第3页。
② 《习近平谈治国理政》，外文出版社，2014，第46页。
③ 《习近平谈治国理政》，外文出版社，2014，第46页。
④ 《马克思恩格斯文集》第9卷，人民出版社，2009，第311页。

活方式"①。

在新的科技水平和产业变革的基础上，习近平提出发展新质生产力的主张。"新质生产力是创新起主导作用，摆脱传统经济增长方式、生产力发展路径，具有高科技、高效能、高质量特征，符合新发展理念的先进生产力质态。它由技术革命性突破、生产要素创新性配置、产业深度转型升级而催生，以劳动者、劳动资料、劳动对象及其优化组合的跃升为基本内涵，以全要素生产率大幅提升为核心标志，特点是创新，关键在质优，本质是先进生产力。"② 新质生产力揭示出社会主义引领生产力发展的优势。一是把创新作为引领发展的第一动力，能够充分实现劳动者的自主创造，"科技创新能够催生新产业、新模式、新动能，是发展新质生产力的核心要素"③。二是生产力体系的动态平衡，掌握发展新质生产力的主动权，通过供给侧结构性改革创造优质有效供给，主动创造、提升和培育新需求，推动产业体系有序更新，有效解决不平衡不充分发展与美好生活需要之间的矛盾。

人与自然的关系提供了劳动解放的边界。社会主义生产坚持创新、协调、绿色、开放、共享的新发展理念，人与自然和谐发展是美好生活的基本要求。马克思批判了资本主义生产生活方式对自然界的破坏作用，设想了社会主义生产生活方式的可持续性。习近平指出"人因自然而生，人与自然是一种共生关系，对自然的伤害最终会伤及人类自身"④，并认识到自然环境和经济发展、人的发展之间的共通关系，"环境就是民生，青山就是美丽，蓝天也是幸福，绿水青山就是金山银山"⑤。在此基础上，习近平提出社会主义

---

① 习近平：《加强领导做好规划明确任务夯实基础 推动我国新一代人工智能健康发展》，《人民日报》2018 年 11 月 1 日。

② 习近平：《发展新质生产力是推动高质量发展的内在要求和重要着力点》，《求是》2024 年第 11 期。

③ 习近平：《发展新质生产力是推动高质量发展的内在要求和重要着力点》，《求是》2024 年第 11 期。

④ 习近平：《在省部级主要领导干部学习贯彻党的十八届五中全会精神专题研讨班上的讲话》，人民出版社，2016，第 18 页。

⑤ 习近平：《在省部级主要领导干部学习贯彻党的十八届五中全会精神专题研讨班上的讲话》，人民出版社，2016，第 19 页。

生产必须坚持新发展理念，"绿色是生命的象征、大自然的底色，更是美好生活的基础、人民群众的期盼"，"绿色发展是新发展理念的重要组成部分，与创新发展、协调发展、开放发展、共享发展相辅相成、相互作用，是全方位变革，是构建高质量现代化经济体系的必然要求"。① 新质生产力本身就是绿色生产力等，要把绿色发展方式和生活方式作为社会主义生产力的显著优势，把绿色低碳发展作为经济社会高质量发展的关键环节，通过技术创新、制度创新来实现发展和保护协同共生，走生产发展、生活富裕、生态良好的文明发展道路。

二　坚持"以人民为中心"的发展

坚持"以人民为中心"的发展是社会主义劳动解放的本质要求。"以人民为中心"的发展思想以劳动者为中心，"要坚持人民主体地位，顺应人民群众对美好生活的向往，不断实现好、维护好、发展好最广大人民根本利益，做到发展为了人民、发展依靠人民、发展成果由人民共享"②。坚持人民主体地位，顺应人民群众对美好生活的向往意味着消灭束缚劳动者发展的社会关系，使人的脑力和体力等本质力量充分发挥出来，使劳动过程真正成为人的发展过程；发展成果惠及全体人民，意味着使劳动者充分占有劳动产品，不断满足劳动者发展的需要，使劳动产品真正成为推动人进一步发展的手段。可见，"以人民为中心"的发展思想反映了马克思对劳动解放内涵的分析。将"以人民为中心"明确为发展思想，突出了社会主义真正以劳动者为中心，在社会建设各个方面都以实现劳动者的解放、提升劳动者的素质技能和主体地位为发展目标。"以人民为中心"的发展思想充分展现出实现劳动解放是社会主义的制度优势，在社会主义劳动解放的指导理念、制度安排和政策策略等方面深化了马克思关于社会主义劳动解放的认识。

在全面建成小康社会的进程中，精准扶贫政策是中国共产党推进劳动解

---

① 习近平：《推动我国生态文明建设迈上新台阶》，《求是》2019 年第 3 期。

② 《习近平关于尊重和保障人权论述摘编》，中央文献出版社，2021，第 34 页。

放事业的一个创举，是"以人民为中心"的发展思想的充分体现。贫困问题是马克思探究劳动解放理论的基点，是资本主义社会难以解决的制度性困难，因为资本是以牺牲劳动者的利益为代价的。"精准扶贫"的主要创新之处在于制度性扶贫，举全国之力，调动各种资源去解决劳动者的贫困；"精准扶贫"的创意在于精确到每个劳动者，根据他们的具体情况去制定具体的政策，这一政策真正以劳动者为中心。"精准扶贫"解决了资本主义社会无法解决的矛盾，证明了只有在真正以劳动者为中心的社会主义社会才能消除贫困。精准扶贫不仅为劳动者提供生活资料，更重要的是结合劳动者的实际为其提供劳动岗位、提升其劳动技能，是以劳动者的解放为目标的，通过充分发挥劳动这种人的基本技能，为个人的劳动解放和全面发展提供基本条件。

构筑和谐的劳动关系，形成尊重劳动的制度环境和社会风气。马克思认为，在巴黎公社中，"劳动是个人生活和社会生活的基本的、自然的条件，唯有靠僭权、欺骗、权术才能被少数人从自己身上转嫁到多数人身上"，预见了社会主义劳动解放的长期性和复杂性。① 习近平针对中国社会转型期出现的诸如不劳而获、劳而不得、分配不公等现象指出，"劳动关系是最基本的社会关系之一"，"要最大限度增加和谐因素、最大限度减少不和谐因素，构建和发展和谐劳动关系，促进社会和谐"。② 一方面，中国共产党注重改革和完善劳动保障体制，"完善政府、工会、企业共同参与的协商协调机制，构建和谐劳动关系"，"坚持按劳分配原则，完善按要素分配的体制机制"，等等③；另一方面，中国共产党强调培育和弘扬社会主义劳动价值观念，"全社会都要以辛勤劳动为荣、以好逸恶劳为耻，任何时候任何人都不能看不起普通劳动者，都不能贪图不劳而获的生活"④。

---

① 《马克思恩格斯文集》第3卷，人民出版社，2009，第198页。
② 《习近平关于尊重和保障人权论述摘编》，中央文献出版社，2021，第145页。
③ 习近平：《决胜全面建成小康社会 夺取新时代中国特色社会主义伟大胜利——在中国共产党第十九次全国代表大会上的报告》，人民出版社，2017，第46页。
④ 习近平：《在庆祝"五一"国际劳动节暨表彰全国劳动模范和先进工作者大会上的讲话》，人民出版社，2015，第5页。

　　不断引领和促进人的全面发展是社会主义美好生活的实践特色。马克思在批判资本主义生活与商品拜物教的同时，既肯定物质生产的基础作用，又把提升人的精神境界和自我实现作为社会主义劳动解放的实践要求。针对人民日益增长的多层次的美好生活需要，习近平在公共治理层面提出"共建共治共享"的新理念，"共建才能共享，共建的过程也是共享的过程"①。在劳动者个体发展层面，习近平强调"教育是人类传承文明和知识、培养年轻一代、创造美好生活的根本途径"，"把教育摆在优先发展的战略位置，努力发展全民教育、终身教育，建设学习型社会"②。总之，建设美好生活必须从各个层面创造促进人的全面发展的劳动解放环境，"排除阻碍劳动者参与发展、分享发展成果的障碍，努力让劳动者实现体面劳动、全面发展"③。

　　实现对生产资料的共同占有和对生产活动的共同计划以及对劳动过程的共同监督，是实现劳动解放的必要条件之一。中国共产党结合生产资料公有制和生产社会化的现实，创造性地提出共享发展理念，要求实现共建共享，并提出要立足国情、立足经济社会发展水平来思考和设计共享方案。共享理念的内涵包含四个方面。一是就主体的覆盖面而言，共享是全民共享，是人人享有、各得其所，不是少数人共享、一部分人共享，更不是以牺牲他人的发展来实现自身的发展。二是就共享的内容而言，共享发展就是要共享国家经济、政治、文化、社会、生态各方面建设成果，全面保障人民在各方面的合法权益。在共享的过程中，人的多重需要得到充分满足。三是就共享的实现途径而言，共享的前提是共建。共建才能共享，共建的过程也是共享的过程。共建就是在共同占有生产资料的基础上，对生产或劳动进行共同计划，充分发扬民主，广泛汇聚民智，有效激发民力，形成人人参与、人人尽力、人人都有成就感的生动局面。四是就共享发展的推进过程而言，共享发展必将有一个从低级到高级、从不均衡到均衡的过程，即使达到很高的水平也会

---

① 《习近平谈治国理政》第2卷，外文出版社，2017，第215页。
② 《习近平谈治国理政》，外文出版社，2014，第191页。
③ 《习近平谈治国理政》，外文出版社，2014，第46页。

有差别。① 这表明共享发展和共同计划均不是"一刀切",而是充分反映具体的劳动环境和生产力的发展水平。

三 中国特色社会主义是创造美好生活的必由之路

从社会形态维度看,中国特色社会主义是实现劳动解放和创造美好生活的必由之路。中国特色社会主义是社会主义,建设美好生活是社会主义劳动解放的目标诉求。习近平指出,"中国特色社会主义是社会主义而不是其他什么主义","中国特色社会主义,既坚持了科学社会主义基本原则,又根据时代条件赋予其鲜明的中国特色"。② 劳动解放理论是科学社会主义的基础理论,表述了追求美好生活的过程;而"美好生活论"表述了劳动解放的结果状态,在中国语境下表达了社会主义劳动解放的目标诉求和建设意涵。习近平在阐述美好生活时指出:"按照马克思、恩格斯的构想,共产主义社会将彻底消除阶级之间、城乡之间、脑力劳动和体力劳动之间的对立和差别,实行各尽所能、按需分配,真正实现社会共享、实现每个人自由而全面的发展。当然,实现这个目标需要一个漫长的历史过程。"③ 可以说,"美好生活"在中国语境和时代环境下展现了社会主义劳动解放的中国进展,集中展现了中国特色社会主义的本质属性。

中国特色社会主义道路是创造美好生活的必由之路,是劳动解放的阶段性与长期性的统一。习近平指出,"中国特色社会主义是改革开放以来党的全部理论和实践的主题,是党和人民历尽千辛万苦、付出巨大代价取得的根本成就","中国特色社会主义道路是实现社会主义现代化、创造人民美好生活的必由之路"。④ 这一论断既反映了普遍性与特殊性的辩证关系,也要求辩

---

① 习近平:《在省部级主要领导干部学习贯彻党的十八届五中全会精神专题研讨班上的讲话》,人民出版社,2016,第27页。

② 《十八大以来重要文献选编》上卷,中央文献出版社,2014,第109页。

③ 《十八大以来重要文献选编》下卷,中央文献出版社,2018,第169页。

④ 习近平:《决胜全面建成小康社会 夺取新时代中国特色社会主义伟大胜利——在中国共产党第十九次全国代表大会上的报告》,人民出版社,2017,第16页。

证统筹社会主义劳动解放的阶段性与长期性的关系。习近平强调，"中国特色社会主义是党的最高纲领和基本纲领的统一"，"实现共产主义是一个非常漫长的历史过程，我们必须立足党在现阶段的奋斗目标，脚踏实地推进我们的事业"①。因此，"美好生活"与"劳动解放"都是具有动态内涵的概念，而在现阶段，中国共产党"坚持把人民对美好生活的向往作为奋斗目标，坚持以人民为中心的发展思想，着力保障和改善民生，着力解决人民急难愁盼问题，让中国式现代化建设成果更多更公平地惠及全体人民"②。

中国特色社会主义展现了对世界人民劳动解放事业具有重要贡献的中国智慧。马克思剖析了现代社会劳动解放问题的普遍性和共通性，指出劳动解放需要"在全国范围内和国际范围内进行协调的合作"③。习近平指出，"中国共产党是为中国人民谋幸福的政党，也是为人类进步事业而奋斗的政党"，"中国共产党始终把为人类作出新的更大的贡献作为自己的使命"。④ 在世界维度上，"美好生活"的内涵是"各国人民同心协力，构建人类命运共同体，建设持久和平、普遍安全、共同繁荣、开放包容、清洁美丽的世界"⑤。中国特色社会主义不仅在建设中国人民的美好生活方面取得显著成就，展示了社会主义优越性，而且能够"通过推动中国发展给世界创造更多机遇，通过深化自身实践探索人类社会发展规律并同世界各国分享"⑥。这要求我们坚定中国特色社会主义道路自信、理论自信、制度自信和文化自信，不断增强中国特色社会主义劳动解放的实践活力。

综上所述，劳动创造美好生活，社会主义生产是人与自然的和谐发展；社会主义劳动解放是实现以人民为中心的发展，必须坚持劳动解放的阶段性

① 《十八大以来重要文献选编》上卷，中央文献出版社，2014，第115~116页。
② 习近平：《以中国式现代化全面推进强国建设、民族复兴伟业》，《求是》2025年第1期。
③ 《马克思恩格斯文集》第3卷，人民出版社，2009，第199页。
④ 习近平：《决胜全面建成小康社会 夺取新时代中国特色社会主义伟大胜利——在中国共产党第十九次全国代表大会上的报告》，人民出版社，2017，第57~58页。
⑤ 习近平：《决胜全面建成小康社会 夺取新时代中国特色社会主义伟大胜利——在中国共产党第十九次全国代表大会上的报告》，人民出版社，2017，第58~59页。
⑥ 《习近平谈治国理政》第3卷，外文出版社，2020，第436页。

与长期性的辩证统一，中国特色社会主义是创造美好生活的必由之路。同时，人类命运共同体的构建是中国美好生活的世界延伸，倡导世界人民在应对劳动公平正义、公共安全、全球生态环境保护等问题上协同行动。总之，中国特色社会主义理论与实践提供了社会主义劳动解放的中国方案，为世界劳动解放事业贡献出中国智慧。

在马克思去世后的一百余年间，资本主义社会的劳动解放问题虽然经历了多次变化，具有新内涵和新特征，但并没有超出马克思劳动解放论的问题场域。马克思劳动解放论科学地剖析了资本主义社会的劳动问题，对于现代社会的劳动解放事业仍然具有重要意义。与对资本主义社会劳动解放问题的系统研究相比，马克思初步而又审慎地设想了社会主义和共产主义社会劳动解放的制度安排和状态特征。中国共产党百余年的奋斗表明，马克思关于社会主义劳动解放的论述不仅是科学理论，在中国是可行的；而且与中国的历史文化、政治经济与社会理想发生深度融合，形成中国特色社会主义，推动了中国人民劳动解放事业持续进步。劳动解放与美好生活是过程与结果的统一，是中国共产党初心与使命的核心要素。中国特色社会主义是创造美好生活的必由之路，为世界劳动解放事业贡献了中国智慧。

结　语

　　"这是最好的时代，也是最坏的时代。" 19 世纪 50 年代，英国小说家狄更斯在《双城记》中曾如此表达对资本主义社会的困惑，描绘了一种充满变化却又贫富分化、阶层对立的社会图景。在狄更斯发出感叹的时刻，马克思从同情劳动人民的悲惨遭遇出发对社会劳动问题进行理性思考，以此为基点揭示资本主义生产方式的历史由来、社会构造与内在矛盾，形成关于劳动解放问题的系统论述。劳动解放论是马克思思想体系的鲜明特色与内容主干。在马克思之前，一些学者曾从经济学、政治学等领域探究资本主义社会的劳动问题，但由于唯心主义思想方法或者阶级立场等的局限，并未发现劳动问题与人类社会发展的奥秘。马克思本人的思想转变，如从唯心主义转向唯物主义、从革命民主主义转向共产主义，均发生于科学探究劳动问题的过程之中。马克思的劳动解放论对国际共产主义运动发挥了指导作用，坚持和发展马克思劳动解放论的基本原理成为无产阶级实现劳动解放与人类社会进步事业取得成功的关键。

　　在发生缘由上，劳动解放论是马克思对资本主义社会病的诊治方案。马克思所观察的资本主义社会，比如英、美、法、德，其问题在于资本作为社会的组织方式与运作逻辑，具有自发性和盲目性，在提高效率的同时又具有加速社会失衡的破坏力，不仅把工人异化为机器的一部分，而且把资本家异化为人格化的"资本"，导致整个社会成为充满悖论和冲突的巨大矛盾体。对此，马克思所设想的劳动解放不仅仅是解放无产阶级，而且在消灭私有制和扬弃资本主义生产方式的过程中解放包括资本家在内的全人类。马克思以

"劳动权"即"劳动支配资本的权力"为核心概述了"无产阶级各种革命要求",探索新社会的组织方式与运作逻辑。以共同占有、共同生产和共同监督为特征的公有制逻辑,能够超越导致劳动异化的私有制逻辑,"结束无时不在的无政府状态和周期性的动荡这样一些资本主义生产难以逃脱的劫难"①。

马克思劳动解放论的一个重要创新点在于,劳动解放不是简单地解除束缚,而是要使在劳动中创造的劳动产品和各种关系真正成为劳动者自我创造和自我提升的手段,要建立以劳动者为核心的制度体系。因此,劳动解放不是将剥削阶级的生产资料和特权简单地转移到被剥削的劳动阶级手中这样一种"沙漏式革命",而是要开展实现人的全面发展的全方位整体性的社会变革。这就意味着不仅要实现生产关系的变革,而且要进行经济、政治、文化等多领域变革。这也说明,夺取政权并不代表已经实现劳动解放,劳动解放不仅要求打碎资产阶级国家机器,更重要的是通过无产阶级专政"解放劳动和改造社会"②,开展社会主义和共产主义建设,建立起体现并保障劳动群众利益和充分发挥劳动者创造性的制度体系,实现劳动者自由全面发展。

马克思劳动解放论的另一个重要创新点在于,其指导范围并非局限于资本主义社会阶段,而是对整个人类社会发展规律与各个历史阶段进步方向的科学论述。劳动解放是贯穿整个人类历史的事业,只要进行劳动活动就存在劳动解放的要求。任何时期的劳动解放事业都是对既有劳动状态的辩证否定,体现出现实性和超越性相结合的特点。因此,虽然劳动解放的基本任务都是要消灭束缚劳动者发展的条件以实现人的自由发展,但是各个时期劳动解放的具体任务不尽相同。而且,劳动解放的目标不仅在不同社会形态之中不同,在同一社会形态内部也存在一定差异。比如共产主义社会第一阶段和共产主义社会高级阶段劳动解放的目标就不完全相同。这表明,在探讨劳动解放的目标时,要以具体的劳动状况和生产力的发展水平为基础,避免超越社会发展阶段或者以某一僵化的标准裁剪现实。

---

① 《马克思恩格斯文集》第 3 卷,人民出版社,2009,第 159 页。
② 《马克思恩格斯文集》第 3 卷,人民出版社,2009,第 207 页。

马克思在劳动现象里发现了生产力与生产关系的辩证运动及人类社会形态演进规律，为增强人类实现历史进步的自觉性提供了科学理论。唯物史观揭示生产力变革特别是技术革命对人类社会的塑造作用，指出社会革命的发生机制与发展趋向。攫取劳动者的劳动产品是私有制社会结构失衡、阶级对立进而引发变革的根本原因。"马克思也承认剥削，即占有他人劳动产品的暂时的历史合理性；但他同时证明，这种历史合理性现在不仅消失了，而且剥削不论以什么形式继续保存下去，已经日益妨碍而不是促进社会的发展"①。劳动解放论为分析人类社会历史特别是社会变革提供科学指引。毛泽东曾在《贺新郎·读史》中形象地表达了这一作用：

人猿相揖别。只几个石头磨过，小儿时节。铜铁炉中翻火焰，为问何时猜得，不过几千寒热。人世难逢开口笑，上疆场彼此弯弓月。流遍了，郊原血。

一篇读罢头飞雪，但记得斑斑点点，几行陈迹。五帝三皇神圣事，骗了无涯过客。有多少风流人物？盗跖庄蹻流誉后，更陈王奋起挥黄钺。歌未竟，东方白。②

劳动解放论的实践方式具有适应特定历史阶段的弹性。列宁曾阐述这样一种对待马克思主义理论的方法，"我们不否认一般的原则，但是我们要求对具体运用这些一般原则的条件进行具体的分析"③。毛泽东提出，"最重要的是要独立思考，把马列主义的基本原理同中国革命和建设的具体实际相结合"，"要进行第二次结合，找出在中国怎样建设社会主义的道路"。④ 中国共产党在总结经验的基础上确定了社会主义初级阶段的历史方位，丰富了对社会主义建设的历史长度与阶段特点的认知。中国共产党始终致力于在劳动

① 《马克思恩格斯全集》第28卷，人民出版社，2018，第621页。
② 《毛泽东年谱（1949—1976）》第5卷，中央文献出版社，2013，第346页。
③ 《列宁专题文集：论辩证唯物主义和历史唯物主义》，人民出版社，2009，第338页。
④ 《毛泽东年谱（1949—1976）》第2卷，中央文献出版社，2013，第557页。

解放的一般原则、最高理想与社会现实的具体实际、可能目标之间建立合理的关系，增加具体历史阶段的实践弹性。

应该指出，中国共产党在革命、建设和改革的历史进程中推进了劳动解放理论与中国历史文化的融合贯通，使之具有了中国风格、中国气派。在古代中国，劳动人民在生产生活实践中创造物质财富与文化成就的同时，也表达了对"劳动解放"和美好生活的向往："民亦劳止，汔可小康。惠此中国，以绥四方"。以民为本、轻徭薄赋、大同公平等思想延绵不绝，土地兼并、贫富分化引发的革命斗争更是此起彼伏。相对于欧美文化的民族主义传统、基督教与资本主义的融合以及私有观念的深厚基础，中国历史文化具有独特的大一统传统、义利关系的辩证视角以及"天下为公"的治理信念，在承接强调集体主义、公有制、统一管理、国际主义等因素的劳动解放论上具有源源不断的"亲和力"。在此基础上，中国共产党在社会革命实践中形成的群众路线方法，为组织和教育民众、密切党同人民群众的关系提供了有效路径。可以说，马克思劳动解放论扎根在中国的文化土壤与人民群众之中，在获取营养的同时为中国人民进一步实现劳动解放理想提供科学的理论武器。

进入新时代，以习近平同志为主要代表的中国共产党人坚持马克思劳动解放论基本原理，结合中国实践经验和世界发展问题提出一系列新论断，即劳动创造美好生活，社会主义生产是人与自然的和谐发展，社会主义劳动解放是实现以人民为中心的发展，而中国特色社会主义是创造美好生活的必由之路，并在应对全球劳动解放问题方面展现出世界意义。这些科学论断系统回答了在社会主义制度环境下如何科学推进劳动解放的问题，丰富、发展和完善了马克思关于社会主义劳动解放的理论，使马克思劳动解放论具有了充满实践活力的中国样态，是马克思劳动解放论的中国化时代化表达，为世界劳动解放事业贡献了中国智慧。

参考文献

一 经典著作

1. 《马克思恩格斯文集》第1~10卷，人民出版社，2009。

2. 《马克思恩格斯全集》第1~50卷，人民出版社，1956~1985。

3. 《马克思恩格斯全集》第1卷，人民出版社，1995。

4. 《马克思恩格斯全集》第3卷，人民出版社，2002。

5. 《马克思恩格斯全集》第13卷，人民出版社，1998。

6. 《马克思恩格斯全集》第35卷，人民出版社，2013。

7. 《列宁选集》第1~4卷，人民出版社，2012。

8. 《列宁专题文集：论马克思主义》，人民出版社，2009。

9. 《列宁专题文集：论无产阶级政党》，人民出版社，2009。

10. 《列宁专题文集：论辩证唯物主义和历史唯物主义》，人民出版社，2009。

11. 《列宁专题文集：论社会主义》，人民出版社，2009。

12. 《列宁专题文集：论资本主义》，人民出版社，2009。

13. 《毛泽东选集》第1~4卷，人民出版社，1991。

14. 《毛泽东文集》第1~2卷，人民出版社，1993。

15. 《毛泽东文集》第3~5卷，人民出版社，1996。

16. 《毛泽东文集》第6~8卷，人民出版社，1999。

17. 《邓小平文选》第2卷，人民出版社，1993。

18. 《邓小平文选》第3卷，人民出版社，1994。

19.《江泽民文选》第 1~3 卷，人民出版社，2006。

20.《胡锦涛文选》第 1~3 卷，人民出版社，2016。

21.《习近平谈治国理政》第 1 卷，外文出版社，2018。

22.《习近平谈治国理政》第 2 卷，外文出版社，2017。

23.《习近平谈治国理政》第 3 卷，外文出版社，2020。

24.《习近平谈治国理政》第 4 卷，外文出版社，2022。

25.《习近平著作选读》第 1~2 卷，人民出版社，2023。

二 中文论著

1. 艾思奇：《辩证唯物主义历史唯物主义》，人民出版社，1961。

2. 景天魁：《打开社会奥秘的钥匙 历史唯物主义逻辑结构初探》，山西人民出版社，1981。

3. 肖前、李秀林、汪永祥：《历史唯物主义原理》，人民出版社，1983。

4. 陈先达：《被肢解的马克思》，上海人民出版社，1990。

5. 陈先达：《走向历史的深处 马克思历史观研究》，中国人民大学出版社，2016。

6. 顾海良：《马克思"不惑之年"的思考》，中国人民大学出版社，1993。

7. 顾海良、张雷声：《20 世纪国外马克思主义经济思想史》，经济科学出版社，2006。

8. 张雷声：《马克思主义基本原理的中国化与中国化的马克思主义基本原理》，中国人民大学出版社，2012。

9. 刘永佶：《劳动社会主义》，中国经济出版社，2003。

10. 常卫国：《劳动论〈马克思恩格斯全集〉探义》，辽宁人民出版社，2005。

11. 曹亚雄：《马克思的劳动观的历史嬗变》，中国社会科学出版社，2008。

12. 刘森林：《追寻主体》，社会科学文献出版社，2008。

13. 白刚：《瓦解资本的逻辑——马克思辩证法的批判本质》，社会科学文献出版社，2009。

14. 代俊兰：《马克思人类解放理论的历史轨迹及其当代价值》，中国社会科学出版社，2013。

15. 刘同舫：《马克思的解放哲学》，中山大学出版社，2015。

16. 周彦霞：《论马克思人的解放思想与马克思主义整体性》，东北大学出版社，2017。

17. 靳辉明：《思想巨人马克思》，中国社会科学出版社，2018。

18. 闻翔：《劳工神圣：中国早期社会学的视野》，商务印书馆，2018。

19. 聂锦芳主编《重读马克思：文本及其思想》（第 1~12 卷），中国人民大学出版社，2018。

20. 张端：《超越异化劳动的劳动解放——以〈1844 年经济学哲学手稿〉为中心的考察》，《云南社会科学》2016 年第 4 期。

21. 王金玉：《劳动解放的历史唯物主义解读》，《中共南京市委党校学报》2012 年第 3 期。

22. 陈学明、姜国敏：《马克思主义的"劳动解放"理论及其对当代中国的启示》，《上海师范大学学报》（哲学社会科学版)2016 年第 4 期。

23. 彭鸿雁：《论历史唯物主义的劳动解放原理》，《社会科学辑刊》2013 年第 4 期。

24. 仰海峰：《超越市民社会与国家：从政治解放到社会解放——马克思的国家与市民社会理论探析》，《东岳论丛》2005 年第 2 期。

25. 白刚：《劳动的张力：从斯密、黑格尔到马克思》，《哲学研究》2018 年第 7 期。

26. 贺汉魂、王泽应：《马克思"劳动解放"思想的伦理解读》，《社会主义研究》2012 年第 2 期。

27. 王代月：《劳动解放与自然复魅》，《教学与研究》2017 年第 4 期。

28. 毛勒堂：《劳动正义：马克思正义的思想内核和价值旨趣》，《毛泽东邓小平理论研究》2017 年第 3 期。

29. 邬巧飞：《马克思的劳动正义思想及当代价值》，《科学社会主义》2018 年第 5 期。

30. 黄明理：《劳动解放的系统观》，《系统辩证学学报》1995 年第 2 期。

31. 徐长福：《劳动的实践化和实践的生产化——从亚里士多德传统解读马克思的实践概念》，《学术研究》2003 年第 11 期。

32. 刘同舫：《政治解放、社会解放和劳动解放——马克思人类解放思想再探析》，《哲学研究》2007 年第 3 期。

33. 李重：《从资本逻辑到生命逻辑：重新解读马克思的人类解放理论》，《云南社会科学》2011 年第 3 期。

34. 贾丽民：《马克思"劳动解放"的真实意蕴——回应阿伦特的重大误解》，《教学与研究》2013 年第 7 期。

35. 林举岱：《英国工业革命史》，上海人民出版社，1979。

36. 钱乘旦、许洁明：《英国通史》，上海社会科学院出版社，2012。

37. 丁建弘：《德国通史》，上海社会科学院出版社，2002。

38. 刘明逵编《中国工人阶级历史状况（1840-1949）》第 1 卷第 1 册，中共中央党校出版社，1985。

三　中文译著与外文论著

1. 〔德〕黑格尔：《精神现象学》，贺麟等译，商务印书馆，2009。

2. 〔英〕亚当·斯密：《国富论》，郭大力等译，商务印书馆，2015。

3. 〔匈〕卢卡奇：《历史与阶级意识》，杜章智等译，商务印书馆，2017。

4. 〔匈〕卢卡奇：《关于社会存在的本体论 上卷 社会存在本体论引论》，白锡堃等译，重庆出版社，1993。

5. 〔德〕卡尔·柯尔施：《什么是社会化?》，陈国雄译，《马列主义研究资料》第 3 辑，人民出版社，1983。

6. 〔美〕汉娜·阿伦特：《马克思与西方政治思想传统》，孙传钊译，江苏人民出版社，2008。

7. 〔美〕伊曼纽尔·沃勒斯坦：《沃勒斯坦精粹》，黄光耀等译，南京大学出版社，2003。

8. 〔美〕古尔德：《马克思的社会本体论：马克思社会实在理论中的个性和共同体》，王虎学译，北京师范大学出版社，2009。

9. 〔美〕弗洛姆:《人的呼唤——弗洛姆人道主义文集》,王泽应等译,上海三联书店,1991。

10. 〔美〕赫伯特·马尔库塞:《爱欲与文明》,黄勇、薛民译,上海译文出版社,2012。

11. 〔美〕麦克尔·哈特、〔美〕安东尼奥·奈格里:《帝国——全球化的政治秩序》,杨建国、范一亭译,江苏人民出版社,2008。

12. 〔美〕鲍德里亚:《生产之镜》,仰海峰译,中央编译出版社,2005。

13. 〔英〕汤普森:《英国工人阶级的形成》上卷,钱乘旦等译,译林出版社,2011。

14. 〔英〕汤普森:《英国工人阶级的形成》下卷,钱乘旦等译,译林出版社,2013。

15. 〔英〕戴维·麦克莱伦:《卡尔·马克思传》,王珍译,中国人民大学出版社,2005。

16. Habermas, "The Theory of Communicative Action", *Polity in Basil Blackwell*, Vol. 2, 1987.

17. Alan Badiou, "Our Contemporary Importance", *Radical Philosophy*, SEP/OCT, 2013.

18. Jodi Dean, *Crowd and Party*, London; New York: Verso, 2016.

19. J. D. Taylor, *Negative Capitalism: Cynicism in the Neoliberal Era*, New York: Zero Books, 2013.

20. Chris Harman, "Theorising Neoliberalism", *International Socialism*, Vol. 117, December 2007.

21. Paul Craig Roberts, *The Failure of Laissez Fair Capitalism*, Atlanta: Clarity Press, 2013.

22. Axel Honneth, *The Fragmented World of the Social: Essays in Social and Political Philosophy*, State University of New York, 1995.

23. Slavoj Žižek, *Trouble in Paradise: From the End of History to the End of Capitalism*, Penguin Book, 2014.

后　记

　　劳动解放是马克思主义的重要议题之一，一直以来受到国内外学界的关注，产生较为丰富的研究成果。这是本研究的重要基础。马克思关于劳动解放的论述是丰富深刻的，又是分散的，横跨哲学、政治经济学、科学社会主义等领域。因此，对马克思劳动解放论进行系统的专题研究，具有重要的学术价值和实践价值。笔者在中国人民大学攻读硕士学位期间，在常庆欣教授指导下撰写学位论文《劳动视阈下的马克思主义整体性研究》；进入博士学习阶段，在张雷声教授的指导下，深入研究马克思的劳动解放论，撰写博士学位论文《马克思劳动解放论研究》，并通过答辩。本书是在博士学位论文基础上进行修改和完善的成果。付梓之际，谨向诸位师长致以诚挚谢意！中国人民大学马克思主义学院为本书出版提供资助；社会科学文献出版社为本书出版提供专业保障，特别是责任编辑王小艳老师为本书出版付出了巨大心血；中国农业科学院许娟老师以及中国人民大学陈泓睿、李佳珂、刘繁同学参与了书稿的校对工作。在此一并感谢！常言道，学无止境。本书系笔者关于马克思劳动解放论的阶段性思考。其中不足之处，尚祈读者诸君雅正。

刘雨亭

2025 年 5 月 30 日

图书在版编目（CIP）数据

马克思劳动解放论研究 / 刘雨亭著 . --北京：社
会科学文献出版社，2025.5. --ISBN 978-7-5228-5331-
4

Ⅰ. A811.66

中国国家版本馆 CIP 数据核字第 2025AJ7544 号

马克思劳动解放论研究

著　　者／刘雨亭

出　版　人／冀祥德
责任编辑／王小艳
责任印制／岳　阳

出　　　版／社会科学文献出版社·马克思主义分社（010）59367126
　　　　　　地址：北京市北三环中路甲 29 号院华龙大厦　邮编：100029
　　　　　　网址：www.ssap.com.cn
发　　　行／社会科学文献出版社（010）59367028
印　　　装／三河市龙林印务有限公司

规　　　格／开本：787mm×1092mm　1/16
　　　　　　印张：13.75　字数：208 千字
版　　　次／2025 年 5 月第 1 版　2025 年 5 月第 1 次印刷
书　　　号／ISBN 978-7-5228-5331-4
定　　　价／89.00 元

读者服务电话：4008918866